圖解系列

圖解
貨幣銀行學

BANK

第二版

伍忠賢 博士 著

五南圖書出版公司 印行

作者序——
企管博士、經濟碩士寫的貨幣銀行學

　　《圖解貨幣銀行學》（修訂版）是初版（2014年4月）的修訂版，雖然只更新40頁（占全書頁數15%），但一如2020年10月，美國蘋果公司推出的iPhone 12，有四款、各四種顏色，更重要的是5G（比4G下載快10～100倍）。因此「作者序」也予以更新，説明本書有哪些殺手級應用。

一、貨幣銀行學對「工作、投資、生活」大大好用

　　我寫的任何書都希望幫助讀者「工作、投資、生活」，實用是最重要的取捨原則。

1. 所有經濟學都是為了「某某預測」：由圖第二欄可見，經濟（系）大一到大四各經濟課程，主要功能都是為了「某某預測」，貨幣銀行等是為了「利率預測」，國際金融是「匯率預測」。

2. 大二的貨幣銀行學是三系、四課程的基礎知識：商、管理、社會科系學院的學生學貨銀，不是要去中央銀行上班，甚至當中央銀行總裁，而是為財務管理（例如：負債融資、投資管理）做準備。

3. 個人學貨幣銀行學的用途：個人生活中向銀行貸款買車、買房，也須知道貸款利率走勢。

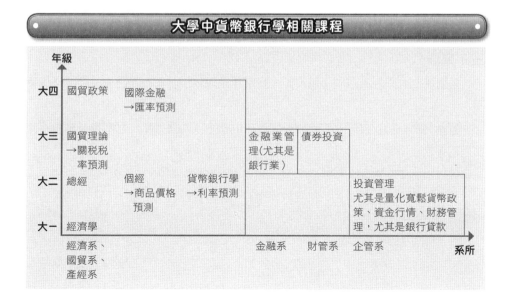

大學中貨幣銀行學相關課程

二、本書跟其他書的四大不同

有比較，才知道差別，內容可見，本書：

1. 地理範圍：美中臺

2. 時間：以2021年當成「今」年，數字是預估值，但跟實際值不會差距3%以上；如此做，本書可延長使用期間。

3. 內容涵蓋：兩種

   經濟三層面：實體面、貨幣面、金融面。

   流量（例如：國民所得合計）、存量（例如：國富）

4. 資料來源：説明資料詳細出處。

本書跟一般貨幣銀行學四大差別

項目	一般書	本書	
一、地理範圍	1國，美國書只談美國	3國/地，即美中臺，以臺灣為主	
二、時間	去年（例如2019年）	以2021年當作今年	
三、內容涵蓋			
（一）實體面	—	1.流量	2.存量
	—	・2021年國內生產毛額 ・四大支出面：消費、投資、政府支出、出口減進口	2020年10月政院主計總處公布「2018年國富調查」，其中家庭財富
（二）貨幣面	—	中央銀行統計月報上的貨幣總計數、存放款	—
（三）金融面	—	—	—
（四）資料來源：資料收集	頂多寫中央銀行、主計總處	本書細到第幾頁第幾表，本書希望你能照表操課，學會收集資料能力	

三、感謝

感謝政治大學經濟系碩士班當年「貨幣理論與政策」教授高明瑞的讀論文式教學。

感謝1985～1987年，工商時報經濟研究室副主任鍾俊文，在我擔任專欄組記者時的要求、指導。

感謝中央研究院院士麥朝成（2019年3月，辭世）在2016～2017年寫作三人版《貨幣銀行學──最新金融科技與理論》（五南圖書公司出版，2017年9月）的指導。

伍忠賢2020年11月
臺灣新北市新店區
臺北小城

本書目錄

本書目錄

第 1 章

弄懂貨幣銀行學 很有用——兼論貨幣 總數與交易動機需求

●●●●●●●●●●●●●●●●●●●●●● 章節體系架構

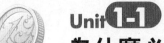

Unit 1-1
為什麼必須懂貨幣銀行學

任何一本書一開始時，宜開門見山的告訴讀者「為何必須讀本書」，本書以前面兩個單元來說明此書的三個用途——「工作、生活與投資」，貨幣銀行學在投資方面的運用，則留待Unit 1-2說明。本單元僅先說明貨幣銀行學的焦點是「利率預測」。

一、負債面

向銀行借款的人（本書稱為借款人，borrower），貸款利息來自貸款（餘額）乘上貸款利率，因此貸款利率愈低，利息負擔也較輕。

1. 200萬戶借房屋貸款：2021年底全臺875萬戶擁有1,035萬間房屋，其中有200萬戶向銀行借款（含房屋修繕貸款0.3兆元）買屋，總額35兆間（詳見Unit 4-5），一戶約300萬元。利率降低0.1個百分點，以15年房貸為例，一年約減少3,000元的利息負擔。只要預期未來利率低，可考慮選擇前六年固定利率（例如3%），先把房貸利率固定住，省得房貸利率飆高而房貸利息壓得自己喘不過氣來。

2. 高負債比率公司：高「負債比率」（公司負債除以資產）的行業公司，利率的變動嚴重影響利息費用，進而侵蝕公司淨利。像營建、飯店、鋼鐵業，常會在利率走高之前，先下手為強，逢低發行固定利率的公司債，以取代每月機動計息的銀行貸款。因此在管理學院、商學院大二《財務管理》課程中，利率跟匯率是雙率管理的重點。

002

二、資產面

當你手上有1萬元，去銀行存一年期定期儲蓄存款，銀行職員詢問你：「你選固定利率（0.8%）或機動利率（依每月底利率計息）？」這時，你面臨「利率預測」問題。1萬元的利息是小錢，但台積電有1,000億元，國泰人壽保險費收入中至少有1兆元放在定存。縱使利率差個0.1個百分點，差距很大。

小博士解說
五大銀行放款總計

中央銀行為了掌握貨幣政策的效果、了解市場業務面的變動，專門針對購屋貸款、資本支出貸款、周轉金貸款和消費性貸款，進行個別與總量統計，負責協助央行統計此數據的主要銀行，共計五家（five lending domestic banks），均為公股銀行。統計的項目包括每月的餘額與利率的變動。2008年10月以前，五大銀行是指臺灣、合庫、第一、華南和彰化銀行，但2008年11月起，土地銀行取代彰化銀行。

資產與負債的利率預測

資產負債表	
資產 (一)短期資產 1.現金與定存 2.固定收益證券（債、票券） 3.應收票據	負債 (一)銀行貸款 (二)債（票）券 (三)應付票據 業主權益

資產負債表上跟利率、連動的負債、資產

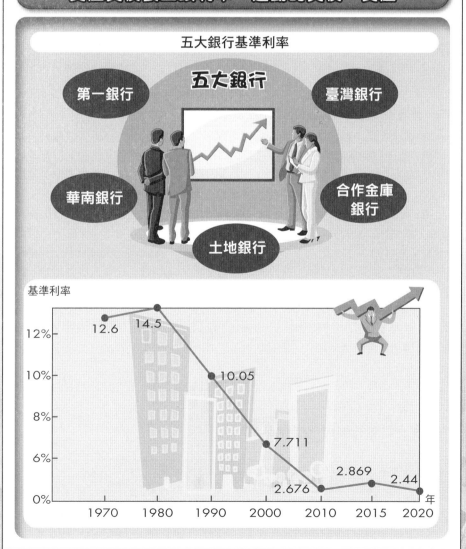

五大銀行基準利率

五大銀行

第一銀行　臺灣銀行

華南銀行　合作金庫銀行

土地銀行

基準利率

12% — 12.6　14.5

10% — 10.05

8% —

6% —

7.711

2.869　2.44

2.676

0% —

1970　1980　1990　2000　2010　2015　2020　年

基準利率（合作金庫銀行）＝一年期定期儲蓄存放利率（機動）＋1.5%

Unit **1-2**
貨幣總數在股市買賣點的運用──
兼論資金行情

　　貨幣銀行學在投資方面的主要運用首推票券、債券的投資，但這些比較深一些，本處舉一個比較淺的情況，即貨幣總數（monetary aggregate，詳見Unit 1-6），在股票市場中判斷買點、賣點。

一、快速線、慢速線形成的交叉

　　在進入本文以前，先說明來自股市技術分析中常見的名詞如下。

　　1. 黃金交叉：指變動速度較快的曲線（簡稱快速線，例如：M1B），由下往上穿越變動速度較慢的曲線（簡稱慢速線，如M2）。

　　2. 死亡交叉：指快速線如飛機失速般，由上往下貫穿慢速線；兩條線的死亡交叉現象出現賣出股票訊號（簡稱賣訊）。

二、黃金交叉作為股市買點訊號

　　「黃金交叉」顧名思義，兩條線出現向上交叉，買進股票便可望賺錢。

　　1. 黃金交叉落後股市約三~六個月：1990年以來，臺股出現五次資金黃金交叉，發現交叉前、後，加權指數的平均漲幅分別為40%與24%，也就是交叉後的大盤漲幅，明顯比交叉前小，可見貨幣總數的黃金交叉是股市上漲的落後指標。

　　2. 與利率搭配看更準：M1B與中央銀行重貼現率關係密切，當央行引導利率下降，期望把資金從銀行體系逼出時，M1B多呈上揚，2020年一年期定存利率不到1%（只有0.8%），加上不少上市櫃公司（簡稱上市公司）現金股息殖利率超過5%，且2021年經濟成長率將優於2020年等許多因素均會使投資人定存解約，轉往股市賺取較高的報酬率。

　　1991年1月、1999年6月等二次黃金交叉發生之際，都是重貼現率的波段最低水準，這三次股市的波段漲幅，也多優於1994年2月及2001年12月兩次，尤其是黃金交叉後的延漲時間也較久，因此，低利率搭配黃金交叉是資金行情最重要的兩大指標。

　　2017年6月，黃金交叉，重貼現率1.375%屬低水準，從2011年7月1日1.875%以來，一直下滑，2020年3月20日1.125%，低利率的股市行情。

三、死亡交叉作為股市賣點訊號

　　2011年11月25日，央行公布10月貨幣總數數據，M1B、M2成長率出現「死亡交叉」。但股市在8月因歐債和二次衰退（註：一次衰退是指2009年）疑慮已下跌，這是1990年來第六次死亡交叉。M1B下滑、但M2上揚，是因為活期存款流向定期存款所致。此舉反映民眾對投資股票市場沒信心，所以把資金轉到較為穩當的定存。10月定存餘額為12.86兆元，單月增加1,148億元，外幣存款也同步增加627億元達2.63兆元，雙雙創下歷史新高，至於活期存款減少為10.49兆元。

貨幣總數在股市買賣點的運用

貨幣銀行學在工作、生活與投資的運用

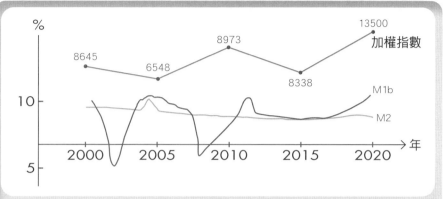

由上圖可見，上一次M1B、M2成長率曲線出現「黃金交叉」是在2009年10月，但在2008年11月達到3955點波段新低後，即一路翻升，尤其是2009年農曆年後，加權指數由4200餘點漲到6700點，漲幅超過57%。

貨幣總數黃金交叉與股市關係

日期	加權指數（當月收盤）	重貼現率（位置）	當月漲幅	發布月漲幅	隔月漲幅	交叉後續漲期間
1994年2月	5414	5.5%（仍續降）	-11.45%	-3.6%	9.3%	3個月
1997年1月	7283	5%（底部區）	5.04%	8.13%	1.64%	7個月
1999年6月	8467	4.5%（底部區）	15.73%	-13.47%	11.34%	8個月
2001年12月	5551	2.125%（仍續降）	25%	5.78%	-3%	4個月
2007年2月	7901	2.75%（底部區）	2.63%	-0.22%	-0.11%	8個月
2009年4月	5995	1.25%（底部區）				持續
2012年10月	7438	1.875%（比底部區高）	-2.26%	-2.45%	5.17%	持續
2017年6月	10395	1.375%（續降）	3.53%	0.3%	1.52%	持續

 知識補充站

股票市場的「資金行情」（liquidity-driven rally）

股票市場中的多頭行情主要有二個力量，一個是上市公司業績，稱為業績行情，此屬於必要條件；二是股市中的「錢滿為患」，資金堆砌出高股價，稱為「資金行情」，可說是股價上漲的充分條件。在房地產、金融市場中，也有資金行情。

Unit 1-3
貨幣與融資方式的演進

圖解貨幣銀行學

　　任何人造「物」（包括制度、理論）絕大部分是累世演化出來，只是到了某一時代，由某位學者提出著名理論或某位企業家創立知名企業罷了。

　　本書非常強調「為什麼」，每個經濟觀念都有其歷史背景、適用時機。本書只是扮演電影《海角七號》、《賽德克‧巴萊》導演魏德聖，把故事書盡量說得生動、完整。從看故事來學經濟學，會覺得很有趣，有趣的事才會想學習、想記住。

　　本書名為「貨幣」（money）、「銀行」（bank）學，在本單元中，先即開宗明義的說明本書的重點在於「資金融通」（financing，簡稱「融資」），簡單說明如下。

一、通貨的發展進程

　　火的發現、輪子的發明，大幅改善人類的生活，至於通貨（currency，本書稱為現金）的發明，取代了物物交換（barter），顯著促進交易活動的進行，稱為貨幣經濟，詳見Unit 1-4。

二、間接融資時代

　　在貨幣出現之前，人與人之間會有借貸行為，但是這跟「物物交換」一樣，執行效率極低。貨幣普遍流通之後，貨幣對借貸行為的進行極具效率，最常聽到的說法便是「欠債還錢」。

　　16世紀以來，銀行扮演著資金中介角色（詳見Unit 2-2），連歐洲國王打仗，都必須向銀行借款以買武器、付士兵薪水。此即間接融資（indirect financing），間接、直接融資的定義詳見Unit 6-2。

三、直接融資時代

　　向銀行借款會讓銀行賺一手，因此下列兩個大組織，依序向人民直接募集資金，稱為直接融資（direct financing）。

　　1. 國家發行公債：到了16世紀，歐洲有些國家的政府發現直接發行政府債券（簡稱公債）向百姓融資，應該會比向銀行借款更省，即省得讓銀行賺一手。

　　2. 公司發行股票募資：股票交易市場遠溯到1602年，荷蘭人開始在阿姆斯特爾河橋上買賣荷屬東印度公司股票，這是全世界第一支公開交易的股票，而阿姆斯特爾河大橋是世界最早的股票交易所。在那裡擠滿了等著跟股票經紀人交易的投資人，甚至驚動警察進場維持秩序。荷蘭的投資人在第一個股票交易所投資上百萬荷幣，只為了求得擁有這家公司的股票，以彰顯身分的尊榮。

　　股票市場起源於美國，紐約證券交易所是美國最大、最老（1817年3月8日）、最有人氣的市場，大部分歷史悠久的「財星500大」公司在紐約證券交易所掛牌。在紐約證交所經紀人在場內走動叫喊來尋找最佳買賣主。

貨幣與融資方式的演進

貨幣與融資方式的演進

年	西元前2000年	16世紀	18世紀	1792年
階段	通貨(currency)	間接融資	直接融資	
		銀行(bank)	債券(bond)	票券(bill)	股票(stock)

金融階段	(一)硬幣（coins，金屬貨幣）1.外國 2.中國 西周時期	(一)外國 1580年，義大利的威尼斯銀行。18世紀末、19世紀初普遍發展。	(一)政府公債（treasury bond）北宋末年	(一)銀行承兌匯票（Bank Acceptance, BA）宋朝時四川省的交子、會子	(一)外國 美國紐約證券交易所創立於1817年
	(二)紙鈔（paper money）1.外國 2.中國大陸 官方紙鈔始於北宋仁宗天聖二年（1024年），是全球最先採用紙鈔的。	(二)中國大陸 1. 錢莊 明朝中葉的錢莊，清朝稱為票號。 2.西方銀行 1897年（光緒23年），上海市的中國通商銀行。	(二)公司債（corporate bond）	(二)商業本票（Commercial Paper, CP）	(二)中國大陸 上海證交所創立於1990年11月26日
		(三)臺灣 1.信用合作社 2.銀行		(三)銀行轉讓定期存單（Negotiable Certificate of Deposit, NCD）	(三)臺灣 臺灣證交所創立於1961年10月23日

Unit **1-4**
貨幣的發展進程

　　了解貨幣、通貨（currency）的發展歷史，可以知道貨幣型態的演變，一般分成硬幣、紙鈔、無實體貨幣三階段，右表詳載中國通貨——實物貨幣、紙鈔這兩階段的發展進程。

一、實物貨幣

　　貨幣的最初型態是稀有的商品，例如只產於海邊的特殊稀有貝殼，將其演進簡單說明如下。

　　1. 商品貨幣（commodity money）：用動物（牛羊豬與其毛皮）、米等商品作為貨幣，好處是其本身就有價值，缺點是商品不易儲存（即商品會腐敗）、攜帶。

　　2. 金屬貨幣（metallic money）：後來才改用金屬貨幣，金屬本身有商品的性質，例如：鐵可鑄成犁、銅可製成刀、白銀與黃金有裝飾功能。

二、紙鈔

　　我們由右表可見中國紙鈔的發行，主要是取代笨重的金屬貨幣。中國紙鈔的演進過程簡要說明如下。

　　1. 紙鈔前身：唐朝時，因為飛錢攜帶便利又有官方承諾兌現，有時就被直接用作支付手段，在市場上流通轉讓，發揮著有限的紙幣作用。大唐飛錢不是紙幣，但它成為宋元紙幣產生的淵源。

　　2. 宋朝的紙幣交子：北宋時，由於鑄錢的銅料緊缺，政府為彌補銅錢的不足，在一些地區大量地鑄造鐵錢。但因鐵錢笨重不便，紙幣交子就在四川地區應運而生，交子原來只是私人發行的信用兌換券。

　　「交子」就是四川方言，「交」即相交，相會合。「子」是語尾音。交子的出現，是中國古代貨幣史上由金屬貨幣向紙幣的一次重要演變。交子是中國最早的紙幣，也是世界上最早的紙幣。

　　3. 元朝「鈔」：正式發行廣泛流通的紙幣是在元朝，被稱為「鈔」，在元末至正年間，由於印紙鈔過量，造成嚴重的物價上漲。明代發行大明寶鈔。

　　4. 清朝「鈔票」：1853年清朝發行了兩種紙幣，一種大清寶鈔，一種叫戶部官票，合起來就叫「鈔票」，鈔票名稱就是從那時叫起的。

三、無實體貨幣

　　有很多公司強調「無紙張」辦公室，一切以電腦檔案記錄、儲存。同樣的，隨著塑膠貨幣（詳見Unit 1-9）、電子貨幣的逐漸流行，有些以未來為主題的科幻片中，未來人類已不用實體貨幣了。

中國貨幣的發展進程

通貨		說明
一、實物貨幣	(一)實物貨幣	在考古發掘中，夏代、商代遺址出土過大量天然貝，貝作為實物貨幣一直沿用到春秋時期，因此中國漢字中跟財富、價值有關的字大多與「貝」字有關。
	(二)金屬貨幣	中國是世界上最早使用鑄幣的國家，西元前1000年殷商晚期墓葬出土了不少「無文銅貝」，為最原始的金屬貨幣。 至西周晚期，使用貝幣外，還流通一些無一定形狀的散銅塊、銅錠等金屬稱量貨幣，這在考古發掘中也有出土。
二、鈔票	(一)紙鈔前身：唐朝的飛錢	
	(二)宋朝的紙幣交子 	1.民間發行紙鈔：北宋時，由於鑄錢的銅料緊缺，政府為彌補銅錢的不足，在一些地區大量地鑄造鐵錢。據《宋史》記載，四川所鑄鐵錢，貫就重達二十五斤八兩。在四川買一匹羅（絲織品）要付130斤重的鐵錢。經常要用車子拉錢，十分不便，鐵如此笨重不便，紙幣交子就在四川地區應運而生。印刷的交子，券上有密碼花押，但金額是臨時填寫的。交子可以兌換成現錢，也可以直接用於流通。 (1)個別商行發行：紙質「交子」，先是由個別商人自行開出收據式的手寫票券，稱為「私交子」。 (2)商行聯合發行：宋真宗景德（1004～1007年）年間由成都16家富商聯合發行銅版套印的交子。 2.官方發行紙鈔：私交子因信用危機而被廢，宋仁宗天聖元年（1023年），政府設益州交子務，由國家壟斷發行官交子，天聖二年（1024年），中國誕育了最早的國家紙幣。官交子一切技術規定均仿自私交子，用紅、青（藍）、黑三色銅版套印，有密碼花押，並加蓋本州州印。官交子有固定票面金額，有一定的流通期限，三年為期（界）期滿即以新換舊。發行限額為每期1,256,340貫，並有發行準備金（鈔本）。官交子可以兌現成金、銀、錢以及度牒；度牒原是政府發給和尚的身分證，因做和尚可以免除許多捐稅，所以度牒能賣錢，而流通範圍只限於四川、陝西、河東（今山西一帶），一度流行。在南末末年，出現濫發交子而造成交子嚴重貶值的現象。
	(三)元朝「鈔」	正式發行廣泛流通的紙幣是在元朝，被稱為「鈔」。 明代發行大明寶鈔。
	(四)清朝「鈔票」	清朝發行了兩種紙幣 ➜大清寶**鈔** ➜戶部官**票** ｝合起來就叫「**鈔票**」

Unit 1-5
人民為何接受貨幣

綽號「陶喆」的學生問我：「老師，千元鈔只是一張紙，為什麼人們會當真接受？」這個問題問得真棒，這可得分兩種通貨來分析。貫穿本單元的是右表中第三列的貨幣本位制度，分成三層，打「✓」處是臺灣採取的制度。

一、跟貨幣本位制度連結

硬幣屬金屬本位制度下的單本位制，紙鈔屬於紙幣制度下的純粹紙幣本位，本處說明本位制度。

1. 本位貨幣（standard of money）：本位貨幣指的是貨幣的價值計算方式，大多為十進位，例如臺幣、歐元、美元，元、角、分三個級距。

2. 貨幣「本位制度」（standard system）：有關本位貨幣的全套規定（例如：硬幣的重量、成色、鑄造與紙幣發行準備等），稱為本位制度，表中第四、五、六列，說明貨幣本位制度的大分類、中分類、小分類。

3. 貨幣單位：貨幣單位大都為十進位，分成元、角、分，極少是十二進位，例如一英鎊等於十二便士。

二、硬幣

硬幣主要是由鐵與鎳所鑄成，鎳的作用在於防鏽。

以10元硬幣來說，成本約9元（主要視鎳的市價而定）。一旦硬幣內在價值超過面額（價格），偶爾會有不肖之徒搜集硬幣去融化，以金屬方式銷售。雖然此屬於毀損國幣罪，但是1978年時曾發生一次，出現「10元硬幣荒」，只好用1元硬幣硬湊。

硬幣背後隱涵著金屬本位制度。

三、紙鈔

你去文具店買玩具鈔票，50元可以買到千元鈔50張，但你父親一個月上班24天，領到50張千元鈔（即5萬元），其實玩具鈔跟真鈔的印刷成本沒差多少。千元鈔印刷成本約10元，因為加了防偽線、浮水印等，印刷成本比玩具鈔高。

人們接受紙鈔是因為相信中央銀行有所「本」，不會浮爛印鈔票。雖然人民不可以拿紙鈔向央行兌換黃金，但是央行三不五時說明展示黃金存量（放在新北市新店區文園）。由右表第五列可見，臺灣或全球採取純粹紙幣本位，也就是人民不能拿紙鈔向央行要求兌換黃金。

但是為了強化人們持有紙鈔的信心，臺灣採取固定保證準備發行制度，手上有約6,647億元黃金（約410噸）與約500億美元之外匯存底（總共約1.4兆元），發行2.53兆元的通貨（currency held by the public），紙鈔部分2.41兆元。

貨幣型態與貨幣本位制度

貨幣種類　　項目	商品貨幣（commodity money）	信用貨幣			
		硬幣	紙幣	支票	塑膠貨幣
一、年代	1600年以前	1600～1883年明、清時代	1884年以後1960年代		
二、貨幣本位制度（money standard system）	或稱實體貨幣（material money）	一、金屬本位制度（metallic money）	二、紙幣本位制度（paper money）		
(一)第一層（大類）					
(二)第二層（中類）		✓(一)單本位制　黃金或白銀等	(一)黃金準備		
		(二)複本位制　黃金、白銀等	✓(二)紙幣本位		
(三)第三層（小類）			1.十足準備發行（100% reserve issue system）✓2.固定保證準備發行制度（fixed fiduciary issue system）		
三、貨幣的內在價值（100%）	貨幣的價格跟其金屬成分的價值呈一定關係。	100%　　　　50%　　　　0%　這又基於「黃金準備」1,320萬英兩×1,800美元×28元＝6,647億元	紙幣的價值來自於人們對中央銀行發行紙鈔的信心。		
四、發行者	民間約定俗成	中央銀行			

* 2014年1月，央行持有黃金423.6萬噸，資料來源：世界黃金協會（WCG）。

Unit 1-6
銀行提供的支付工具

貨幣交易媒介的功能，隨著銀行、科技的發展，銀行在「銀貨兩訖」等交易付款的支付系統（payment system）中角色愈來愈重要，簡單的說，在美國以現金作為付款方式的商業約只占5%，其餘都被銀行開發出的「付款類金融創新（payment financial innovation）」所取代。

一、付款類金融創新

銀行為了提供支付服務給客戶，因此從匯款、兌款（Unit 1-4中的唐朝的飛錢），逐漸提出與時俱進的服務，也取代了九成以上的現金功能，詳見右表。底下依兩種客戶分別說明。

二、對公司

銀行一開始的客戶是公司，公司因支付金額大，需要安全（防搶防偷）、迅速的付款方式，因此銀行針對公司客戶依序推出幾款支付工具。

1. 支票：支票本質上是一種付款人請銀行代為（在銀行存款金額內）付款給持票人的支付憑證。

2. 電匯：銀行提供電匯服務，針對立即須付現的一定金額的款項移轉，臨櫃幾分鐘便可解決，銀行賺電匯費用。

3. 金資轉帳：1997年10月起，財政部成立金融資訊服務公司，公司透過金資中心電腦，可以把薪資付給員工（俗稱薪資轉帳）、款項付給供貨公司，此方式可說是公司的「ATM轉帳」。

三、對個人

銀行針對個人所提供支付工具主要有五種，其中較主要的有下面兩種。

1. 信用卡：簽帳卡跟icash等儲值卡（debit card）比較像，每次你消費刷卡時，透過網路連線到你銀行戶頭立刻扣款。

信用卡（credit card）是銀行替客戶墊款給商店，有授信功能，銀行向請款商店賺刷卡手續費與持卡人信用卡未償金額的循環利息，詳見Unit 7-7。

2. 自動提款機：銀行一方面是為了節省臨櫃交易成本（客戶一人約37元），一方面是提供無所、無時不在的服務，以賺取收入（跨行轉帳15元、跨行領款5元），因此從1970年代開始，英國率先推出自動櫃員機（Automatic Teller Mashine, ATM，臺灣俗稱提款機）。2010年起，每年交易金額約8.5兆元，2015年10兆元，2020年約12.26兆元，成長率稍緩，因2019年起手機支付導入之故。

臺灣總產值的實體面、貨幣面、金融面

年	2015	2019	2020*	2021*
一、實體面				
1.總產值	17.055	18.887	19.227	20.04
2.期中人口(萬人)	2,346	2,359.1	2,358	2,354
3.經濟頻率	1.47	2.71	1.56	3.92
4.失業率(%)	3.78	3.73	3.78	3.7
5.物價上漲率(%)	0.3	0.56	-0.19	1.12
二、貨幣面				
M1a(%)	6.06	7.47	8.01	8.56
M1b(%)	15.29	19.06	20.4	21.4
M2	39.883	45.89	46.89	47.89
股價指數	8959	11854	12800	13500
三、金融面				
1.放款	22.6	27.06	28.3	29.5
2.基準放款利率(%)	2.829	2.631	2.44	2.45
3.存款	30.59	35.64	37.42	38.5
4.存款利率(%)	1.21	1.04	0.77	0.73

*預估值，總產值來自行政院主計總處，其餘是本書作者。

Unit 1-7 貨幣功能

圖解貨幣銀行學

　　人類發明很多東西以省時省力，發明輪子，才有車子，以載貨載人；發明發電，才能用於照明。同樣的，在人類百大發明中，以「錢」對經濟的貢獻最大。

一、四個觀念兩件事

　　經濟學中談到貨幣供給、貨幣需求，至少涉及四個觀念，基於「兩個就可以作表，三個就可以分類」的治學原則，整理如右表，才比較容易看出彼此關係。

　　1. 貨幣vs.資金：表中關鍵在於第三欄「本質」，二分法分為「貨幣」與「資金」，因此在第六章中，討論五種生產因素之一的「資金」，這跟公司財務管理中的資金管理是同一件事。

　　2. 需求vs.供給：在市場中，誰是買方（需求端）、誰是賣方（供應端），對均衡價量影響很大。

二、貨幣的四種功能

　　1. 交易媒介：物物交換是相當不容易成交的，但一旦有了貨幣，則一方可先把甲物換取其等值的貨幣量，然後再從第三者處，依一定價格（以貨幣表示）購買想要的乙物。同理，另一方也能藉由貨幣的媒介，在市場上把丙物換成丁物。如此，以貨幣作為交易媒介或支付工具，會使交易活動進展得更為順利和快速。

　　2. 計價單位：有了貨幣之後，就可以按一定的標準設計出貨幣的基本單位，定義出更小的單位名稱，如分、角、元等，以貨幣的單位（元）來清楚地把商品的單價標出來，也便於帳目的登錄。每種商品的單價都以貨幣的單位來表示時，那麼任何兩種商品之間的交換比例可以容易地由其單價的比值來獲得，以作為消費者或公司下決策時的重要依據。

　　3. 價值儲存的功能：如果一種商品能在持有一段時間後，還能跟其他商品進行交換時，表示這商品仍儲存有相當價值。例如：有些易腐敗的魚肉蔬果，在沒有冷凍技術前，其價值的儲存便相當困難，一個可行的方式是把商品轉換成貨幣形式來保有。要是貨幣的購買力相當穩定時，保有貨幣也等於把商品的價值儲存起來。反過來說，如果貨幣的購買力（或價值）難以儲存時，則將很難被大家接受為貨幣了；例如：物價上漲時期，貨幣的購買力或其幣值持續快速降低，大家也就不願意把商品轉換成貨幣形式來保有，而貨幣就失去其作為貨幣或支付工具的意義。因此，如果存在一種東西叫貨幣，其必然具有價值儲存功能。

　　4. 延期支付的標準：有許多交易活動跨越兩個（以上）時期，因此，交易雙方的決策依據中，對於其收入和成本的評估仍一致以現有的貨幣單位來表示，因而有關延期支付的標準，也通常是以現有貨幣單位來作為約定金額大小的單位。

貨幣功能／貨幣總數跟貨幣／資金供需關係

貨幣4功能	貨幣總數	本質	需求	供給
一、延期支付的標準（standard of deferred payment）	M2，尤其是準貨幣，即定存部分。	資金	**資金需求** 1.家庭占49.6% 2.公司占45.65% 3.政府占4.75%	**資金供給** 1.投資動機（speculative motive）

$$M2＝M1B$$
$$＋$$
$$準貨幣$$

二、價值儲蓄的功能（Store of Value, SOV）
↓
1,000元紙鈔10年後面額還是1,000元

「個體」把資產分配在定存等五項資產之一。

$$M1B中活儲部分$$
↓
$$M1B＝M1A$$
$$＋$$
$$活儲$$

2.預防動機（precautionary motive）

俗語「積穀防飢」所指「救命錢」。

貨幣4功能	貨幣總數	本質	需求	供給
三、計價單位（standard of value）或支付工具（means of payment） 四、交易媒介（medium of exchange）	M1A：即「錢」，包括通貨、支票存款、活期存款。	貨幣	**貨幣需求** 即交易動機（transaction motive） 1.家庭：每天過生活皆需要「錢」以支持「買東西」。 2.公司：公司開門做生意，需要「錢」才能做買賣。 3.政府	**貨幣供給** 有下列幾個來源： 1.中央銀行發行局，發行「通貨」。 2.連鎖商店 3.銀行

一項支付工具是表示一項可以清算債務的物件，只要把這一物件足額付給對方，則能夠把雙方交易所發生的債務加以結清。因此，貨幣必然具有下述四種功能：作為交易的媒介物和計價單位是屬於貨幣的基本功能；而作為價值的儲存和延期支付的標準只是貨幣的引申功能，並不專屬於貨幣的功能，其他物品（例如：黃金、外幣、股票）也可能具有這兩項功能。

Unit 1-8
交易動機的貨幣供需

　　貨幣基本、原始功能是交易媒介，在本單元中說明整個經濟需要多少貨幣，以及錢從哪裡來。

圖解貨幣銀行學

一、交易動機貨幣需求定義

　　交易動機（transaction motive）的貨幣需求，就是為了「買東西，賣東西」而需準備的通貨，公車上掛著「自備零錢，恕不找零」，就是一個需要硬幣交易的貨幣需求例子。

二、影響持有現金需求的因素

　　影響貨幣需求有三個因素，在家庭消費一章中說明影響「需求」的是所得（與財富）、影響「需求量」的是價格；在本處，還要另外加上「制度因素」、「金融創新因素」（Unit 1-6說明）。

　　1. 制度因素：貨幣是法律明定的支付工具，因此，任何交易活動都得使用貨幣。在一定的制度性因素下，家庭、政府消費活動或公司生產活動所需的正常開支，必須用到的貨幣受下列因素而水漲船高。至少有三種制度影響社會的貨幣需求金額，詳見右表，我們分成三個組織層級來討論。「制度因素」是指付款日期（例如：公司每月五號發薪水，政府一年數個月徵稅），付款方式等。

　　2. 所得效果：因為所得增加，其從事的消費活動（購買量）也比較多，所以其用於交易所需的貨幣必定增加；另一方面表示整個社會的生產活動（生產量）提高了，所以公司用於生產上的周轉金也必然增加。

　　3. 價格效果：當物價上漲（例如：排骨飯從65元漲到75元）表示在購買量不變下，其所需支付的金額增加了，所以每個人身上必然需要帶比較多錢才行。

016

小博士解說
瑞典幾乎不用現金

2013年12月8日法新社報導，瑞典幾乎可說是「無現金社會」，從熱狗攤到繳稅都透過銀行簽帳卡或簡訊線上繳費，許多公車拒收現金，阿巴合唱團博物館只收信用卡或簽帳卡。瑞典央行表示，「零售商或銀行沒有義務收現金。」一名顧客說：「我從不帶現金出門，這年頭再也沒有人這樣做了。」
在瑞典首都斯德哥爾摩，連街頭賣雜誌的遊民都有讀卡機接受刷卡。遊民彼得拿著他賴以為生的兩種東西：一疊雜誌和一臺讀卡機，他靠販售一本230元的「斯德哥爾摩情勢」雜誌，賺取微薄收入。

交易動機的貨幣供需

組織層級

一、國家

例如：生產活動的迂迴程度

右述公式，以2021年的一個數字來舉例說明：
PT用國內生產毛額43.536兆元來代
M用M1A8兆元來代

$$PT = M \times V$$
43.536兆元＝5兆元×V

V＝5.4402倍，即1「元」一年周轉5.4次，以支應交易需求。

二、公司

公司現金收入一方面取決於顧客付款方式

三、家庭

日期會影響家庭的現金支出

說明

根據費雪（Irving Fisher）1911年的交易方程式

$$PT = MV$$

P（Price）：平均價格
T（Transaction）：商品及勞務交易量
M（Money）：貨幣數量
V（Velocity）：貨幣的流通速度

當產品從原料、零件、半成品到成品，以至於經由行銷管道到消費者手中，其迂迴程度加長；由於過渡到每一階段都表示增加一次的交易，因而需要比較多的貨幣量，才能完成整個生產和消費的過程。當產業分工愈細時，那麼每生產一塊錢的國內生產毛額，其中間過程成長的結果，需要更多的現金作為交易媒介之用。

1.不必保有太多現金的公司
例如：便利商店以現金交易為主的生意，而且每日收入大於支出，所以不必保有太多現金。

2.需要多留一些現金的公司
因為有些公司一個月才結算一次，例如：百貨公司專櫃向百貨公司請款、派報社向統一超商某分店請款，因此帳上得多留一點錢，以應付一個月內每日支出。

家庭每月、每兩個月（水費、電費）、每半年（房屋的土地稅、房屋稅、汽車的牌照稅、燃料稅、子女的學費）、每年（汽車與房屋的保險費、5月繳所得稅），這些家庭支出的日期都是外界規定的，其日期會影響家庭的現金支出的時程。

Unit **1-9**
貨幣需求動機、貨幣功能與貨幣總數

1936年，總體經濟學之父凱恩斯（John Keynes）在變現力偏好理論（liquidity preference theory）中的貨幣需求（Money Demand, Md）認為人們至少因為交易、預防和投資三種需求動機而需要「貨幣」，由於幾乎一網打盡所有情況，所以八十年來，也沒有人能出其右。

但是由右上圖第三、四欄可見，這三個貨幣需求動機指的是兩件事，一是現鈔需求（詳見Unit 1-8），二是資金供給（詳見第三章）。

一、貨幣的範圍：貨幣總數

中央銀行每個月公布貨幣總數（monetary aggregate，央行譯為貨幣總計數），本段深入淺出的說明貨幣總數，並且採取快迅記憶法，套用心智地圖（mind map）的記憶原理，教你如何迅速記得住M1A、M1B、M2、M3，套句某記憶中心的廣告詞：「你給我一分鐘，我保證你記得住M1A到M2」。

1. 貨幣總數是什麼東西？有些國家的貨幣總數涵蓋M0（指M1中的「通貨」）的、M1、M2、M3、M4等，臺灣央行的貨幣總數要簡單得多，貨幣總數只有M1A、M1B、M2三種。M2中「準貨幣」（quasi money）中有一項須額外說明，貨幣市場共同基金（money market fund）是以票券或債券附買回交易為主的共同基金，2021年底3億元，是可略而不計的。

2. 簡單易記的口訣：由右下圖可見，用圖形來記憶M1A、M1B、M2最容易，跟洋蔥一樣，最內層是M1A，最外層是M2。外面一層是內一層再加上一部分而得。

> **M1A**：錢，這包括三項，即通貨（**currency**）、支票存款、活期存款。
> **M1B**：錢＋活儲（自然人的活期存款稱為活儲）。
> **M2**：**M1B**＋準貨幣（六成是定存與定儲）。

作者是這麼記得M1A 8、M1B 22、M2 50（兆元），只記四捨五入的數字，剩下圖中的「活儲」、「定存」金額，自然如同小學一年級的數學填空格。

二、貨幣總數與貨幣需求動機

右邊上下兩圖要對照來說，三種貨幣總數跟凱恩斯所稱的貨幣需求動機幾乎一一對應。

> **M1A** ─────────────────────────▶ 交易動機
> **M1B中的活儲** ─────────────────▶ 投資動機
> **M2中的準貨幣（即定存）** ───────▶ 預防動機

貨幣需求動機、貨幣功能與貨幣總數

| 貨幣4功能 | 1.交易媒介（medium of exchange）
2.計價單位（unit of account）
3.價值儲存（Store of Value, SOV）
4.延期支付的標準（standard of deferred payment） |

凱恩斯貨幣需求3動機	1.交易動機 （transaction motive）	2.投資動機 （speculative motive）	2.預防動機 （precautionary motive）

影響貨幣需求的因素	1.所得（Y）	＋	＋	＋
	2.物價水準（P）	－	－	－
	3.其他資產價格	－	－	
	4.金融創新	－		－

3種貨幣總數（2021年底為例，四捨五入）

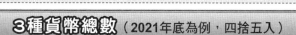

M2（廣義貨幣，broad money）：50兆元

M1B（狹義貨幣）：22兆元

M1A（狹義貨幣總數）：
現金＋支票存款＋活存＝8兆元

＋活儲（活期儲蓄存款）

＋準貨幣28兆元（quasi money），包括：
- 定期存款（含NCD）13.5兆元
- 郵政儲金　　　　6.34兆元
- 貨幣市場基金　0.0067兆元
- RP（附買回協定）0.14兆元
- 外國人臺幣存款0.2354兆元
- 外匯存款　　　　6.5兆元

「現金」是指通貨淨額＝央行發行紙鈔和硬幣－銀行和郵局庫存現金

 知識補充站

什麼是貨幣總數（monetary aggregate）？

monetary aggregate這個英文名詞譯為貨幣總計數，這個字很難望文生義，monetary是money的形容詞，貨幣的；aggregate(n.)：集合體、集成；monetary aggregate宜譯為貨幣總數。就跟臺灣人口「總數」2,357萬人、汽機車「總數」2,169萬輛一樣。

第 **2** 章

間接融資時代

章節體系架構 ▼

Unit **2-1**
資金借貸的歷史演進

資金供需的本質是「資金借貸」，由右圖可見資金借貸的歷史演進。

一、原始狀況：農業社會的直接借貸

在農業社會，貧農以地契作抵押品，向富農借貸，一旦屆時農作物欠收，農地抵讓給富農，貧農淪為佃農，富農升格為地主，專門收租過生活；佃農某種程度已趨近於農奴。

17世紀時，英國移民搭「五月花」號船到美國移民，因青黃不接，向印第安人借火雞來吃，才度過寒冬，免得餓死；後來的人，挑11月一天作為「感恩節」。這是原始直接借貸的情況，幾乎跟人類歷史一樣悠久。所幸印第安人發揮人性光輝，沒有趁人之危索取高利率。

二、進階狀況：工商社會中的直接借貸

進入工商社會，在「銀行」未出現前，小店以房契、地契向大商號借貸，仍屬於直接借貸，大商號仍有其本業，賺利息是損益表上的「營業外收入」。

三、近代：工商社會的間接借貸

在工商業社會進一步發展，專業分工更有效率，人人得利。在資金借貸也是如此，11世紀起，在宋朝出現錢莊，在1380年起，義大利流行銀行，居間扮演資金供需雙方橋梁。

四、市場

「市場」（market）是買賣雙方交易的地方，有實體地點最常見的「菜」市場。在本書中，本章第一次出現「市場」，討論「資金市場」（capital market），為了避免誤會，我們不使用「貨幣市場」（money market）一詞，實務上這是指票券市場（bill market），交易標的是票券（bill，一年期以內的票券）。本章說明資金市場的供給跟需求是如何撮合，以致達到可接受的資金價格（即利率）、數量。

小博士解說
綠色融資（green finance）

21世紀起，由於溫室效應，各國政府逐漸重視環境保護，在銀行授信方面，針對符合環保標準等的公司給予（優惠）貸款，稱為綠色貸款。
時：2017年～2020年8月
人：行政院金融監督管理委員會
事：推出「綠色金融行動方案」1.0、2.0

資金借貸的歷史演進

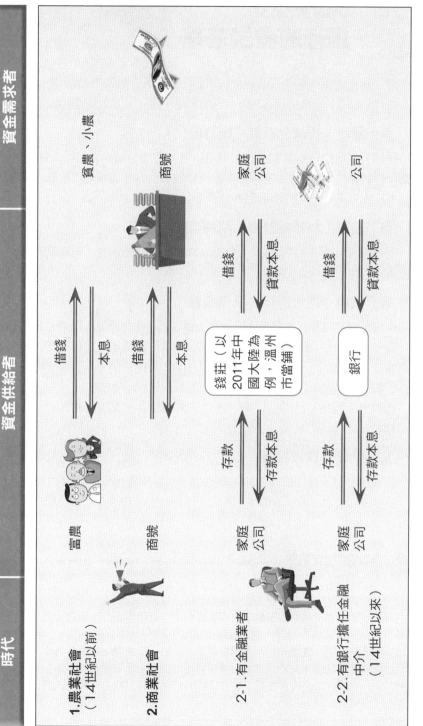

Unit 2-2
銀行的發展進程

　　有了貨幣之後，銀行（Bank）的設立是商品貨幣經濟發展到一定階段的產物。依時間順序，資金借貸的功能，先由當鋪、錢莊，一直演變到銀行。

一、第一階段：貨幣兌換業，稱為匯兌

　　硬幣方便攜帶，但大額、長途攜帶，會有遺失、被偷、被搶風險，於是票號（銀行的前身）因應而生。在甲地開設匯票給匯款人，郵寄給乙地的收票人，持匯票要求乙地錢莊分號兌款，這趟程序稱為匯兌。

二、第二階段：貨幣經營業，稱為票號

　　在宋朝，已出現了授信、收受存款（本質上是貨幣保管）的錢莊與票號，而且票號還向存款人收取保管費。

三、第三階段：近代銀行，稱為錢莊

　　中國明朝的錢莊有近代銀行的性質，到了清朝稱為票號，像中國大陸著名連續劇《喬家大院》，山西省是清朝時票號的大本營。票號邁向絕跡原因在於「無力」與時俱進轉型為銀行，票號屬於家族企業，資本有限，拼不贏股份制銀行。至於錢莊沒有拿到清朝政府的銀行執照，主因在於政府的政治考量。

　　西歐也是如此，1580～1693年，所成立的銀行大都屬於獨資、合夥、股份無限，資本有限，可稱為「近代銀行」。

四、第四階段：現代銀行

　　以股份公司的商業組織型態成立的第一家銀行是1694年成立的英國英格蘭銀行，由於資本額大，拓展業務快。因此，18世紀末、19世紀初，各國紛紛成立股份制銀行。

小博士解說
唐朝「飛錢」

唐代商業頗為發達，在首都長安做買賣的商人很多，他們出售貨物後，許多商人都把貨款送到「本道駐京辦事處」（即進奏院），辦事處為商人開出一張票券，上面寫著金額、日期、姓名等，並把這張票券分成兩半，半張交給商人，半張寄回當地。商人回去後，憑著半張票券到指定部門兌錢，只要兩半票券能夠吻合無誤，就可以如數領回錢款，至於辦事處在長安收下的款子，恰好用來抵作向中央政府繳納的賦稅。這種作法，公私兩便，票券上的錢好像在飛來飛去，所以人們把此類票券叫做「飛錢」。

銀行的發展進程

項目　　階段	I 匯兌 （貨幣兌換業）	II 貨幣經營業	III 近代銀行 （1580～1693年）	IV 現代銀行 （1694年以來）
說明	貨幣兌換商只是為商人兌換貨幣，前資本主義社會的貨幣兌換業是銀行業形成的基礎。	發展到為商人保管貨幣，收付現金，辦理結算和匯款，但不支付利息，而且收取保管費和手續費。	隨著工商業的發展，貨幣兌換商的業務進一步發展，貨幣兌換商為了謀取更多的利潤，他們手中聚集了大量資金。利用手中聚集的貨幣發放貸款以取得利息時，貨幣兌換業就發展成為近代銀行了。	以辦理工商企業存款、短期抵押貸款、票據貼現等為主要業務。
1.中國	唐代商業頗為發達，出現了可以當貸款又可用來抵作向中央政府交納賦稅的票券，又稱為「飛錢」。	在宋朝時期出現了具有高利貸性質及無利息存款業務的錢莊與票號。	明朝中葉形成了具有銀行性質的錢莊，到清代又出現了票號。	1897年5月27日，第一次使用銀行名稱的中國銀行是「中國通商銀行」。最早的國家銀行是1905年創辦的「戶部銀行」，後來稱為「大清銀行」，1911年辛亥革命後，大清銀行改組為「中國銀行」，一直沿用至今。
2.西方	西元前2000年的巴比倫寺廟、西元前500年的希臘寺廟，都已經有了經營保管金銀、收付利息、發放貸款的機構。			近代銀行主要放款對象是政府，而且有高利貸性質，1694年，英國成立了股份有限制的英格蘭銀行。
(1)義大利	近代銀行產生於中世紀的義大利，由於威尼斯特殊的地理位置，使它成為當時的貿易中心。	1407年，在義大利威尼斯市有放款功能「銀行」成立。	1580年威尼斯銀行成立，1593年在義大利米蘭、1609年在荷蘭阿姆斯特丹、1621年在德國紐倫堡、1629年在漢堡市皆有銀行成立。	
(2)其他	西歐		（詳上）	（詳上）

Unit 2-3
銀行的融資中介貢獻

　　由右上圖可見，零售通路扮演供貨公司與買方間的中介，所以你在全臺各地都可以買到池上（臺東縣池上鄉）米、雲林蔬菜。有了零售通路才能「貨暢其流」，同樣的，銀行扮演融資中介角色。

一、融資中介

　　銀行扮演著「融資中介」（financial intermediaries）的角色，這個名詞要拆開來記才容易了解。

(一) 融資（financial）

　　在第二章中，說明公司的資金來源有直接融資、間接融資，銀行屬於間接融資主要來源。

(二) 仲介與中介

　　仲介與中介看似只有些微差異，但重大差異如下。

　　1.仲介（broker）：居間協助成交，常見的有房屋仲介、股票仲介（由證券公司擔任），賺取買方或賣方的仲介費用（brokerage fee）。

　　2.中介（intermediary）：向供貨來源買進，再扮賣方，賣給買方，圖的是買賣價差，由右上圖可見，零售通路扮演商品中介、銀行扮演資金中介。

(三) 合起來「融資中介」

　　兩個名詞合稱「融資中介」，但1910年，人們翻譯英文本貨幣銀行學時，誤把financial直譯為「金融」，接著就稱為「金融中介」。

二、貨暢其流

　　銀行比零售通路在貨暢其流方面，扮演更多功能，可以依存款人與借款人兩方面來說。共通的則有規模經濟、資訊中介等貢獻。

　　1. 對存款人：銀行對存款人最大的功能便是零風險的投資工具（risk pooling），由於銀行的穩當專業經營，再加上存款保險（一戶300萬元以內保障），因此在臺灣，公債、銀行存款被視為無風險投資工具，以2018年家庭財富（註：土地按市價計算）142.43兆元來說，約12%擺在定期存款。

　　2. 對借款人：對借款人來說，銀行在價（利率）、量方面都很有貢獻，因為銀行發揮下列三項功能，一是專業授信（default-risk intermediation）：銀行對偵測借款申請人是否會違約，具有專業（詳見Unit 4-7），因此可以差別取價，不會採取「寧可錯殺一百」的較高貸款利率，這對大部分債信較佳借款人有福了。二是金額中介（denomination intermediation）：存款人的存款金額往往很小，有些借款人的借款金額很大，銀行聚沙成塔，扮演「小額存款、大額借款」間的中介。三是期間中介（maturity intermediation）：除了金額中介外，存款者存定存三年，但借款人借款期間有些較短，因此銀行扮演「長期存款、短中期借款」間的中介。

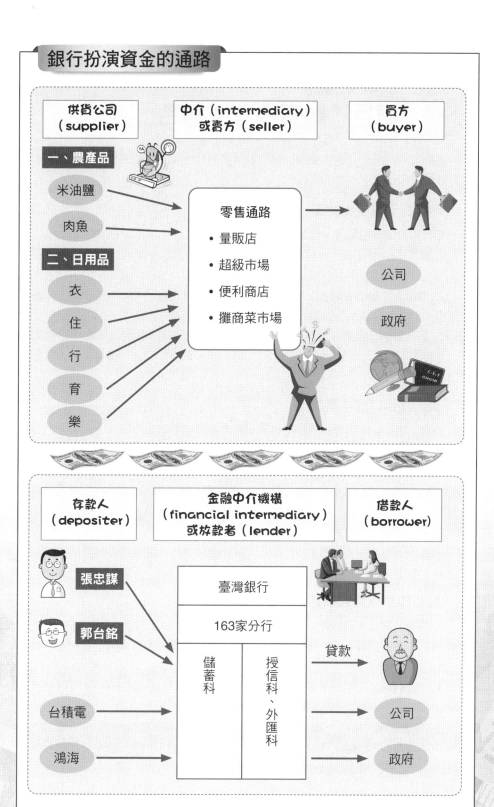

銀行扮演資金的通路

供貨公司 （supplier）	中介（intermediary） 或賣方（seller）	買方 （buyer）

一、農產品

米油鹽

肉魚

二、日用品

衣

住

行

育

樂

零售通路
- 量販店
- 超級市場
- 便利商店
- 攤商菜市場

公司

政府

存款人 （depositer）	金融中介機構 （financial intermediary） 或放款者（lender）	借款人 （borrower）

張忠謀

郭台銘

台積電

鴻海

臺灣銀行

163家分行

儲蓄科

授信科、外匯科

貸款

公司

政府

Unit 2-4
銀行「融資中介」角色

圖解貨幣銀行學

跟計程車行中的台灣大車隊一樣，扮演計程租車間的中介角色，銀行在資金市場也發揮同樣功能。

一、銀行是個資金出租業

銀行跟腳踏車出租店、計程車車行相似度高達九成，以下詳細說明。

你撥電話叫計程車，付點車資搭計程車，不用買車，便可短暫享受用車的好處。同樣的，銀行本質上是資金出租業。

1. 借款人（borrower）：借款人向銀行「租用資金」（即取得貸款），每期須還息（即貸款利息），屆期或分期償還本金。

2. 銀行扮演放款者（lender）：由右上圖可見，以「台灣大車隊」這個車行來說，也是靠個人計程車來靠行，沒有自己的車，銀行的資金也是借來的，付點利息向存款戶借來的。

二、資金提供與資金需求

由右下圖可見，銀行的資金提供與需求者身分大不同。

1. 資金提供：存款戶

以2021年全體銀行存款38.5兆元來說，個人（家庭）占69.44%，其次是商業組織（162萬家）28.18%，合計占98%。負債累累的中央、地方政府，只占存款的2.38%。

2. 資金需求：借款戶

放款29.5兆元中，家庭49.6%、公司45.65%左右。政府受限於舉債等規定，只占貸款4.75%。

三、銀行賺放存款利率差

賣芭樂的攤販，批貨成本每斤芭樂10元，銷售價每斤30元，每斤毛利20元。同樣的，只要是公司，一定想的是「買低賣高」賺價差。銀行是資金出租業，也是同樣的經營方式。

1. 低價買進：從右下圖可見，以2021年12月來說，銀行以平均利存款率0.44%「買進」38.5兆元資金，這0.44%可視為銀行的資金成本。

2. 高價賣出：由右下圖來看，銀行平均以1.66%利率放款出去，金額29.5兆元。中間賺取1.22個百分點（1.66%減0.44%）的放存款利率差，這是銀行的毛利，毛利率（1.22%除以1.66%）高達73.5%。

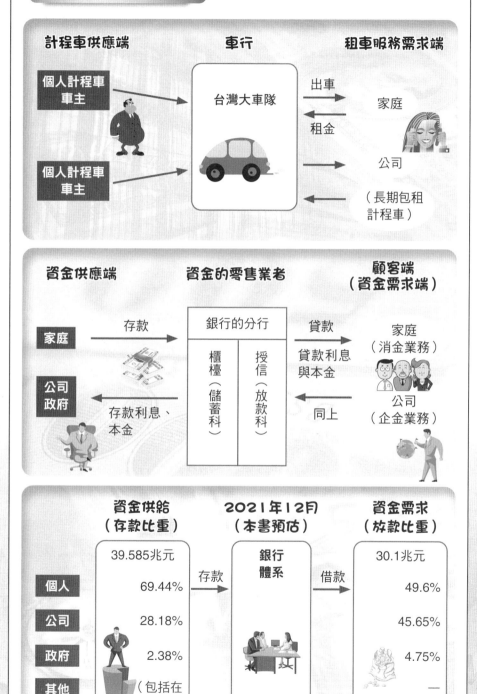

存款與貸款市場

計程車供應端 — 車行 — 租車服務需求端

個人計程車車主 → 台灣大車隊 → 出車 → 家庭
台灣大車隊 ← 租金
個人計程車車主 →
→ 公司
← （長期包租計程車）

資金供應端 — 資金的零售業者 — 顧客端（資金需求端）

家庭 → 存款 → 銀行的分行 → 貸款 → 家庭（消金業務）
櫃檯（儲蓄科） ｜ 授信（放款科）
貸款利息與本金
公司 政府 ← 存款利息、本金
← 同上 ← 公司（企金業務）

資金供給（存款比重） — 2021年12月（本書預估） — 資金需求（放款比重）

	資金供給（存款比重）	2021年12月（本書預估）	資金需求（放款比重）
	39.585兆元	銀行體系	30.1兆元
個人	69.44%	存款 → 借款 →	49.6%
公司	28.18%		45.65%
政府	2.38%		4.75%
其他（非營利）	（包括在個人中）		—

Unit **2-5**
資金需求

　　討論任何市場需求與供給時，以圖表把供需雙方身分（右表第一欄）、占比重整理，可以一目了然，接著再詳細說明，便可收「先見林，再見樹」的好處。在本書中，皆先說明需求，因為有買方，才會有人去提供商品，扮演賣方角色。

　　俗話說：「一文錢逼死英雄好漢」、「皇帝也會缺庫銀」，這些俚語貼切形容錢的重要性。小至家庭公司、大到國家皆可能阮囊羞澀，缺錢，只好向銀行借錢。這在「經濟學」等課程稱為「資金需求」，「貸款需求」是其中最大一項。

一、資金需求：借款人的身分與動機

　　資金需求（money demand）狹義的來說，是指借款人（borrower）對於貸款金額（無限期）的需求，借款人扮演資金需求者角色。由右表可見，在第二～四列中，主要是依貸款金額（2021年底約29.5兆元）占比重由上往下排列。

二、家庭的資金需求——家庭占銀行放款49.6%

　　800萬個家庭中主要是「中所得組」（所得分配第五等位分類）中的「中產階級」，是銀行貸款的主力。

三、公司的資金需求——占銀行放款45.65%

　　162萬家商業組織（其中萬家公司，民營與公營企業）當自有資金（指業主權益）不足或貸款利率划算時，也會向銀行貸款，詳見Unit 8-6說明。

四、政府的資金需求——占銀行放款4.75%

　　各級政府每年都出現預算赤字，在入不敷出情況下，在法令限制範圍內，可以向銀行貸款來付公務人員薪水。

小博士解說

銀行（bank）一詞小檔案

bank一詞源於義大利語banca，意思是板凳，早期的銀行家在市場上進行交易時使用。英語轉化為bank，意思為存款錢的櫃子，早期的銀行家（banker）被稱為「坐長板凳的人」。至於銀行一詞，在中國歷史上，白銀一直是主要的貨幣材料之一，「銀」往往代表貨幣。而「行」則是對大商業機構的稱謂。把辦理跟銀錢有關的大金融機構稱為「銀行」，最早見於太平天國洪仁玕所著的《資政新篇》。

資金市場的需求與供給

兆元	29.5	38.5
身分	資金需求 （即銀行的借款人）	資金供給 （即銀行的存款人）
一、家庭（自然人）	**占存數69.44%** （此比率長期穩定！） **家庭存錢在銀行的主要人士** 主要是所得分配五等位分類中的高所得的家庭。	**占貸款49.6%** 銀行稱為消費金融，主要是所得分配中所得組（占60%）的家庭。 銀行稱為企業金融業務 (一)押低貸款——買下列兩種耐久品 1.房屋：即房屋貸款 2.汽車：即汽車貸款 (二)信用貸款 從大學生的助學貸款與留學貸款，年輕人的結婚貸款，到信用卡循環。
二、公司（法人） （含公營企業）	**占存數28.18%** **帳上存款多的公司** **大都是大賺錢的公司** 公司儲蓄在資產負債表中右邊主要顯現在業主權益的「保留盈餘」、「資本公積」，在資產負債表左邊主要顯現在存款，甚至有價證券投資。 例如 台積電約有4,700億元資產放在存款上。占資產20%	**占貸款45.65%** 銀行稱為企業金融業務 (一)抵押貸款——主要指資本支出中的兩項。 1.土地 2.機器設備 (二)信用貸款——俗稱營運周轉金。
三、政府	**占公庫存款2.38%** 各級政府把歲收（主要是稅收）存在銀行。	**占貸款4.75%** 總的來說，政府因預算不足，常跟銀行周轉。

知識補充站

家庭存款、借款人不是同一群人

家庭是銀行存款主要來源（占69.44%），這主要自所得五等分分類中的「最高所得組」，其次是退休人士。家庭是銀行借款的主要人士，占49.6%，這主要是所得分配中第二，三高所得組，主要是房屋貸款。

Unit **2-6**
銀行的存款創造功能

「太極生兩儀，兩儀生四象，四象生八卦」，這句易經上的話常用來形容等比函數，許多多產生物（細菌、兔子、老鼠）都有此特性。銀行在存款（貨幣）的創造，有點「神奇吧！傑克」的性質，底下分兩種狀況討論。

一、理想狀況

以右上圖來說，在國中、高中上物理課時，老師會說，在外太空，由於沒有空氣（即真空），沒有阻力，因此丟出一顆球後，球會無限往前飛。

在地球上，在保齡球道上擲保齡球，假設球道有300公尺長，但因有摩擦力，保齡球頂多只能跑100公尺。

二、現實狀況

由右下圖可見，銀行有創造存款貨幣的功能，甲存100萬元，乙向銀行借90萬元去還給丙，丙把這90萬元回存銀行，丁向銀行借款81萬元去⋯⋯。

由這個資金不外流（流出銀行這個「水池」情況），銀行透過放款，借款人或其債權人把借款回存。銀行便可以一再複製此過程，創造出衍生存款（derivative deposit）。

唯一的「漏損」便是每次存款戶存款，銀行扣下一成，此可稱存款準備率，用途有下列兩種：

1. 銀行流動準備：這是銀行的庫存現金，以備存款戶來領錢。

2. 央行法定準備：詳見Unit 13-3。

三、貨幣供給方程式

於是我們把圖中從原始存款（primary deposit）創造衍生存款的結果，稱為「銀行存款貨幣創造」，詳見右下圖方程式。

舉個具體例子來說明，其中原始存款100萬元、銀行創造900萬元的衍生存款，合計1,000萬元。

右下圖方程式中有兩個觀念值得特別說明如下。

1. 貨幣乘數（money multiplier）：貨幣乘數是指銀行創造存款貨幣的「倍數」，以此例來說10倍。

2. 強力貨幣（high power money）：強力貨幣是指銀行創造存款貨幣的基礎，經常指的是原始存款，另一種定義指「現金與銀行準備金」。強力貨幣別名很多，例如：貨幣基數（monetary base）、準備貨幣（reserve money）。

銀行的存款創造功能

物理現象

 球 在外太空 （假設真空） → **無限運動**

 球 因摩擦而停止

臺灣銀行

原始存款100萬元 （primary deposit）

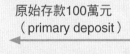 甲

放款90萬元 乙 付款 丙

 銀行家

衍生存款 90萬元 （derivative deposit）

放款81萬元 丁

存款創造方程式

M	∞	**m**	✕	**H**

存款貨幣 供給量	貨幣乘數 （money multiplier）	強力貨幣（high power money） 或貨幣基數（monetary base） 或準備貨幣（reserve money）

數字例子：已知

存款準備率   **0.1**

（這包括銀行自提的流動準備率、繳交中央銀行的法定準備率）

原始存數   **100萬元**

（來自李先生收到在美國的兒子匯到臺灣的3萬多美元，換成臺幣）

$$1{,}000萬元 \; = \; \frac{1}{0.1} \; ✕ \; 100萬元$$

Unit **2-7**
銀行對經濟的重要性

空氣、水、食物何者對（人的）生命較重要，依序是缺氧4分鐘，人會死亡；缺水4天，人會死亡；缺食物12天，人會死亡。想了解一個產業對經濟的貢獻，可以從「投入」、「轉換」、「產出」三方面著手。

一、投入面看不出銀行的重要性

在國民所得帳的三個計算方式中，其中之一是從生產要素所得面來看，銀行業在這方面的貢獻不到3%。

二、產出面也看不出銀行的重要性

再以「最終產出法」來看，銀行業在所有產業中大概排名第五。以下從兩個項目來看，一是附加價值方面，以2016年為例，銀行附加價值占國內生產毛額3.4%，比美國8%略低。二是淨利方面，2019年36家本國銀行稅前淨利3,607億元（詳見Unit 4-1），比工業中第一大獲利公司（台積電3,453億元）略高。

三、轉換面：金融業向前關聯係數高

倒是要看看這個產業的產業關聯度如何，若有高關聯度，那麼即使產值不大，這項產業對一個經濟的影響也不容小覷。以2015年1月行政院主計總處編製的2011年160產業的產業關聯表觀察，金融業（不含保險業）的情況如下：

1. 向後關聯係數：金融業（不含保險業）的產業關聯度如何？先看「向後關聯係數」，這是指該產業生產一單位，會帶動全體產業投入的倍數，向後關聯係數高的產業通常被稱為火車頭產業。住宅工程的向後關聯係數達3.2、公共工程達3.1、汽車3.2、半導體3.1、毛紡4.1、人纖4.1，這些產業都具有火車頭的作用，而金融業僅1.88，這意思是指金融業完全不具火車頭的作用，大約只能帶動印刷、電信、房地產及廣告業而已。

2. 向前關聯係數：金融業的「向前關聯係數」在160個產業裡幾乎是名列第一，其向前關聯係數17.2，意思是當所有產業都增加一單位需求時，即會帶動金融業17.2個單位的需求，85%的為產業向前關聯係數1.0～3.9，金融業超高的向前關聯度說明金融業已如血液般，流動於產業間，其對總體經濟影響之巨，可想而知。金融業的向前關聯係數在1980年代最高為18.41，隨著1990年代新銀行的設立，市場開放、加以新金融商品的引進，金融業向前關聯係數近年降至3.08左右，顯示經濟對金融體系的依賴與日降低。

金融業所扮演的角色就是整合經濟體系閒置的資金，然後有效率的貸放給企業或家庭作為投資、消費之用，使得儲蓄能重新注入經濟體系，創造有效需求。

銀行業對臺灣經濟的重要性

第一層 第二層	一、投入面	二、轉換面	三、產出面
說明	**對生產因素的僱用** (一)僱用人數 $= \dfrac{銀行業僱用人數}{勞動（就業）人口}$ 依2020年工商普查，銀行業僅創造15.2萬個就業機會，占企業總僱用人數1.53%。	**(一)銀行業支援經濟** 銀行業的成長率比經濟成長率還慢，顯示銀行業不只未發揮支援經濟的功能，還拖累了成長。 	**(一)附加價值占國內生產毛額比重** 1.2011年5,332億元，占3.8% 2.2016年5,910億元，占3.4%

| | (二)資金
　對「投資」項目的貢獻
 | (二)投入產出表 | (二)銀行業淨利
　詳見Unit 4-2
 |

金融業的產業關聯係數

年	向前關聯係數	向後關聯係數	經濟成長率（%）
1981年	6.50	1.22	7.1
1984年	5.77	1.26	10.05
1986年	4.30	1.41	11.51
1989年	6.18	1.40	8.72
1991年	11.99	1.54	8.37
1994年	13.77	1.53	7.5
1995年	13.66	1.38	6.5
1999年	14.18	1.40	6.73
2001年	18.41	1.66	-1.4
2004年	17.21	1.88	6.95
2011年	3.09	1.56	3.67

註：1991年以前為123個產業，1991年為150個產業，1996年以後為160個產業。

知識補充站

金融業的重要性

時：每年7月30日

地：臺灣

人：臺灣金融服務業聯合總會，2005年5月25日成立

事：發表〈金融建言白皮書〉，揭露金融業的重要性

Unit **2-8**
第三方支付

　　貨幣的支付功能較適用於「一手交錢，一手交貨」的「銀貨兩訖」情況，但是一遇到網路購物，從下單（商流）到收貨（物流），往往有一天時間差，何時付款對一方（買方、賣方）皆不利，於是有「第三方付款公司」扮演「買方收貨，保證付款給賣方」的角色。

一、第三方支付中的手機支付（mobile pay，俗稱行動支付）

　　由右圖可見，手機支付可拆成下列兩個名詞來了解，一是第三方：指的是「買方」、「賣方」以外的其他方，以「貨到收款」情況，宅配公司（包括中華郵政）也扮演「第三方支付」角色。例如：你下單買飲水機的濾心，郵差把貨送達時，你便必須付款。但網路購物的鑑賞期是七天，宅配公司可沒空七天後再跑一次，於是有專屬第三方支付公司的需求。二是支付：指的是「買方支付貨款」，即買方覺得網購商品滿意，通知第三方支付公司付款給出貨的網路商店。

二、第三方支付兩種經營方式

　　由右圖可見，有兩種機構可辦理第三方支付業務，一是電子票證發行機構：資本額1億元以上的電子票證發行機構，像網路家庭（PChome）旗下的「支付連」。二是銀行。兩者的差異詳見下表。透過這兩種機構，買方可以採取儲值（pay before）、現金轉帳（pay now）、信用卡（pay after）方式付款。

時	2004年12月8日	2014年10月20日	2017年3月
地	中國大陸上海市	美國	臺灣
人	支付寶網路技術公司（Ali Pay）	蘋果公司	7種業者推出，比較多的是銀行業者共組的台灣Pay
事	阿里巴巴集團旗下，2008年2月27日起，推出手機支付業務，2020年手機支付市占率支付寶48.44%（2018年市占率54%），第二大騰訊金融33.59%。	蘋果公司Apple Pay、谷歌公司Google Pay、星巴克Starbucks Pay、Venmo。	手機支付APP約70種，最常使用前三大：LINE Pay（28.1%）、街口支付（15.5%）、全聯PX Pay（11%）。

第三方支付流程

賣方　　　　　　　　　　　　　　　　　買方

步驟I　下單買商品（商流）

網路商店
（中國大陸
稱為電子商
店，簡稱電
商）

步驟II　出貨（俗稱物流）

物流公司
（俗稱宅配公司）

消費者

付款（金流）

第三方支付公司

1. 專營第三方支付公司
   例如：中國大陸的支付寶
2. 臺灣的網路家庭（PChome，
   旗下「支付連」）
3. 銀行
   永豐；另中華郵政公司

線上儲值帳戶儲值上限

單位：萬元

	項目	內容			
		儲值上限	交易限額		
			每筆	每日	每月
認證方式	1.自然人憑證等	20	5	10	20
	2.銀行帳號或信用卡卡號等	10	3	6	10
	3.電子郵件及手機	1	1	1	3

資料來源：銀行業者

知識補充站

行動銀行

看準幾乎人手一支智慧型手機，2010年起，銀行積極拓展「行動銀行」業務；把部分網路銀行交易功能搬到手機上；客戶在使用前，須先下載各銀行的行動銀行「應用程式」（app）。行動銀行功能，已從最基本的匯率、利率、存款餘額「查詢功能」擴大功能，包括「轉帳、繳稅費、基金下單、線上結匯、借錢、辦卡、訂電影票」，都能一指搞定。

第 3 章
銀行業分析

●●●●●●●●●●●●●●●●●●●●●●●●●●●●●●●●●●●●●● 章節體系架構 ▼

Unit **3-1**
銀行的業務

　　行政院對銀行業採取分業管理，針對各種銀行的資本額（設立門檻）、客戶、業務範圍與營業地區皆有規範，本單元詳細說明。

一、X軸：依資本額分類

　　依據「銀行法」的定義，銀行是指經政府核准（即取得營業執照），得以收受存款並提供放款的金融機構。

　　依此標準來看，當鋪（質押貸款）、人壽保險公司（提供保單質押貸款、房屋貸款）不算銀行，因法定不准其吸收存款，請詳見右下圖所示，說明如下。

　　1. 資本額：有錢多做事，由X軸有個口訣，即「127」，資本額100億元以上是商業銀行設立門檻、工業銀行200億、金控公司700億元（資產總額7,500億元），這是第16家金控公司（合作金庫金控）適用標準，由當初200億元逐漸抬高，可見金管會認為金控公司過多，不贊成多成立。

　　2. 客戶：可依客戶（家庭又稱自然人，以公司為法人）種類來看，工業銀行顧名思義，以工業內公司為存放款客戶；信用合作社以家庭為主要客戶。

　　3. 業務範圍：由右圖可見，金融控股公司只擔任對旗下銀行等轉投資公司的持股、投資公司，因此不負責對外經營業務。因此，金控公司員工數極少。信用合作社的業務以存放款為主，業務種類最陽春。

二、Y軸：依營業地區範圍

　　影響銀行經營的有二，即業務範圍與營業地區範圍，後者二分如下。

　　1. 地區市場：信合社因資本額小，因此營業範圍限縮在一縣（或市），針對虧損者，可申請跨區經營，所以你在臺北市可以看到一些信合社的分行。

　　2. 全部市場：商業銀行在全臺皆可營運，開設分行數，地方便呈報金管會銀行局核准。

亞洲區域銀行的典範——新加坡星展銀行

在發展區域銀行方面，新加坡星展銀行（DBS）的發展歷程值得參考，於1998年跟郵政儲蓄銀行合併，具備對外發展的本錢。於1998年收購香港廣安銀行、2001年收購道亨銀行，2003年把這二家銀行重組成為香港第六大銀行；2007年在中國大陸成立獨資子行、2008年概括承受臺灣寶華銀行，完成在兩岸三地皆建立子行的架構。

2012年收購印尼金融銀行、另在印度成立子行。星展銀行在東南亞與大中華地區有較深的布局，獲利雙引擎是新加坡（獲利占61.9%）與香港（獲利占21.4%）。

銀行的業務

放款

- 壽險公司
- 輸出入銀行

- 合法當鋪
- 小額貸款公司

銀行
- ➲工業銀行
- ➲商業銀行
- ➲中小企業銀行
- ➲農會、漁會信用合作社

郵局　　吸收存款

銀行的分類

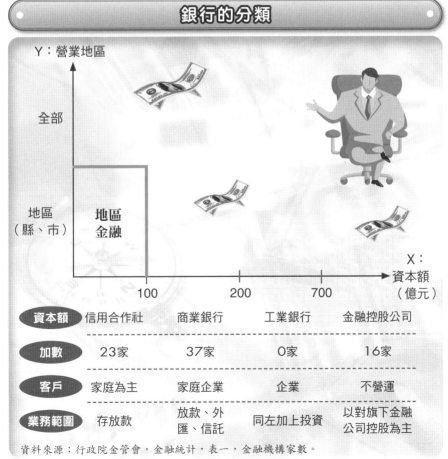

Y：營業地區

全部

地區
（縣、市）

地區
金融

100　　200　　700

X：
資本額
（億元）

資本額	信用合作社	商業銀行	工業銀行	金融控股公司
加數	23家	37家	0家	16家
客戶	家庭為主	家庭企業	企業	不營運
業務範圍	存放款	放款、外匯、信託	同左加上投資	以對旗下金融公司控股為主

資料來源：行政院金管會，金融統計，表一，金融機構家數。

Unit **3-2**
商業銀行的分類

臺灣街上有三多：便利商店多（12,000家）、銀行多（本國分行約3,400家，不包括農漁會信用部）、手機行多。由街上商店可看出一國商業的活躍狀況，至於銀行的迷你分身「自動提款機」（ATM）3萬部，更是四處可見，因此，幾乎每個大人都跟銀行有往來（存款、提款卡甚至信用卡）。商業銀行可以再詳細分類如右表，並說明如下，以資了解。

一、第一層（大分類）：依國籍分類

如同勞工依國籍分為外籍移工（約72萬人）、本國勞工（約1,194萬人）一樣，銀行依其主股東的國籍可以二分法如下。

1. 本國銀行：本國銀行（domestic banks，報刊簡稱國銀）有37家。

2. 外資銀行：外資銀行是以「分行」組織型態營運，以便出了營運問題，金管會銀行局可向其母國母行追索。

二、第二層（中分類）：依股本的國籍來區分

1. 狹義本國銀行：這是報刊常稱的「本國銀行」。

2. 外「資」銀行：外國銀行在臺以公司型態登記，以「子」行型態營運，之所以如此做，主因在於藉以收購臺灣的民營銀行。五家外「資」銀行也有外商分行同時存在，2015年分行併到子行。

三、第三層（小分類）：依股權歸屬

狹義本國銀行，依股權歸屬，可以二分法如下。

1. 公股銀行（8家）：以股權50%為分水嶺，以上稱為公營銀行（state-owned bank），以下稱為公股銀行，後者一部分是為了避免立法院監督。這些公股銀行因政府持股占第一，但未過半，因此必須「官民共治」，由官股派任董事長，民股往往擔任副董事長等。報刊有稱為「泛公股銀行」。

2. 民營銀行（29家）：民營銀行是由民間經營，主要來源有二，即舊、新銀行（1990年開放銀行經營）。

小博士解說

依據銀行法第70條，本法稱商業銀行，謂以收受支票存款、活期存款、定期存款，供給短期、中期信用為主要任務之銀行。

商業銀行的分類

大分類 依國籍	中分類 依股本的國籍區分	小分類 依股權歸屬
一、本國銀行 （37家）	(一)狹義 本國銀行	1. 公股銀行（8家） 臺灣銀行 合作金庫銀行 土地銀行 省三商銀： 兆豐銀行 臺灣企銀 2. 民營銀行（29家） 中國信託 國泰世華 台北富邦 新光 台新 永豐……等
	(二)外「資」銀行：子行型態 （5家） 花旗（美國）（Citi） 渣打（英國）（Standard 　　　　　Chartered） 星展（新加坡）（DBS） 澳盛（澳洲）（ANE） 滙豐（英國）（HSBC）	
二、外商銀行： 「分」行型態 （31家）	(一)其他國家（28家） (二)中國大陸（3家） 中國、交通、中國建設銀行	

華南、彰化、第一

知識補充站

全體銀行vs.本國銀行

中央銀行「金融統計月報」上有「全體銀行」跟本國銀行的統計表，全體銀行指上表「大分類」，本國銀行即其中的「本國銀行」，由下表可見，以2013年來說，本國銀行占「全體銀行」95%以上。

銀行	放款	存款
(1)本國銀行	29.48兆元	37.21 兆元
(2)全體銀行	30.1 兆元	39.585兆元
(3)＝(1)／(2)	97.94%	94%

Unit 3-3
窮人銀行：孟加拉鄉村銀行

　　商業銀行也是營利事業之一，相反的，有種企業稱為「社會型企業（social business）」，即不以營利為目的，只求回本，所有經營皆「大公無私」。在銀行業中，最著名的是孟加拉的鄉村銀行，因借款者主要是窮人，因此有窮人銀行之稱。

一、窮人銀行的創始者——尤努斯

　　1970年代，在大學擔任經濟學教授的尤努斯，因不忍看到同胞辛苦終日的微薄所得，竟然因為高利貸剝削而化為烏有，甚至永不翻身。出資850孟加拉幣（27美元）為42個家庭贖身解除高利貸枷鎖及換得自力更生自由的經驗，讓尤努斯確定了提供「微額貸款」可以是改變鄉親生活甚至命運的關鍵，而背後支持尤努斯三十幾年來戮力不懈及忘情投入者，應是他對同胞的憐惜及對家鄉的熱愛。

　　2006年諾貝爾和平獎揭曉，由孟加拉人民共和國經濟學者穆罕默德‧尤努斯和他創辦的「鄉村銀行」獲得這項殊榮。從諾貝爾獎評審委員會的讚辭以及媒體對尤努斯的報導，我們看到了一位具有圓熟智慧、仁民愛物胸懷的經濟學者，把世人心目中賺取利差及手續費為主的銀行變成慈善事業，把世人心目中用盡聰明才智謀取最大利益的銀行變成改善同胞生活水平的愛心舞臺，他的得獎，實至名歸外，也為全世界金融業及銀行家提供了一個新定義、一個新的奮鬥目標。直到尤努斯及鄉村銀行出現，我們才知道，原來銀行家也可以如此仁民愛物，讓人驚訝，也讓人尊敬。

二、鄉村銀行

　　銀行的微額貸款方案最早由尤努斯在1979年發起，成功後，1983年10月改制為銀行。鄉村銀行提供微額貸款，給借款人創業。貸款對象是以無法提供房地產當抵押品（或擔保）也沒有工作，無法從銀行取得貸款的窮人為對象。即使貸款額度可能只有幾十美元，但在孟加拉這個貧窮國家，憑藉鄉村銀行所提供的微額貸款（microfinance），很多人就能做小生意（大部分是養雞、買縫紉機改衣服或手機通訊行），改善生活。

三、貢獻

　　鄉村銀行的成就至少有二，一是鄉村銀行以扶助窮人、改善社會為宗旨：股權結構除了政府持有25%外，其他均屬借貸者共同持有，創辦人尤努斯只是以常務董事兼執行長身分參與。二是給窮人救命錢：鄉村銀行的貸款客戶高達830萬人，普及率很高，其中九成為婦女；其次，福澤廣被外，即使從金融業專業角度評估，尤努斯及鄉村銀行的經營績效也很傑出，例如：1987年依法成為銀行後，共貸出2,900億孟加拉幣（57.2億美元），回收率高達99.6%，即呆帳率只有0.4%。（資料來源：部分整理自維基百科，「孟加拉鄉村銀行」。）

孟加拉鄉村銀行經營方式

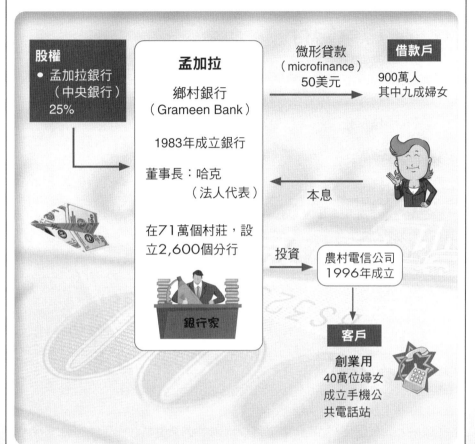

股權
- 孟加拉銀行
  （中央銀行）
  25%

孟加拉
鄉村銀行
（Grameen Bank）

1983年成立銀行

董事長：哈克
（法人代表）

在71萬個村莊，設
立2,600個分行

銀行家

微形貸款
（microfinance）
50美元

本息

投資

借款戶
900萬人
其中九成婦女

農村電信公司
1996年成立

客戶
創業用
40萬位婦女
成立手機公
共電話站

知識補充站

穆罕默德‧尤努斯（Muhammad Yunus）

出生：1940年6月28日

曾任：孟加拉鄉村銀行總經理（1983～2011年2月）、吉達港大學經濟系系
　　　主任

學歷：美國Vanderbilt大學經濟學博士

榮譽：2006年諾貝爾和平獎得主

在尤努斯及鄉村銀行的努力下，孟加拉普遍存在的農村「低所得─低儲蓄─低
投資─低所得」惡性循環，已成功轉化為「低所得─信用貸款─投資─更多所
得─更多信用貸款─更多投資─更多所得」的模式，讓一般窮人暫時有錢可創
業，更讓他們擁有可以改變生活乃至命運的技能及機會。把銀行資金融通者角
色昇華為生命機會的提供者，尤努斯雖然無意扮演上帝角色，但協助同胞擺脫
貧窮惡運的糾纏，卻為他個人及鄉村銀行贏得世人欽羨的諾貝爾和平獎。

Unit 3-4
專業銀行

大部分的商店都是綜合零售業（例如：便利商店、超市、量販店與百貨公司），靠百樣商品做百樣生意，少數商店是專賣店（例如：手機店、3C量販店、服飾店、五金行）。

同樣道理，由右表可見，三種專業銀行主要都是為公司客戶所設，著重在國民所得帳中需求面的兩項，即投資與國際貿易（其中的出口）。

一、工業銀行

工業銀行（industrial bank）顧名思義，其（貸款）市場定位主要（60%以上）在於工業內的公司。

工業銀行受限於業務範圍（例如不得收受金融機構的轉存款）、分行數限制（例如：7家），有得有失，法令上給予其一個特權，直接投資工業內公司。

二、中小企業銀行

全球最偉大發明家愛迪生養了兩隻狗，在門下開一大一小的兩個狗門，他的說法是：「大狗走大狗門，小狗走小狗門」。有許多行政的設計有著如此「一碼歸一碼」的精神。

在銀行業的分類經營中，具體情況便是劃出中小企業銀行。

1. 中小企業定義：詳見Unit 5-4說明。

2. 中小企業銀行（簡稱企銀）：中小企銀由於資本額小，因此法令上規定六成（以上）放款以中小企業為主。

另外，中小企業銀行的放款以中小企業為主，經營地區常限於一縣市，綁手綁腳，打不贏商業銀行，紛紛改制或被外資收購。最後，只剩公股的臺灣中小企銀一家，象徵政府挺中小企業的決心，但該行資本額748億元，比許多民營銀行高。

三、輸出入銀行

輸出入銀行的概念來自美國，由公營的專業銀行提供國外買方專案融資，或提供出口公司合格應收帳款的保險等，藉以促進整廠（設備）、商品出口。

本質上，輸出入銀行只能算國外買方的融資公司、臺灣賣方的貸款保險公司，不能吸收存款，所以不能稱為「銀行」。在財政部2013年起打算推動的公股銀行組織再造中，經濟部希望將其改為「出口融資公司」，向經濟部註冊，且股權由經濟部持有（現為財政部），作為擴展出口的融資政策工具。

專業銀行的分類

需求面	占2021年國內生產毛額比重	銀行種類	說明
一、家庭消費	**52.3%**	至於私人銀行業務（private banking），有點類似銀行扮演代客操作，臺灣的法令尚不開放。	銀行的各分行信託、財富管理科提供的理財業務，主要是販售共同基金、保險經紀，俗稱「財富管理」分行。
二、投資			
(一)固定資本形成	**22.23%**	**1.工業銀行** 1999年起，兩家致力於投資銀行業務（investment banking） **2.中小企業銀行** 1976年7月～1979年12月，由信合社改制成立，只剩1家，即臺灣企銀（資本額748億元）。	● 客戶以法人（公司、政府）為限。 ● 對公司的貸款比重大於60%。 ● 對中小企業的貸款比重大於60%。 ● 定期貸款小於定期存款1.2倍。
(二)存貨			
三、政府支出	**14%**		
四、國際貿易	**11.47%**		
(一)出口	**64.05%**	**3.輸出入銀行** 1979年1月成立。	1.針對海外買方承購臺灣公司整廠輸出提供專案融資。
(二)進口	**52.58%**		2.針對臺灣公司的某些出口的應收帳款等提供保險。

知識補充站

工業銀行（industrial bank）

時：1999年～2015年

地：臺灣

人：行政院金管會（前身之一是財政部）

事：1996年開放工業銀行之申請，1999年有三家申請，2014年，因中國大陸允許臺灣的工業銀行去設點，剩下的兩家工業銀行，申請轉型商業銀行，中華開發工銀轉型成凱基銀行，台灣工銀轉型成王道銀行。

Unit 3-5
政府對銀行業的政策

「不怕官，只怕管」，這是人民對政府的普遍態度，每家銀行影響數百萬存款戶權益，因此政府比其他行業管得緊，本單元把政府對銀行業的管理分類整理如右表，底下詳細說明。

一、第一層（大分類）：銀行業產業政策vs.金融監理

右表中第一欄把政府對銀行業的管理，分成兩大類如下。

1. 銀行業產業政策：財政部負責八家公股銀行的經營，但大抵配合政府政策，例如2011～2013年以西進為主，2014年以南進為主。

2. 銀行監理：金融業監督與管理由行政院金融監督管理委員會（金管會）負大部分責任，詳見第十六章。

二、第二層（中分類）：銀行業政策

以第一層中的金融業產業政策為例，產業政策（industrial policy）至少指下面兩件事。

1.自由化：自由化有很多英文名詞，常見的是「解除管制」（deregulation），這包括兩項，即定價管制鬆綁（在銀行業即利率自由化，1989年7月實施）與市場進入鬆綁，即開放新銀行設立（1990年實施）。

2. 國際化：國際化包括兩個方向，即對外投資管制的鬆綁與外資來臺投資管制的鬆綁，此處「對外」、「外資」的「外」指的是大陸，因2002年，臺灣成為世界貿易組織（WTO）會員國，對外資公司應給予國民待遇（national treatment），不能把外資公司當二等公民。

三、第三層（小分類）

以第二層自由化、國際化這兩中類來說，各可以再細分，本段以國際化為例，說明如下。

1. 本國銀行西進設點：以本國銀行西進來說，2008年5月，跟中國大陸政府會談，簽訂兩岸金融備忘錄（MOU），跟兩岸經濟合作架構（ECFA）協議同時（2011年）啟動。2020年止，已有13家本國銀行赴中國大陸設立約30家分行，主要做臺資公司放款生意。

2. 中資銀行來臺設點：2012年，金管會審核中資銀行來臺設點，開放3家中商銀行設分行。

政府對銀行業的管理

第一層 （大分類）	第二層 （中分類）	第三層 （小分類）
一、金融業產業 政策 （financial industrial policy） 重點在興利	(一)自由化 （financial deregulation或 financial liberalization） 例如：銀行經營自由化（1990 年實施），利率自由化（1989 年7月實施） (二)國際化	**1.經營** 即自由進入市場，詳見 Unit 3-6。 **2.民營化** 例如：第二次金融改革 （financial reform），詳 見Unit 3-7。 **1.本國銀行走出去** 2011年開放本國銀行登陸 設分行 **2.外國銀行來臺** (1)外國銀行在臺設立子公 司 (2)2012年起開放3家中資銀 行來臺設點
二、金融監理 （financial supervison） 詳見第十五、十六章 **重點在於防弊**	(一)銀行分業經營，詳見 **Unit 15-5。** (二)金融監理措施，詳見 **Unit 15-3～15-4。** (三)巴塞爾協定（第三版） 遵循。	1.金融控股公司，詳見Unit 15-7。 2.金融超市（financial service supermarket） 1.商業銀行 2.商人銀行（即投資銀行業 務） 3.證券公司 1.信用風險，詳見Unit 16-6。 2.市場風險 3.作業風險

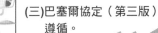

049

知識補充站

赤道原則（equator principles）

2014年1月，行政院金管會鼓吹銀行參考赤道原則，增加環保企業融資，對於破壞環境、帶給社會問題的企業，則減少放款，這是世界銀行旗下的國際金融公司和全球主要金融機構從2002年10月起著手訂定專案融資的標準。全球已有35個國家、共79家金融機構自願性簽署赤道原則。

Unit **3-6**
銀行業自由化──以開放銀行經營為例

　　銀行是個信任為基礎、影響許多人大半資產（家庭財富中，存款、現金占三成），因為茲事體大，各國都把銀行當成管制行業，一開始時，大都由公營銀行擔任。直到有一天，民意擋不住了，才會開小門，到開大門。

一、寡占時代：1991年5月以前

　　1980年以前，臺灣的金融體系受到政府嚴格的管制，以致形成公營銀行長期寡占的封閉市場。1980年代以後，政府逐步採取比較開放的態度，陸續推動利率及外匯自由化，並允許證券公司設立和僑外投資證券市場。銀行的放存款利率差最高時3.75個百分點。

二、銀行過多：1991年6月以後

　　1991年6月，財政部（當時的金融業主管機關）一口氣核准了15家新民營銀行的設立申請，同時也允許信託投資公司、信用合作社及中小企銀可申請改制為商業銀行，一時之間商業銀行家數倍增。

　　隨著銀行經營執照的大幅開放，銀行競爭日益激烈，獲利不斷滑落，由右表可見，在寡占時代，銀行有準租（權益報酬率1990年20.79%），進入獨占性競爭時代，2003年只剩3.52%、2006年0.43%（註：現金卡、信用卡的卡債風暴，詳見Unit 7-6）。銀行家數過多（over banking），業務同質性過高，導致彼此惡性競爭的窘境已至為明顯，說明如下。

　　1. 銀行分行數過多：臺灣有16家金控，36家本國銀行，3,400家分行，如果加上信合社、農漁會信用部，總共有4,560家分支機構，數字之大，小贏便利商店二哥全家。便利商店共有12,000家，所以每走過兩家便利商店，就會經過一家廣義的銀行。當銀行氾濫到這種程度時，競爭便白熱化了。

　　2. 殺價競爭：資金太多，加上過多競爭者，銀行只好殺價（2000年時放存款利率差有2.8個百分點）競爭，賺取微薄利潤，全體銀行的放存款利差2009年起只剩1.4個百分點，臺銀更是下探0.5個百分點。

三、2000年起，核准銀行併購

　　有鑑於此，2000年立法院通過銀行法修正案和金融機構合併法的「銀行二法」後，於2001年通過金融控股公司法、金融重建基金條例、票券金融管理法等「金融六法」，鼓勵金融機構合併及跨業經營，成立資產管理公司以處理不良債權，並設置金融重建基金以整頓經營不善的金融機構。

銀行業的發展進程

時間	1991年5月以前	1991年6月	2013年
一、市場結構	寡占	獨占性競爭。	獨占性競爭。
二、逾放比率		1995年2.88%，迄2002年第一季8.87%。	0.38%，歷史低點。
三、獲利能力— 下列數字皆為「稅前」	1990年		
(一)（稅前）資產報酬率	0.9%	0.26% 2004年次高峰0.63%，2012年高峰0.48%。 國際大型銀行約1%	0.68%
(二)（稅前）權益報酬率	20.79%	2001年3.61% 2012年高峰10.41%，2004年次高峰10.3%。 國際大型銀行15～20% 2013年稅前淨利為2,576億元，上一次高峰是2012年2,402億元。	10.26%

知識補充站

臺灣的銀行規模太小？

資產最高的臺灣銀行，世界排名僅為163名，而前三大銀行市占率25.2%，低於新加坡的94.25%、香港的60%、美國的42.38%。有14家銀行市占率不到1%。彼此搶食有限商機，銀行間過度競爭的態勢極為明顯。

Unit 3-7
兩次金融改革

在Unit 3-5右表第三欄中有一項「金融改革」（financial reform），因篇幅較長，單獨在本單元說明。

2000～2006年，推動二次金改，在「必也正名乎」的原則下，金改的本質是「銀行業產業政策變更」。

一、第一次（2002～2003年）金融改革：汰弱留強，培元固本

1998年起，民營銀行因企業借款人出現財務危機，銀行逾期放款比率高達12%，政府採取三招救銀行，詳見右表第二欄。其中2000年12月，立法院通過「金融機構合併法」，讓其他銀行併購危機銀行，以保障危機銀行存款人權益。

其中培元固本之道在於祭出「第二版巴塞爾協定」的精神：呆帳率5%（後來降至2.5%）、資金適足率8%（詳見Unit 16-5、16-6），以行政措施（例如：集點以便開新分行）以鼓勵銀行遵循。

二、第二次（2004～2006年）金融改革

銀行危機解決之後，銀行規模小（相對於外國的大銀行）的問題仍在，於是2004年10月，總統裁示進行「二次金改」。

二次金改的主要步驟如下：1.公股銀行民營化；2.公股銀行出售給民營銀行，例如：台新金控2005年入股彰化銀行，取得22.5%股權等。後來，因在野黨（當時為國民黨）打二次金改弊案，行政院會2006年7月喊卡。

三、第三次金融改革？

2004年7月，行政院金管會成立，集中針對銀行業有一些發展政策，包括公布金融競爭力指標，希望以推動整併，發展出領導性金融機構（national champion）。由於公股銀行遠遠大於民營銀行，因此想快速茁壯，「公併民」對規模幫助不大，終南捷徑是「公公併」。但這得過兩關。

1.勞動部甚至行政院：「公公併」，為了提升經營效率，三家分行可能須關閉一家，至少得裁員5,000人，這會造成失業率攀升，勞動部（前身是行政院勞委會）會第一個反對。

2.財政部：公股銀行股權操在財政部，財政部基於許多考量，連公股控股公司都不願成立，更不要說實際上的兩家公股銀行合併。2013年，「三次金改」之說又起，財政部放出的風聲是臺灣銀行公股持股至少90%，不能動，臺灣企銀象徵性留住，其餘六家皆可以考慮「公公併」，即公股銀行合併公股銀行。合併才能做大，有本錢走出去設海外分行，支援臺資公司。

二次金融改革

項目＼次	第一次	第二次	第三次
一、期間	2000～2003年	2004.10.20～ 2006.07.19	未來可能發展
二、背景	1997年7月東南亞金融風暴，1998年一些企業因護盤等虧損，許多銀行虧損累累，2001年逾放比7.48%，2002年資產報酬率−0.48%、權益報酬率−6.93%，皆創史上記錄。	政府覺得銀行規模太小，即「走不出去」，面對外資銀行大舉叩關，將逐漸處於劣勢。	外資銀行來臺設立子行，資金雄厚，展業積極。開放3家中國大陸銀行來臺設分行。
三、政策	1.1999年7月金融業營業稅由5%降為2%，即減稅3個百分點，此屬稅式支出（即政府少收稅式的支出），那政府「減稅」給銀行以「打消呆帳」（loan write-off）。 2.2001年7月，政府頒布「行政院金融重建基金設置及管理條例」，由2002～2005年的金融業營業稅（稅率2%）稅收1,200億元，由中央存款保險公司接手問題銀行。	限時限量方式，把公股銀行出售給民營銀行，四項目標主要兩項如下。 1.2006年，14家金融控股公司減半。 2.2005年12家公股銀行減半。	比較可能是「公公併」，即6家公股金控自己配對合併，希望透過合併，能擴大規模經濟等效果。
四、結果	2004年，銀行業恢復正常經營。輿論、學者的批評是「政府拿稅收去救銀行，受益的是銀行的股東，尤其是大股東」。	在野黨（國民黨）揭發圖利財團弊案，二次金改喊卡。	

第 **4** 章

銀行經營管理

●●●●●●●●●●●●●●●●●●●●●●●●●● 章節體系架構

Unit **4-1**
影響銀行獲利的三大因素

銀行營收有兩大項目：「貸款」利息收入占81%、利息以外收入（主要是代賣保險、基金等財富管理業務的手續費收入）占19%，非常符合「80：20原則」。少數銀行有可能靠財富管理業務而提高營收，但大格局仍是靠利息收入。

銀行是個資金出租業，分析銀行業的獲利，跟其他行業都一樣，即從損益表出發，由右圖可以看出有三大因素影響，可以簡記為「價」、「量」、「質」因素，至於管理費用可視為固定成本，影響獲利不大。

一、價格因素：放存款利率差距

統一超商賣一個三角飯糰23元、進貨成本16元，賣買價差7元。同樣的，銀行出租資金，收1.66貸款利率，「買進」資金（即存款利率0.44%），放存款利率差距（簡稱放存款利差）1.22個百分點。

二、數量因素：產能利用率

「薄利多銷」也不錯，最怕的是「薄利少銷」，那麼「價差」乘上銷量所得到的淨利一定很低。

製造業用產能利用率、旅館用客房入住率來衡量銷量跟產能間關係，到了銀行只是換了名詞「放存款比率」。

三、品質因素：放款品質

俗語說：「會賣的不是師傅，會收（款）的才是」，人們聊天時也常說：「拿到現金才算真賺到」。這些話都在形容銀行「出租資金」，就跟租車行出租汽車一樣，日租才2,500元，一旦客戶不還車，可能得損失80萬元（註：出租車上有裝隱藏版的衛星定位，是可以找得到的）。

同樣的，銀行放款出去，一旦呆帳率超過4%，銀行一定虧損。因此會衝放款（即放存款比率高）沒什麼了不起，要能還款的好客戶才重要。

小博士解說
臺灣本國銀行的獲利能力

年	2010	2015	2016	2017	2018	2019
一、損益表						
1.稅前淨利（億元）	1,832	3,196	3,001	3,059	3,342	3,607
二、獲利能力						
1.資產報酬率(%)	0.59	0.75	0.68	0.37	0.72	0.71
2.權益報酬率(%)	9.33	10.58	9.24	8.97	9.31	9.38

資料來源：中央銀行

影響銀行獲利3大因素

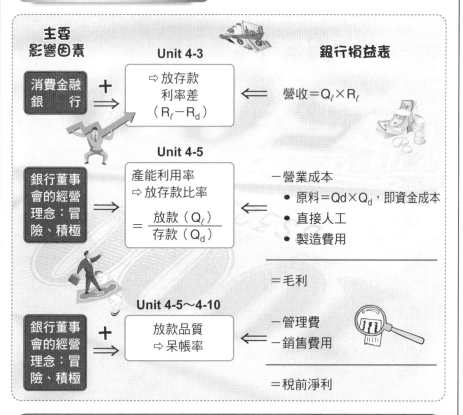

| 主要影響因素 | | Unit 4-3 | 銀行損益表 |

主要影響因素

消費金融銀行　＋ ⇒ **Unit 4-3**
⇨ 放存款利率差（$R_\ell - R_d$）
⟸ 營收 ＝ $Q_\ell \times R_\ell$

銀行董事會的經營理念：冒險、積極 ⇒ **Unit 4-5**
產能利用率
⇨ 放存款比率
＝ $\dfrac{放款（Q_\ell）}{存款（Q_d）}$
⟸ －營業成本
- 原料＝Qd×Q_d，即資金成本
- 直接人工
- 製造費用

＝毛利

銀行董事會的經營理念：冒險、積極　＋ ⇒ **Unit 4-5～4-10**
⇨ 放款品質
⇨ 呆帳率
⟸ －管理費
－銷售費用

＝稅前淨利

本國銀行放、存款加權平均利率

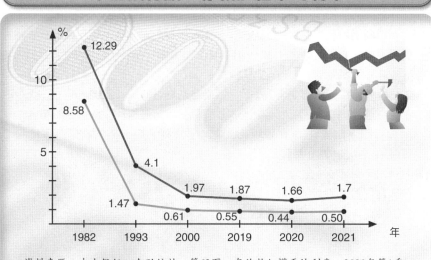

%

12.29

8.58

10

4.1

1.97　1.87　1.66　1.7

5

1.47

0.61　0.55　0.44　0.50

1982　1993　2000　2019　2020　2021　年

資料來源：中央銀行，金融統計，第62頁，存放款加權平均利率。2020年第1季、2021年為本書預估。

Unit 4-2
銀行的經營狀況

　　銀行的經營似乎漸入佳境，尤其2011年開放赴中國大陸設立分行，三年五載後，分行數夠多了，將貢獻臺灣母行淨利。本單元回顧2019年前後本國銀行的經營狀況。

一、價差與授信品質

　　1. 呆帳率：銀行獲利的提升，一大部分原因是1998～2002年吃了企業呆帳的苦，再加上2006年卡債風暴；因此2007年以來，更加強授信審查，因此2010年起呆帳率落在1%以內，可說是歷史低點。

　　2. 放存款利率差：由於銀行從2009年以來，對放款非常謹慎，但貸款需求沒有大成長，因此資金過剩，放存款比率約70%，跌破80%，銀行只好殺價競爭，2018年年底放存款利率差只剩1.43個百分點。

二、獲利能力

(一) 稅前淨利

　　2019年銀行稅前淨利創歷史記錄（上次是2012年24.02億元）；海外分行淨利已占11.35%。

　　由右圖「本國銀行淨利」可見，2002、2006年出現兩次虧損，歷經這兩次震撼教育後，銀行更強化授信審核。2008年全球金融海嘯，連帶2009年臺灣經濟成長率–1.93%，銀行仍有839億元的稅前淨利，已屬難能可貴。

(二) 報酬率

　　淨利金額比較看不出賺錢能力，下列兩個（稅前）報酬率指標較具代表性。

　　1.（稅前）資產報酬率：2019年，資產報酬率0.72%，國際大型銀行約1%，反映出放存款利率差距的縮小。

　　2.（稅前）權益報酬率：2019年權益報酬率9.38%，比2014年高點11.65%小跌，主因是銀行資產、業主權益膨脹，以致稀釋了每股淨利、權益報酬率。

　　兩項報酬率微幅往下的另一主因是為了達到「第一類放款備抵呆帳準備率1%」，即多攤提呆帳準備金，因此呆帳覆蓋率319%，可說極高。這只是會計處理，結算未有如此高呆帳，部分呆帳準備沖回，稅後淨利增加。

(三) 個別銀行

　　2019年在各銀行獲利上，13家銀行擠進「百億元俱樂部」，交出亮麗成績。

2019本國銀行經營績效

單位：億元

損益表	小計	利息類	利息以外
一、營收		利息收入 9,805.8	－
二、營業成本		利息費用 4,635.4	－
三、毛利	8,802.8	利息淨利 5,170.4	3,632.4
四、營業費用	5,040.8		
五、營業淨利	3,762		
		放款呆帳510.73	
		保證責任準備5.56	
		其他呆帳費用-4.68	
＋營業外收入	812		
－營業外支出	－		
－公司所得稅	563		
淨利	4,012		

資料來源：中央銀行本國銀行營運績效季報，2020年6月，第31頁。

Unit **4-3**
放存款利率差

　　銀行的本業是資金買賣業，獲利來自「營收減成本」，換成平均值，便是「平均價格減平均成本」，這對銀行來說，便是「平均放款利率」減「平均存款利率」（平均成本中的原料成本），簡稱「放存款利率差」（或簡稱「放存利差」）。

一、大環境

　　外部因素是指該銀行無法影響的經營環境因素，由大到中分成下列兩層。

(一) 大環境（總體環境）

　　影響放存款利率的第一個因素是景氣循環，在經濟衰退時，借款需求大減，銀行只好殺價搶客戶，因此2020年新冠疫情拖累，景氣觸底，放存款利率差只剩1.2個百分點，是最低水準。

(二) 產業環境銀行業競爭

　　銀行業過度競爭（over banking），銀行殺價競爭，使得放款利率的提升速度趕不上存款利率升幅。2013年起國銀放存利差率是1.43個百分點，公股銀行殺價搶好企業客戶可說是主因。尤有甚者，銀行業看似百家爭鳴，但從放款、存款市占率來看，呈現寡占情況，簡單的說，全體銀行中，前5大放款銀行市占率39.47%，存款市占率41.1%，皆已等於寡占市場所需門檻40%，且這些為分水嶺銀行都是公股銀行。

項目	放款（2019年）	存款（2019年）
(1)寡占銀行		
①前5大	10.679兆元	14.648兆元
②前10大	19.808兆元	25.7268兆元
(2)全體銀行	27.056兆元	35.6308兆元
(3)＝(1)／(2)	寡占係數	
①／(2)	39.47%	40.01%
②／(2)	73.21%	72.19%

二、內部因素

　　除了外部環境這不可抗力的因素外，各別銀行的市場定位、管理能力也會造成放存款利率差異。

　　1. 放款結構：貸款利率個人高於企業，企業貸款中中小企業又高於大型企業，因此只要市場定位正確，且執行有方，是有差的。

　　2. 存款結構：活期存款（包括活儲）利率奇低，有些銀行「以短支長」（即以短期存款支應中長期貸款），此是省了存款利率，但風險是一旦活存戶提領，有可能周轉不靈。

影響銀行放存款利率差的因素

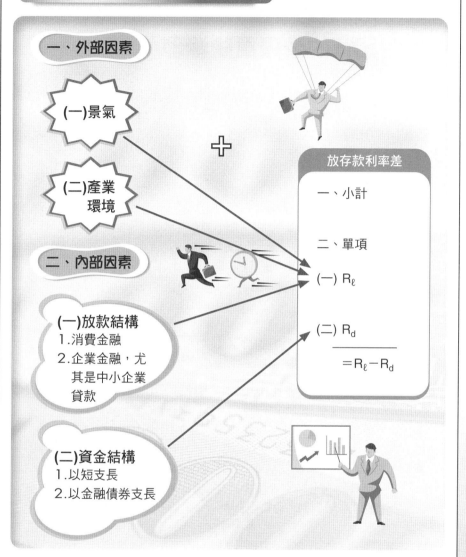

一、外部因素

(一)景氣

(二)產業環境

二、內部因素

(一)放款結構
1. 消費金融
2. 企業金融，尤其是中小企業貸款

(二)資金結構
1. 以短支長
2. 以金融債券支長

放存款利率差

一、小計

二、單項

(一) R_ℓ

(二) R_d

$$= R_\ell - R_d$$

 知識補充站

2019年臺灣銀行業淨利第一：中國信託銀行

稅前淨利395億元（+10%）

區域	客戶	
一、海外（37%） 　1. 中港占15% 　2. 日本占11% 　3. 北美占6% 　4. 東南亞占6%	一、法人（51%） 　1.法人金融35% 　2.資本市場16% 二、個人（49%）	

Unit **4-4**
銀行的營運風險管理

　　銀行是個本小利微的生意，因為微利，很容易受單一貸款案倒帳，以致血本無歸。因此，銀行在本業（資金出租，即貸款業務，銀行稱為授予信用業務，簡稱授信）方面，銀行除了透過內部控制機制外，外部控制機制（包括銀行法、執法單位金管會）也很精細，詳見右表，底下說明。

一、風險管理架構

　　風險管理（risk management）的手段可分為大、中分類，詳見右表第一、二列，這個架構是風險管理的基本架構，適用於各行各業、各類風險管理。

　　1. 第一層（大分類）：風險管理的大分類是風險自留或風險移轉。

　　2. 第二層（中分類）：到了中分類，風險自留分成三中類（風險隔離、損失控制、風險分散）、風險移轉分為兩中類（迴避、保險）。

二、銀行業營運風險管理

　　在右表中專門適用於銀行業營運風險管理，可細分為小、細分類兩層，本單元綱舉目張，詳細內容請見右表中標示的本書相關單元。

　　(一) 第三層（小分類）

　　以「風險隔離」此五中類手段為例，可再細分為兩小類：一是轉投資限制；二是證券投資限制。這兩小類的性質是「損失控制」，即有個停損點，有了業外投資的上限。但一開始的本意是風險隔離，即「危邦勿入」，只要是銀行放款以外的營運項目都不要碰。

　　(二) 第四層（細分類）

　　到了第四層（細分類），例如：「風險隔離」中的「證券投資」，又可分為兩細分類。

　　1. 投資對象資格：銀行僅能投資上市、上櫃股票，因這些公司資訊透明度高、股價較公允（因有集中交易市場價格可參考）、買賣容易。

　　2. 授信、投資二選一：針對同一客戶，銀行只能選擇授信或投資。

小博士解說

中央主管機關

「金融法規」、「銀行法」課程與法令中，皆會談到「中央主管機關」，但令人覺得八股在銀行方面，這是指下列二者。

1. 外滙業務：中央銀行，尤其是外滙局。

2. 外滙業務以外：行政院金管會，尤其是銀行局。

銀行營運風險管理方式

大類 中類	風險自留			風險移轉	
	風險隔離	損失控制	風險分散 (組合)	迴避	保險
小類 細類	(一)轉投資 詳見Unit 15-5 1.銀行法第33條之3→防火巷轉投資在銀行淨值40%內。詳見Unit 15-4。	詳見Unit 4-4 法令未規定 放存款比率 1.銀行 $=\dfrac{放款}{存款}≤85\%$ 但對信合社，要求放存款比率低於78%。 2.2021年 $=\dfrac{30.1兆元}{39.585兆元}$ $=76\%$	詳見Unit 4-6 (一)產業分散 1.2021年房地產 (1)家庭住宅貸款 8.17兆元 (2)家庭修繕貸款 0.07兆元 (3)建築公司建築貸款6.62兆元 (4)放款30.1兆元 (5)金融債券餘額 1.3137兆元 $\dfrac{房地產放款}{存款+金融債券}≤30\%$ $=\dfrac{10.79兆元}{40.9兆元}$ $=26.38\%$ (2021年)	詳見 Unit 6-4 (一)轉給借款人 (二)轉給借款人的關係人：常見的是徵提借款保證人。	(一)存款保險，詳見Unit 8-5。 (二)貸款保險
	(二)證券投資→防火牆，詳見Unit 15-6 1.只能投資股票上市公司。 2.對單一客戶，只能選擇放款或投資。	2.信用合作社 ≤78%	2.一般產業 法令未規定，但2011年5月，金管會頒布規定，提醒銀行授信不宜過度集中。 (二)客戶分散 銀行法針對下列兩種客戶：詳見右述		1.一般客戶→無規定 2.關係人→銀行法第32條 (1) $\dfrac{有抵押放款}{放款}$ ≤40%淨值 (2) $\dfrac{無擔保放款}{放款}$ ≤10%淨值

銀行法第72條之2第12頁
1.排除：土地銀行
2.「住宅」貸款包括家庭、公司之商用建築

Unit **4-5**
放存款比率

風險管理中的中分類之一「損失控制」，銀行營運方式跟此相關程度較高的是「放存款比率」（loan-deposit ratio）。

一、放存款比率的本質

銀行的「放存款比率」這觀念看似特例，但本質上來自製造業的產能利用率，「存放款比率」是指放款除以存款。

二、放存款比率宜有上限

銀行吸收存款，頂多只有九成會拿出來放款，這是因為銀行的存款要扣掉一成做下列之用。

1. 中央銀行的法定準備金，約**5.6%**：這是中央銀行針對各項存款要求銀行須每旬繳交的存款準備，詳見Unit 13-3。

2. 銀行自提流動準備，約**3%**：為了因應活期存款存款人隨時提領款項，銀行手上會保有一定現金，例如：一家分行約5,000萬元，光一部提款機（註：有「大小」之分）就350萬元了。

三、太高太低皆不宜

放存款比率跟血壓一樣，太高或太低皆不適合，說明如下。

1. 太高（**90%**以上）：一旦超過90%，有可能碰到存款人意外的提款，銀行會面臨周轉問題。

2. 太低（**80%**以下）：一旦低於80%，銀行手上閒置資金（俗稱爛頭寸）一堆，銀行入不敷出，往往會虧損。

小博士解說

2019年前六大獲利銀行
單位：億元

排名	銀行	稅前淨利	(1)利息	(2)手續費	(3)其他	(4)費損
1	中國信託	376.28	398.93	319.2	1,013.48	-1,355.56
2	兆豐	283.16	334.34	65.36	177.85	-294.4
3	國泰世華	253.03	326.49	169.27	673.82	-916.56
4	台北富邦	235.42	233.25	126.72	592.7	-717.25
5	玉山	227.32	182.4	175.06	412.48	-542.63
6	第一	227.06	278.32	78.56	782	-911.84

全體銀行的放存款比率（2021年預估）

行業 說明	製造業	銀行
公式	產能利用率 （capacity utilization ratio） $= \dfrac{實際動用產能}{有效產能}$ 以鴻海的筆電一條組裝生產線為例： 產能利用率 $= \dfrac{9萬臺}{10萬臺} = 90\%$ 	放存款比率 （loan-deposit ratio） $= \dfrac{放款}{存款}$ 2021年（預估）底為例： 放存款比率* $= \dfrac{30.1兆元}{39.585兆元} = 76\%$ ＊本書的定義 $= \dfrac{放款}{存款 - 活期存款}$

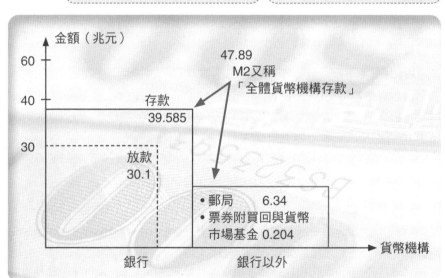

金額（兆元）

47.89
M2又稱
「全體貨幣機構存款」

存款
39.585

放款
30.1

• 郵局　　6.34
• 票券附買回與貨幣
　市場基金 0.204

貨幣機構

銀行　　　　　銀行以外

知識補充站

時：2020年7月（估）
地：臺灣臺北市
人：安侯建業會計師事務所
事：發表〈臺灣銀行業報告〉，約90頁

Unit 4-6
銀行放款產業分散

「不要把所有雞蛋擺在同一個籃子」，這句俚語許多人耳熟能詳，在股票投資的運用，主要是1990年諾貝爾經濟學三位得獎主之一馬可維茲（Harry Markowitz）在資產選擇理論中的主張。

「風險分散」占有效性高低有三種方式：地區分散、產業（包括公司）分散與時間分散，本處說明產業分散。

一、房地產貸款

房地產貸款包括購置住宅貸款與建築（業）貸款兩項，是銀行放款項目中最大宗，因此必須額外注意，以免房市泡沫破裂，借款人無力還款，拖垮銀行業。

尤其在建築（業）貸款方面，這包括土地、建築兩項貸款（合稱土建融資），借款人是建設公司（俗稱建商）。其中的建築貸款，銀行會按進度分批撥款，決定要求建商把客戶購買購置住宅預售屋的價金交付信託，直到完工才可動用。

針對新北市林口、三峽、淡海三個區，因建案過多，風險較高，大型銀行在貸款契約明定，相關地區建案銷售率須超過五成，才會開始撥款。

二、其他產業

2011年，四大「慘」業（3D1S, DRAM、Display、LED、Solar，即DRAM、面板、LED、太陽能）虧損累累，因此銀行、金管會皆特別注意貸款的產業分散。2013年，銀行貸款金額7,000億元，占貸款3.33%。

2019年起，中國大陸政府限制陸客來臺，首當其衝的觀光業（旅館等），銀行對飯店業授信趨於嚴格。

三、金管會銀行局監督

根據銀行法規定，銀行辦理房地產融資訂有上限，銀行擔保品也須鑑價，法令都有一定的規範。

金管會對於銀行承作相關貸款，申貸用途與實際用途是否相符，金融檢查時也會特別注意。

小博士解說
銀行對四大「慘」業嚴控授信

銀行對四大「慘」業的嚴格控制授信的具體作法主要有四：降低授信額度、提高放款利率、徵提擔保品、嚴控四項財務指標（流動比率、負債比率、授信淨值比率、利息保障倍數）。

銀行放款的產業分散

規定 / 種類	銀行內規	金管會銀行局規定
一、房地產	以第二大放款銀行合作金庫銀行為例。 **1.房屋貸款** →由房屋所有人向銀行申請，以房地產為抵押品。 **2.建築（業）貸款** →由建設公司（俗稱建商）向銀行申請，大都以土地為抵押品，貸款用於蓋房子。	2012年1月底，2012年金融機構檢查重點出爐，金管會緊盯產業授信過度集中、房地產授信業務，銀行法規定，不准超過放款三成，只有房地產專業銀行土地銀行不受限，違反規定，銀行被處分，方式包括扣點等，會影響未來的新業務申請。
二、一般產業	2009年3月21日，董事長在高階主管會議中下達指令，要求訂定細到行業（例如：DRAM產業，可細分為製造、設計、封測等）的產業別分類，以及相關的放款上限，避免放款風險過於集中的問題。 以DRAM授信為例，DRAM業授信計包括力晶、茂德、南科、華亞科四家公司，高達238億元；合庫銀行各行業別授信上限規定，詳見下表，DRAM被歸類在電子零組件項下的「半導體製造業」，授信上限約訂在3%左右，以合庫總授信額度1.8兆元計，上限約在540億元以內，雖在範圍內，但已是全體銀行之冠。	至於產業授信集中度部分，法令未明訂單一產業授信上限，但如果銀行授信受過度集中，被列金檢缺失，金管會也會透過各種監理手段要求改善。 值得注意的是，DRAM、面板等產業授信風險，金管會在2011年底發函銀行公會，提醒所有銀行注意分散風險外，也列入2012年金檢重點，顯示金管會對此問題的重視程度。 

合庫銀行的授信上限規定

排名	行業別	占放款總額比重上限
1	製造業	約28%
2	營建業	約10%
3	批發零售業	約9%
4	運輸通信業	約5.21%
5	金融保險業	約5%

Unit 4-7
銀行貸款的倒帳風險管理

　　銀行八成以上營收來自放款的利息收入，放款具有應收帳款的性質，只是銀行「應收帳齡」的帳齡特長，房屋貸款長達30年，夜長就容易夢多，本單元說明銀行放款的倒帳風險管理，詳見右表，底下詳細說明。

一、必要條件：事前

　　「人心藏胸中」，這句俚語貼切描寫銀行百分之百弄懂借款人在申請貸款時是否「存心不良」（即事先打算借到錢後不還）。

　　1. 資訊不對稱：你在水果攤買整盒水果，最怕買到「金玉其外，敗絮其中」的爛水果，水果攤老闆知道那些是爛水果，而你（買方）不知道，這是人們常碰到「資訊不對稱」（asymmetric information）情況。2001年諾貝爾經濟學獎便是頒給史帝格里茲（J. E. Stiglitz）等三人，以表彰他們在「資訊不對稱市場理論」的貢獻。

　　借款人在向銀行申請貸款時，借款人知道自己還款能力、借款動機（包括詐騙銀行），這時銀行處於（對借款人）資訊較缺乏的一方，可能因資訊不足而誤判（尤其是核准貸款）。

　　2. 逆選擇——壞客戶挑笨銀行：正選擇是銀行挑借款申請人，「逆」選擇（adverse selection）是方向相反，壞客戶挑選笨銀行去貸款。

　　有些聰明銀行會拒絕「壞客戶」，但有些銀行不夠聰明，借款申請人會多比幾家，終究會找到笨銀行。

二、充分條件：事後

　　借款人借到錢後，此時輪到銀行面臨「道德風險」（moral hazard），這可分為下列兩種情況。

　　1. 惡意：居心叵測的借款人借到錢後，可能就捲款潛逃。

　　2. 善意：「別人的孩子死不了」這句俚語貼切形容借款人可能「不把銀行的錢當錢」，拿著借款去從事風險過高的投資。

三、銀行反制措施

　　「兵來將擋，水來土掩」，既然借款人倒帳是不可免的，銀行只有強化反制能力，以求把呆帳率（詳見Unit 4-9）控制在可接受範圍（例如：0.2%）內。

　　銀行的主要專業在於「放款」，這包括衝放款的業務能力與貸款申請案的授信審核能力，太嚴，貸款業績衰退；太鬆，貸款業績太好，但呆帳損失太高，可能造成銀行虧損。

銀行貸款的倒帳風險管理

第一層：事前	第二層：事後

第一層：事前

借款人：逆選擇（adverse selection）　　銀行反制之道

第二層：事後

借款人：逆選擇（adverse selection）　　銀行反制之道

第一層：事前

一、借款人用人頭戶「冒貸」

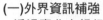
冒充貸款

二、借款人買通銀行分行承辦人，以進行「超額貸款」

簡稱超貸

銀行反制之道（事前）

(一)外界資訊補強
1. 透過臺北市銀行公會旗下聯合徵信中心，查詢借款申請人的信用記錄。
2. 針對已經上市的公司，查詢信用評等公司。

(二)銀行內部
1. 提升授信人員專業能力。
   (1)產業、公司分析
   (2)房地產鑑價

→ 2. 銀行授信程序
   詳見Unit 4-8
   (1)銀行業務與授信與審核（例如地區中心）分離。
   (2)分層額度：分行經理權限、總行授信審核、執董會、董事會額度。

3. 要求借款人提供擔保品，以強化信用（credit enhancement）。

借款人：逆選擇（事後）

(一)惡意 ← 稱為詐欺
1. 捲款潛逃
2. 賴帳不還

(二)善意
借款人未善盡「善良管理人之責」，出現債權代理問題。

1. 過度冒險

2. 違規用錢

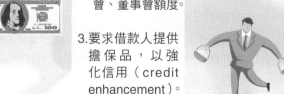

銀行反制之道（事後）

(1)要求借款人提供十足抵押品，反正「跑得了和尚，跑不了廟」。
(2)在信用貸款時，要求借款人提供連帶保證人。

銀行放款之後，對債務人進行監督，付出監督成本（monitoring cost）。

(1)派帳戶管理員實地查核。

(2)依借款人資金用途，分期撥款。

Unit 4-8
公司借款審核過程

圖解貨幣銀行學

　　公司借款金額較大，一旦大戶倒帳，銀行（至少分行層級）「非死即傷」，因此銀行在公司借款審核過程，大都採取分層授權制。

一、分行經理的權限

　　分行經理的授信權限（簡稱經權）一般是很低的，例如：公司借款4,000萬元以內，也就是只能批斷中小企業的小額貸款。因此，在公司借款業務，分行人員大都扮演業務人員角色，主動出擊去拜訪關鍵客戶，經營客戶關係。

　　縱使是公司客戶主動上門，分行也扮演承上啟下的窗口，大客戶才能直接向總行借款。

二、總行

　　超過分行經理授信授權額度的借款申請案，由分行轉件到總行，依借款金額由低往高分由下列四層級審核。

　　1. 總行授信審查部：授信審查部針對1,000～5,000萬元（舉例）的公司借款案，可以批斷。

　　2. 總經理：針對5,000萬元～1億元的公司借款案，必須總經理才能批斷。

　　3. 總行常董會：針對大額借款（例如：1～10億元），有些銀行授權常務董事會來議決，依公司法，常務董事占董事人數三分之一，十五席董事，只能選出五席常務董事（包括董事長）。但常董會出包機率很大，因過半出席就可議決，即三人便可開會。有心人士只要收買二席常董便可過關，大額冒貸案的原因在此。常董會一或二週開一次會。

　　4. 總行董事會：針對巨額借款（例如：10億元以上），必須銀行董事會（一般人數15人以上）才能議決。董事會最多一個月開一次，針對有時效性的借款申請案，銀行就會加開董事會。

小博士解說
公股銀行以企業社會責任來審核貸款

2014年2月，公股銀行的最大股東財政部下達指示，要求8家公股銀行在審核公司貸款申請案時，把該公司是否履行企業社會責任納入審核指標，第一銀行開第一槍，駁回一家黑心企業（壓榨勞工）的貸款申請。

公司借款的銀行審核過程

總行

董事會	執行董事會	總經理
10億元以上貸款案	1～10億元貸款案	授信審查部

借款人

分行

公司	臺灣銀行
例如宏達電	桃園分行
	經理權限4,000萬元

銀行分行數排行榜（2020年）

名次	銀行	分行數（國內）
1	合作金庫	288
2	第一	188
3	華南	184
	彰化	184
4	國泰世華	164
5	中國信託	146

第四章 銀行經營管理

071

Unit **4-9**
銀行的呆帳率——「放款類」資產品質

在便利商店業，淨利率只有5%，換句話說，一個商品被偷，便利商店必須賣20件同樣商品，才能打平。銀行純益率約只有1.23%（2011年起），因此能容忍的呆帳率更低。

一、貸款品質

銀行貸款的收回機率高低，俗稱「貸款品質」（註：有人稱資產品質）。

1. 分五類：由右表可見，金管會銀行局把銀行貸款品質分成五類，即正常授信、應予注意、可望收回、收回困難，以及收回無望。

2. 跟貸款收回率連結：貸款分類的標準是依貸款收回機率來分，由右表第一、二欄配合著看，收回機率愈高，貸款品質愈高，類別排名（第一、第二等）愈高。

3. 套用美國標準普爾的債信評等：「萬流歸宗」，貸款收回機率高低的觀念源自信用評等公司的債信評等（詳見Unit 6-5）。

以「回復基本」（或追本溯源）的治學方式來說，天下沒那麼多知識，許多知識是衍生出來的。

二、銀行的名稱

銀行把問題貸款依問題嚴重程度分成下列三類，以下圖來區分。

1. 催收款：一般來說，逾期三天未還款，銀行就會派員來電催繳，逾期六天未繳，銀行會寄出催收信，逾期一個月，銀行會寄出存證信函。

2. 逾期放款：逾期放款包括廣義、狹義兩種定義。廣義是指三個月內未還息的貸款；而狹義的逾期放款則是指六個月內未還息的貸款。

3. 呆帳：呆帳是指「水潑落地難收回」的借款。

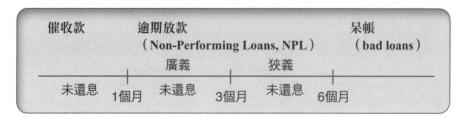

三、金管會銀行局規定

右表中第一、二、五欄是金管會銀行局的規定，重點在於要求銀行針對存款提列呆帳準備，以便「積穀防飢」。

銀行貸款品質與呆帳準備率規定

貸款品質	貸款收回機率（舉例）	套用信用評等	銀行的用詞	金管會的呆帳準備率規定
第 I 類	100% 正常授信	AAA AA	銀行家	0.5% （2011年起）
第 II 類	98% 應予注意	A	催收款 清償期未滿3（或6）個月，銀行已向債務人追訴或處分（例如假扣押）擔保品。	2%
第 III 類	90% 可望收回	BBB BB	逾期放款（non-performing loan	10%
第 IV 類	50% 收回困難	B	1.廣義：3個月內未還息的貸款 2.狹義：6個月內未還息的貸款	50%
第 V 類	0% 收回無望	C	呆帳（bad loan） 銀行帳上處理，針對逾放或催收款扣除估計可收回部分，其餘轉為「呆帳」。	100%

073

知識補充站

備抵呆帳覆蓋率（bad loan coverage ratio）

$$備抵呆帳覆蓋率（bad\ loan\ coverage\ ratio）= \frac{呆帳準備}{廣義逾期放款}$$

以2020年（預估）數字舉例來說：$\frac{4375億}{767億元} = 570\%$

資料來源：行政院金管會，金融統計，第62頁，本國銀行備抵呆帳覆蓋率。

第 5 章

金融市場與金融機構——兼論直接融資

章節體系架構

Unit **5-1**
金融市場

菜市場買賣標的物是「菜」，那麼金融市場（financial market）交易的標的物便是金融商品（financial products）。由右圖可以把金融市場以座標圖方式呈現，本書的重點在於其中的資金市場。

一、X軸：金融商品存續期間

X軸主要是依金融商品存款期間由大到小分類如下。

(一) 第一層（大分類）：以一年為分水嶺

行政院金管會為了便於管理，對金融商品採取分業管理，其中最特別的是以金融商品存續期間以一年為分水嶺。

1.資本市場（capital market）：一年以上稱為資本市場。

2.貨幣市場（money market）：一年以下稱為貨幣市場。

市場不同，一如魚攤、果菜攤一樣，各金融業者交易的金融商品存續期間也不同。

(二) 第二層（中分類）：依收益性質分類

金融商品報酬率有兩大來源。

1.以利息為主：此類金融商品稱為固定收益證券（fixed-income securities)。

2.以資本利得為主：股票及其衍生性金融商品沒有固定收益，稱為「非固定收益證券」。

(三) 第三層（小分類）：依證券種類來分類

第三層（小分類）是依證券的種類繼續細分，本章重點之一在於狹義貨幣市場，詳見Unit 5-6。

(四) 第四層（細分類）：依幣別分類

依金融商品的計價幣別二分法，例如資金市場中二分法，分為外匯市場、臺幣市場。

二、Y軸：交易者身分

Y軸是依參與交易者的身分來區分為大、中兩類如下。

(一) 第一層（大分類）：依銀行內外

大分類最簡單一刀切的便是依是否是銀行同業，第一層只有銀行（狹義）才可參與的，右圖中有兩項，一是同業拆款市場；二是外匯交易中心。

(二) 第二層（中分類）：依銀行客戶身分

中分類分類是以「銀行對客戶」小客戶身分來區分，分為企業客戶（又稱企業金融業務）、家庭客戶（又稱消費金融業務）。

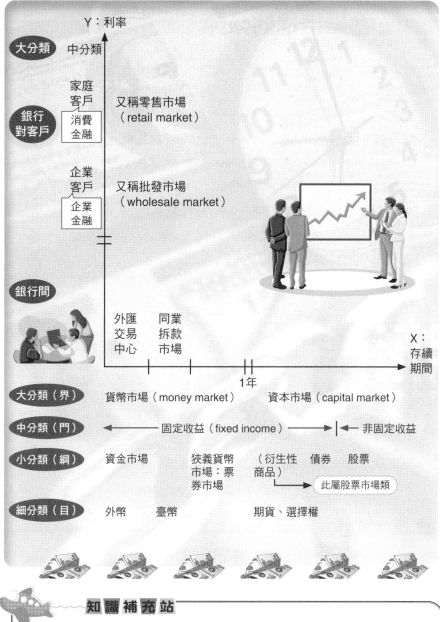

金融市場

Y：利率

| 大分類 | 中分類 |

銀行對客戶

家庭客戶
消費金融
又稱零售市場（retail market）

企業客戶
企業金融
又稱批發市場（wholesale market）

銀行間

外匯交易中心　同業拆款市場

1年

X：存續期間

大分類（界）　　貨幣市場（money market）　　　資本市場（capital market）

中分類（門）　◄──────固定收益（fixed income）──────►│◄─ 非固定收益

小分類（綱）　資金市場　　　　狹義貨幣　　（衍生性　債券　股票
　　　　　　　　　　　　　市場：票　　商品）
　　　　　　　　　　　　　券市場　　　　　└─► 此屬股票市場類

細分類（目）　外幣　　臺幣　　　　　　期貨、選擇權

知識補充站

亞洲區域銀行

2013年12月4日，行政院金管會向立法院財政委員會報告，提出由公營銀行「公公併」，例如由兆豐金控合併另一家公營銀行，進軍亞洲，成為像新加坡星展銀行般的亞洲內的某一區域的銀行。

Unit **5-2**
金融機構的分類

　　國中一年級生物中的「界門綱目科屬種」的層級式分類方式，有助於我們把複雜的生物大同小異的歸類，以執簡御繁。同樣道理，把金融中介機構由上到下分類，本書重點在於銀行，因此將如同電腦桌面般逐層點選下去，聚焦在銀行。

一、第一層（大分類，或「界」）：貨幣vs.非貨幣機構

　　第一層分類依是否能發行「貨幣請求權」（主要是M1B）二分法：貨幣機構（monetary institutions）與非貨幣機構（non-monetary institutions）。

二、第二層（中分類，或「門」）：存款貨幣機構

　　在第二層中，存款貨幣機構可以二中類分為貨幣發行銀行與存款貨幣機構。後者又可分為三小類，在第三層中討論。

　　其他金融機構中可二中類分為中華郵政公司儲匯處與信託公司，信託公司已絕跡，可略而不顧。中華郵政公司下設1,300家郵局，提供存款、匯款業務，一開始（1963年）時只是其地利之便以補銀行不存。存款約6.34兆元，是存款最大的金融機構，但不准從事放款，其利息收入主要來自央行（占40%）、銀行（占30%），二者合稱郵政儲金轉存款。

三、第三層（小分類，或「綱」）：商業、專業銀行與基層金融機構

　　存款貨幣機構可以分成三小類，即商業銀行、專業銀行與基層金融機構。其中商業銀行是本書焦點。

四、第四層（細分類，或「目」）：專業銀行與基層金融機構

　　專業銀行又可細分三細類、基層金融機構可細分兩細類。

小博士解說

信託投資公司（investment and trust companies）

政府對金融業的管理，在2000年以前，偏向分業管理，因此有信託投資公司的型態，偏重吸收中長期存款。但隨著銀行經營範圍變寬（例如信託業務），商業銀行成為金融環境中的主導（dominate）型態，最後一家信託投資公司於2008年邁入歷史，成為「絕種動物」。而中小企業銀行也只剩下公股的臺灣企銀，以宣示政府支持中小企業的決心。

金融機構的分類

金融機構的分類

第一層 （大分類）	第二層 （中分類）	第三層 （小分類）	第四層 （細分類）

一、貨幣機構
（monetary
institutions）：
發行「貨幣請求
權」（M1B）的
金融中介機構

(一)貨幣發行銀
行（issue
bank）：在
臺灣這屬央
行發行局

(二)存款貨幣機
構：發行存
款性質貨幣
的金融機構

1.商業銀行
（commercial
banks）

2.專業銀行
（specialized
banks）

(1)中小企業銀行
（medium
business
banks）：
只有一家，即
臺灣企銀。

(2)工業銀行
（industial
banks）
(3)輸出入銀行

3.基層金融機構
（community
financial
institutions）。

(1)信用合作社
（credit
cooperative
associations）

二、其他金融機構
（other financial
institutions）或
非貨幣機構
（non-monetary
institutions）

(一)中華郵政公司儲
匯處及人壽保險
公司（postal
savings system）

(二)信託投資公司
（investment
and trust
companies）

(2)農漁會信用部：
農業部之農業金
融局，2005年
5月成立農業金
庫，扮演農漁會
信用部的「中央
銀行」。

Unit **5-3**
直接vs.間接融資

　　先有間接融資，16世紀起才逐漸有直接融資，臺灣則從1962年起，才開始有股市。直覺來說，直接融資比較省（融資費用較低），但在Unit 5-4中，我們詳細說明能直接融資的僅限股票公開發行（以上）公司，約占172萬家公司中0.4%。

一、間接vs.直接融資

　　零售市場、金融市場都有間接、直接兩種銷售方式，說明如下。

　　1. 間接融資（indirect financing）：這情況比較好記，因為只有一個方式，即銀行居中，買低賣高賺取買賣價差，以借款為例，賺取放款利率減存款利率間的利差。

　　2. 直接融資（direct financing）：不透過銀行，直接發行證券向投資人募集資金。

二、直接融資的中間人：承銷商

　　碰到發行公司發行股票以募集資金，承銷商（underwriter，國外稱investment banking）會跟發行公司選定下列兩種銷售方式：

　　1. 承銷：承銷商只扮演代銷角色，賺取股票申購人的申購手續費，一旦申購不足，那是發行公司虧到。以出版公司跟書局舉例，出版公司委託由書店寄賣，賣不掉時退貨給出版公司。

　　2. 包銷：包銷則比較像承銷商買斷，一般採取餘額包銷，例如：現金增資股上市1,000萬股，承銷商賣出900萬股，剩下賣不掉的100萬股，只好自己吃下來。這方式對發行公司不怕滯銷，但承銷商也怕攬到一些股票，屆時一旦股價下跌，自己可能「賠了夫人又折兵」，包銷時，承銷價可能比承銷時承銷價低。

三、間接融資

　　間接融資幾乎等同銀行貸款，但壽險公司保單質押、股票投資人向證券金融公司申請融資交易等，金額較小，無法跟銀行借款（約31兆元）相提並論。

小博士解說

2019年全球10大投資銀行業者

單位：億美元

排名	國	公司	收入	排名	國	公司	收入
1	美	摩根大通	72	6	瑞士	瑞士信貸	33
2	美	高盛	68	7	英	巴克萊銀行	32
3	美	摩根史丹利	62	8	德	德意志銀行	22
4	美	美國商銀證券	56	9	美	富國銀行集團	21
5	美	花旗集團	52	10	加	RBC資本市場	20

資料來源：ADV Rating，2020年。

間接融資與直接融資

臺灣的公司間、直接融資比率

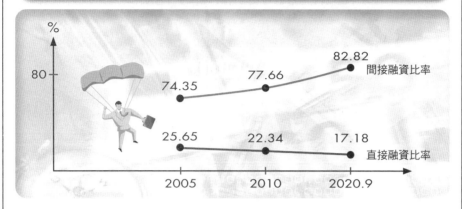

%

80

74.35　　　　77.66　　　　82.82　間接融資比率

25.65　　　　22.34　　　　17.18　直接融資比率

2005　　　　2010　　　　2020.9

以2020年9月間接、直接融資存量金額

資產負債表右邊	金額（兆元）	%
小計	57.85	
一、負債（間接融資）	47.91	82.82
(一)放款	36.07	
(二)投資	11.84	
二、證券（直接融資）淨額總額	9.94	17.18
(一)總額	21.7794	總額21.7794
(二)票券	2.33134	— 銀行投資11.8
(三)債券		= 9.94
1.公司債	2.4641	
2.海外債	1.8535	
3.公債	0.5612	
(四)上市櫃	9.4058	
(五)資產證券化	0.1071	

資料來源：中央銀行，「金融機構授信與金融市場票債券發行餘額」。

Unit **5-4**
直接融資的資格與方式

直接融資是大型企業的「特權」，這主要是依規定，公開發行以上公司，財務報表可信賴度高、財報透明度高與受監督。本單元詳細說明。

一、公司規模

公司依其資本額，可以粗分為三類，在72萬家公司數中比重懸殊，其中經濟部下有中小企業處專門服務中小企業。2020年6月24日，經濟部發布「中小企業認定標準」。

1. 小型企業（small business），占企業98%：小型企業的資格，以資本額1億元或經常雇用員工數200人以下為準。

2. 中型企業（medium business），占企業1.73%：小型以上、大型以下的企業稱為中型企業。

3. 大型企業（large business），占企業0.27%：一般來說，資本額2億元以上的公司屬於大型企業。

二、資訊透明度

大型企業因股本大，足以容納1,000位股東（股權分散的門檻），再加上下列三道資訊透明機制，便足以吸引投資人聞香下馬。

1. 財務報表可信賴程度：股本2億元以上公司，再加上由入流會計師事務所（四大、七中、十五小）的兩位會計師簽證財務報表（簡稱雙簽），其財報的可信賴程度大幅提高。再加上股權分散，便可以向證券交易所（或櫃買中心）申請股票公開發行。

2. 資訊透明度：一旦股票公開發行，財務報表便須在證交所的網站等處公告，外界人士可以一窺公司營運等狀況，達到起碼的資訊透明。

3. 受監督：一旦股票上櫃（櫃檯買賣中心負責）或上市（證交所負責），還有更多的資訊揭露（例如：重大訊息揭露）、監督（例如：董事會中至少須設立二位獨立董事）要求。

三、股票上市、上櫃

由右圖上半可見股票上櫃、上市的兩個資料，作者是這麼簡記的「4.6.36」，即先計X軸資本額4、6億元，再記Y軸的稅前權益報酬率2%、4%。這個圖約一分鐘便可記住了。以生活例子也很容易記，以美國職棒、職籃比喻。例如上市公司，類比為大聯盟球隊（一軍）；上櫃公司，類比為小聯盟球隊（二軍）；公開發行公司，類比為業餘球隊（例如甲、乙組）。

直接融資的資格與方式

股票上市／上櫃資格（2021年情況預估）

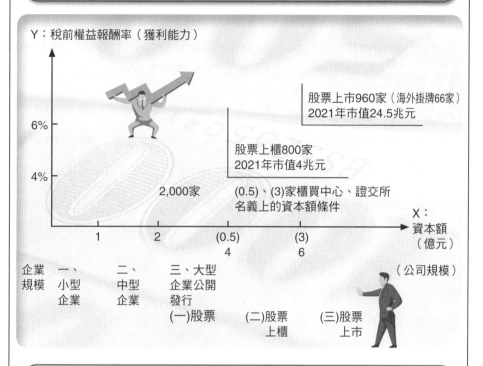

Y：稅前權益報酬率（獲利能力）

股票上市960家（海外掛牌66家）
2021年市值24.5兆元

股票上櫃800家
2021年市值4兆元

6%

4%

2,000家　(0.5)、(3)家櫃買中心、證交所
名義上的資本額條件

	1	2	(0.5) 4	(3) 6	X：資本額（億元）

（公司規模）

企業規模	一、小型企業	二、中型企業	三、大型企業公開發行		
			(一)股票	(二)股票上櫃	(三)股票上市

大型企業的資金來源

資金來源	承銷商
一、負債	
(一)短期：票券發行 　　1.商業本票（CP） 　　2.銀行承兌匯票（BA） (二)中長期：債券發行	票券金融公司 銀行
	有承銷商執照（underwriter）， 美國稱為投資銀行業者（investment banking） 1.綜合證券公司 　承銷部 2.銀行信託部 3.其他
二、業主權益 (一)特別股 (二)普通股	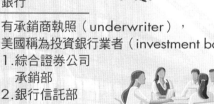

Unit **5-5**
直接融資方式

圖解貨幣銀行學

農夫直接擺攤銷售是生活中常見的直接銷售方式，一般來說，這有可能比透過零售公司（及其商店）間接銷售方式便宜一些。在資金直接融資方面，由右表可見，依交易順序可分為兩個市場，以下說明。

一、初級vs.次級市場

初級、次級市場用汽車銷售來舉例，很容易懂，詳見右表第二例，本段先說明其中文翻譯。

1. 初級、次級市場是直譯：初級市場（primary market）、次級市場（secondary market）這樣的譯詞無法令人望文生義。

2. 發行、交易市場是意譯：意譯成發行市場（issue market）、流通市場就很容易明瞭。

二、發行市場

發行市場是指證券發行公司（issue company），發行證券，以募集資金，稱為直接融資（direct financing）。此時的投資人可說是第一手的，以汽車來說，和泰汽車公司專賣一手車，市占率約33%；旗下的和運專門負責二手車。

三、交易市場

舊股東把證券拿出來賣，這二手證券交易地方稱為交易市場（exchange market）。你打開電視，週一至週五早上九點到下午一點半，便可以看到股票交易市場，又可二分法分成兩類如下。

1. 證券集中交易市場： 由證券交易所負責上市股票、認購權證、封閉型基金、轉換特別股、轉換公司債等集中交易。

2. 上櫃股票集中交易： 由櫃檯買賣中心負責上櫃股票等集中交易。

交易市場是投資人跟投資人之間的交易，交易市場的熱絡有助於發行市場的活潑。

小博士解說
新股上市（Intial Public Offering, IPO）

集中市場一年約有20家公司新股上市，平均每月2家，報刊照例會公布承銷價、抽籤認購人數，以顯示「一股難求」。並且公布前一天上市掛牌的漲幅，俗稱蜜月期。

直接融資方式

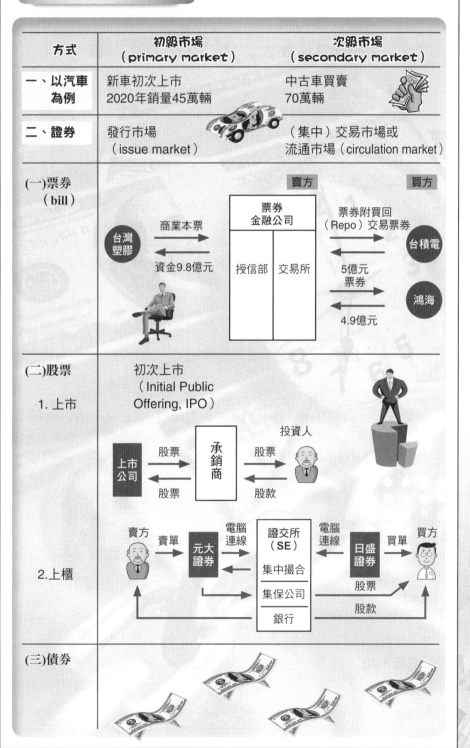

方式	初級市場 （primary market）	次級市場 （secondary market）
一、以汽車 為例	新車初次上市 2020年銷量45萬輛	中古車買賣 70萬輛
二、證券	發行市場 （issue market）	（集中）交易市場或 流通市場（circulation market）
(一)票券 （bill）		
(二)股票 1.上市	初次上市 （Initial Public Offering, IPO）	
2.上櫃		
(三)債券		

Unit **5-6**
票券市場──狹義貨幣市場

　　在臺灣，貨幣市場（money market）的本質是票券市場（bill market），是指票券發行、交易。我們關心票券市場，主因是它是銀行放款、存款的替代品。

　　以替代程度來說，票券金融公司推出票券發行業務搶的是銀行短期信用貸款的生意。

一、票券的性質

　　「己已巳」三個字字型略有差異，bill、note、bond這三個字中文譯詞為票券、中期債券（三～六年期間）、長期債券（發行期間七年以上）。

　　由此可見，「票券」指的是發行人發行的短期（一年以內）的借據，且有一定面額（例如：10萬元），且一定是折現發行，屆期發行人還你面額。

二、發行市場

　　在貨幣市場，共有三種發行人（issuer），說明如下。

　　(一) 政府（財政部）

　　財政部發行國庫券（Treasury Bill, TB），以利國庫短期周轉。

　　(二) 公司

　　公司在票券市場可發行下列二種票券以融資。

　　1.銀行承兌匯票（Bank Acceptance 或 Banker's Acceptance, BA）：當統一企業缺5億元、一個月，向投資人發行由臺灣銀行承諾兌現（簡稱承兌）的匯票，宏達電見有臺銀承兌，便買下了，臺銀給予統一的100億元授信額度便算已動支5億元了。

　　2.商業本票（Commercial Paper, CP）：當台灣塑膠公司缺9.9億元、二個月，便向國際票券金融公司申請發行商業本票，簡單的說，由國票包銷，可視為國票授信給台塑。許多書喜歡面面俱到，但了解實況後，才會發現事有輕重，以2020年為例，商業本票發行額2.2226兆元，銀行承兌匯票0.1237兆元，前者占合計的短期票券94.7%，即銀行承兌匯票無足輕重。

　　(三) 銀行

　　當華南銀行缺錢10億元、二個月，發行轉讓定期存單（Negotiable Certificate of Deposit, NCD），由宏達電買下，之後，沒多久，便賣出給國票。

三、交易市場

　　由右圖右邊可見，台積電、宏碁等公司有短期閒錢，又不甘願銀行活期存款利率太低，因此向國票公司進行票券附買回交易（repurchase，英文簡寫Repo，唸成re po）。在交易市場中，交易工具比發行市場（CP、BA、NCD）多一項，即一年期以內屆期的政府公債（又稱為短期公債，簡稱短債）。

票券市場的發行與交易

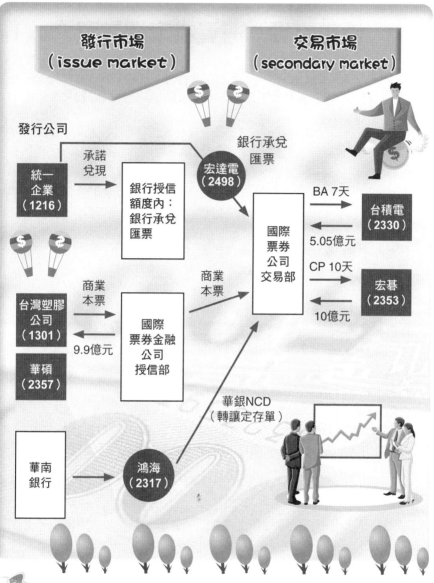

發行市場
（issue market）

交易市場
（secondary market）

發行公司

統一企業（1216）　→　承諾兌現　→　銀行授信額度內：銀行承兌匯票

宏達電（2498）　銀行承兌匯票

國際票券公司交易部

BA 7天 → 台積電（2330）
← 5.05億元

CP 10天 → 宏碁（2353）
← 10億元

台灣塑膠公司（1301）　→　商業本票　→　國際票券金融公司授信部　→　商業本票
← 9.9億元

華碩（2357）

華銀NCD（轉讓定存單）

華南銀行　→　鴻海（2317）

知識補充站

轉讓定期存單（negotiable crtificates of deposits）

這是下列二個字的組合。

- 轉讓（negotiable）
- 定期存單（CD），臨櫃交易的定期存單是不可轉讓的。跟支票一樣，可以背書轉讓。

Unit 5-7
債券市場──資本市場融資 Part I

債券市場（bond market）一般人比較少碰見，總的來說，臺灣的債券市場並不活絡，投資人有限，連帶的在發行市場，以公司來說，只有20家左右的A咖在玩，B咖很難插入，更不要說C咖以下公司。

一、債券

「債券」用最簡單的話說，發行人（issuer）發行的固定面額（主要是10萬元）的借據，一般為固定票面利率（例如：1.8%），發行期間大都為奇數年，例如：三、五、七年，七年以上稱為長期債券（bond）、3～7年中期的稱為中期債券（note）。

以發行公司來說，考慮舉債三年，在發行公司債，或者向銀行借款這兩種中二選一。

二、發行市場

公司融資是本書的重點，因此本單元著重在民間企業發行債券，依行業（一般 vs.金融）二分法，只是名稱不同罷了。

1. 公司發行公司債：公司債發行前三名為台灣電力、台積電以及中國鋼鐵，占公司債發行量的45.2%。台塑四寶、中國石油、鴻海精密、陽明海運、統一企業、裕融企業、萬海航運、長榮航空等著名企業也是大戶。

2. 金融業發行金融債券：放眼中國大陸市場、西進設立據點的本國銀行，也積極發行金融債強化資金結構，2020年金融債券餘額1.23兆元，金融債券主要是無擔保的。

三、交易市場

債券交易市場主要是透過綜合券商的債券部，本質是「店頭市場」，買方主要是貨幣市場基金，其次是銀行，交易金額很大，但由於殖利率（10年期公債0.33%、91～180天期票券0.21%）低，因此獲利金額低。

小博士解說

時：2020年5月8日
地：臺灣
人：台積電
事：發行156億公司債

類	期間	億元	利率
甲	5年期	48	0.5%
丙	7年期	80	0.58%
乙	10年期	28	0.6%

間、直接融資存量趨勢分析

單位：兆元

公司融資來源	2005	2010	2015	2019
一、小計	33.9794	39.7461	48.525	55.18
二、間接	25.2638	30.868	38.6284	45.5825
（一）銀行放款	20.8038	24.7862	29.4578	34.4971
（二）銀行投資	4.46	6.4818	9.1706	11.0854
三、直接淨額	8.7156	8.7845	9.8966	9.5985
（一）票券	0.7546	0.6927	1.3501	2.0367
（二）債券				
1.國外	1.4523	1.5775	1.7677	1.8038
2.公司債	1.1919	1.2141	1.9228	2.1134
3.公債	3.1872	4.5743	5.6594	5.616
（三）股票	6.5439	7.1224	8.5076	9.2882
（四）資產證券化	0.2143	0.2168	0.0945	0.1087

資料來源：中央銀行全球資訊網，「直接─間接金融」電子檔。

Unit **5-8**
股票市場——資本市場融資 Part II

嚴格來說，股票發行跟銀行借款的替代性最低，因為銀行貸款主要是三年內貸款，股票是無限期可用的資金，而且股票的資金成本比銀行借款利率高太多。

一、股票的性質

「股票」（stock）是代表一家公司的股份，一般面額10元（註：外國來臺上市股票不限）、一張股票1,000股。股東、股票投資人不能要求公司買回股票。

因此對公司來說，透過發行股票，可取得無限期使用的資金，因此在資產負債表上的業主權益（資本額是其中最大項，約占八成以上）又稱自有資金。

二、發行市場

在股票發行市場中，公司透過下列兩種方式發行股票以向投資人取得資金。

1. 新股上市（IPO）：當公司股票初次掛牌上市，稱為新股上市（initial public offering）。當股票上市的股票來自老股東時，此時上市並沒有給公司帶來資金；惟有現金增資式的上市掛牌才會。

2. 現金增資：公司上市後，一段期間後，會透過承銷商來發行新股以取得現金，稱為現金增資。

三、交易市場

每天你在電視上可看到臺股收13,500點、成交金額2,000億元，這是證交所的上市股票；至於店頭市場，指數約170點，成交金額約650億元。

小博士解說
2019年全球十大股市

排名	國	股市	市值（兆美元）
1	美	紐約	22.923
2	美	那斯達克	10.857
3	日	東京	5.679
4	英	倫敦	4.59
5	中	上海	4.026
6	中	香港	3.936
7	歐	Euronext	3.927
8	加	多倫多	3.756
9	中	深圳	2.504
10	印	孟買	2.056

資料來源：英文維基百科，「list of stock exchange」。

股票市場融資

臺灣證券交易所小檔案

成立：1961年10月23日，1966年指數100點，是為基期。

住址：臺灣臺北市101大樓

董事長：許璋瑤

上市公司數：（2020年底）950家公司，市值42兆元，其中本國公司淨利1.5兆元。

投資人數：（開戶人數）1,000萬人

集中撮合交易時間：週一～五　09:00～13:30
　　　　　　　　　　（2001年1月2日起）

證券櫃檯買賣中心（即店頭市場）小檔案

成立：1989年12月，當日指數100點

住址：臺北市羅斯福路二段

董事長：陳永誠

上櫃公司數：（2021年底）800家公司（興櫃250家），市值4兆元

投資人數：（開戶人數）1,000萬人次

交易時間：同證交所

第 **6** 章

公司資金需求——
財務管理導向的貨幣
銀行學

●●●●●●●●●●●●●●●●●●●●●●●●●●●●●●●● 章節體系架構 ▼

Unit **6-1**
公司的資金需求

公司對資金（生產因素之一）的需求來自於有錢才能買設備，以生產產品去賣，以求賺錢。

一、公司對資金需求的動機：資金用途

由右上圖可見，公司（本例為華碩）對資金的需求主要情況有二：固定資本形成和周轉金，在經濟學中說明固定資本形成，便說明公司需要資金，去買機器設備，因此在本章中討論五項生產因素中資金的需求。

公司將本求利，因此只考慮到利率對公司固定資本形成的關係，會得到下列關係式（即隱函數型），即I＝F（R）。

二、公司資金需求決策準則

在經濟學中談到公司的決策準則是「將本求利」，簡單的說「有利可圖才做」，也就是「收入大於成本」（即有利）才做。這運用在貸款（資金需求）決策上，在右下圖會發現經濟學開個頭，「財務管理」課程用白話文解釋。

1. 經濟學角度：經濟學中公司的決策則從頭到尾都只有一個，即邊際收入大於邊際成本；以貸款500萬元開分店為例，貸款利率2%，資金邊際成本10萬元，資金邊際收入40萬元（500萬元×8%＝40萬元，8%是淨利率），借款有賺，宜擴大借款金額。

2. 財務管理角度：上述例子，該新開分店淨利率8%，減掉貸款利率2%，還淨賺6%（淨利率）。借錢的目的是為了賺更多錢，而且心想事成，如同坐翹翹板般，此稱為「正的財務槓桿（positive financial leverage）」。

三、正的vs.負的財務槓桿

財務管理學者四次（1990、1997、2002與2013年）獲得諾貝爾經濟學獎，時間都在1990年以後，在Unit 8-2中，將說明資金供給者的考量。凡此皆說明貨幣銀行學可說是「財務管理」學的基礎。

小博士解說
財務槓桿（financial leverage）小辭典

上段談到「正的財務槓桿」，對稱的，一定有「負的財務槓桿」，在下面我們把字分解到基本單元，逐一了解就好記了：financial：adj.，財務；leverage：n.，槓桿作用（lever n.，槓桿）；negative：負的；positive：正的；negative financial leverage：負的財務槓桿，即R_ℓ＞ROI；positive financial leverage：正的財務槓桿，即R_ℓ＜ROI。

公司的資金需求

公司資金需求的用途

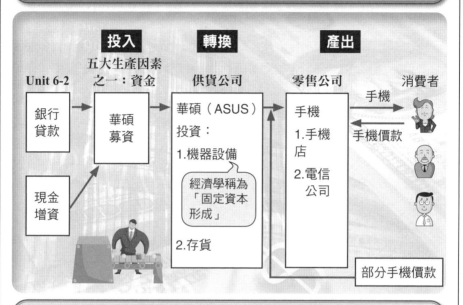

投入	轉換	產出

五大生產因素之一：資金

Unit 6-2

投入
- 銀行貸款
- 現金增資

→ 華碩募資 →

轉換
供貨公司

華碩（ASUS）
投資：
1. 機器設備
   （經濟學稱為「固定資本形成」）
2. 存貨

產出
零售公司

手機
1. 手機店
2. 電信公司

消費者

手機 →
← 手機價款

部分手機價款

公司的資金需求決策準則

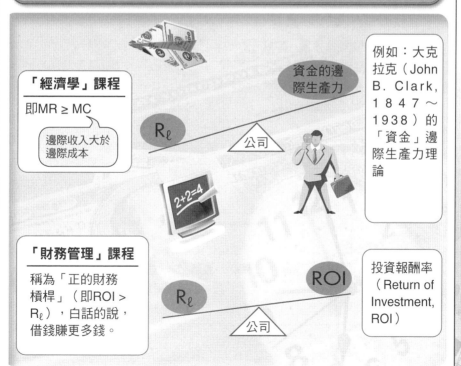

「經濟學」課程

即MR ≥ MC
（邊際收入大於邊際成本）

R_ℓ

公司

資金的邊際生產力

例如：大克拉克（John B. Clark, 1847～1938）的「資金」邊際生產力理論

「財務管理」課程

稱為「正的財務槓桿」（即ROI > R_ℓ），白話的說，借錢賺更多錢。

R_ℓ

公司

ROI

投資報酬率（Return of Investment, ROI）

Unit **6-2**
公司資金來源——直接vs.間接融資

在大一會計學中會教到公司資產負債表，由右上圖可見，它代表的涵義如下：資產負債表右邊代表公司資金兩大來源，負債（占40億元）、業主權益（占60億元）。

資金來源的取得方式可分為直接融資、間接融資兩種，這跟你買蔬菜很像，直接跟農夫買，省得給菜販賺一手，當然比較便宜。

一、間接融資：銀行貸款

間接融資（indirect finance）只是指公司向銀行貸款，銀行資金來自存款人，銀行轉手賺放款利率跟存款利率的價差。

二、直接融資：銀行貸款以外融資

直接融資（direct finance）指的是公司直接從資金提供者（俗稱投資人）處取得資金，公司發行公司債便是直接向投資人「借錢」。以2014年1月1日為例，統一企業公司發行5年期公司債36億元，利率1.39%，要是跟銀行借，利率可能達1.6%。

三、直接融資PK間接融資

在第一章中曾提及，銀行貸款在14世紀已逐漸發展，占了先機，而且只有大型公司（資本額2億元以上的公開發行公司）才准直接融資，因此隨著時間經過，間接融資比重逐漸降低，這有下列兩個角度來分析。

1. 流量比較：以當年金額（流量）來說，1997年起，直接融資金額首次超越銀行借款。

2. 存量比較：以存量（累積、餘額）來說，銀行借款還是比較大的，以2020年公司取得資金60.67兆元為例，直接融資占資金來源17%（其中公司債0.42兆元），間接融資占79.15%；以2015年到2020年的趨勢來看，間接融資比重漸增。

小博士解說
租賃業

銀行不太喜歡承作機器設備抵押融資，有些會另設租賃公司來承作此業務，以租賃公會的統計數字，2020年新承作案件金額2,266億元，2013年2,552億元。

公司資金來源

公司資產負債表

（資金去路）	（資金來源）	融資方式

資產　　100億元

負債　　　　40億元
(一)銀行貸款　25億元 ── 間接融資（indirect financing）

(二)商業授信　5億元
　　主要是應付票據等

(三)票（債）券
　　發行　　10億元 ┐
業主權益　　60億元 ├ 直接融資（direct financing）
(一)股本
(二)資本公積
(三)保留盈餘 ┘

銀行家

融資（financing）小檔案

- financing：融資，即取得資金
- direct finance：直接融資
- indirect finance：間接融資，即向銀行借款

由台積電歷年資產負債表來看間、直接投資

單位：億元

融資來源	資金來源	2016	2017	2018	2019
一、間接	負債	4,964	4,691	4,126	6,427
	(一)流動票券	3,182.39	3,587.07	3,405.43	5,907.35
	(二)非流動票券	1,781.5	1,103.95	720.89	519.74
二、直接	公司債	1,531	918	569	251
	業主權益	13,901	15,228	16,775	16,214
小計		18,865	19,919	20,901	22,641

Unit **6-3**
企業為什麼要向銀行貸款

圖解貨幣銀行學

　　公司資金來源兼顧資金可用期間與資金成本，由右圖可見，銀行借款（間接融資唯一方式）、直接融資（主要指票債券發行）。

一、第一層原因：所有公司一定要有自有資金

　　由右圖可見，股票的資金成本8%以上，即對股東來說，希望12.5年內還本。股東扛公司盈虧的風險，因此要求的報酬率也很高。

　　既然權益資金成本是所有融資來源中最高，但為什麼公司還需要募集股本呢？原因有二，說明如下。

　　1. 資金使用期長：股本的使用期對公司來說是無限的，少數情況是例外，即股東大會通過決議公司解散，才會拿回公司剩餘價值。因此，在資金來源方面，股本讓公司「有恆產」，有恆產就有恆心，可以做二十年的打算，例如：買地蓋廠。

　　2. 代理問題：以中小型公司為例，銀行貸款利率約3%，遠低於股票資金成本，邏輯上公司應全部向銀行借就好了。但銀行怕公司做沒本生意，以致出現道德風險（詳見Unit 4-7）。因此，銀行希望公司負債比率（負債／資產）在50%以下，也就是一旦公司虧損，公司的股東也會傷痕累累。

　　3. 公司考量：舉債（銀行借款、票債券發行）資金成本較低，但一旦違約，公司資產可能會被債權人賤賣，此時舉債成本（利率加上違約成本）可能高於股票資金成本。

二、第二層原因一：中小企業的選項有限

　　128萬家公司中，98%是中小企業，不能發行票債券，只能無選擇的向銀行借款。

三、第二層原因二：大型企業

　　縱使是大型企業，由右下圖的附表可見，票債券只有沾到利率低的優點，其餘「量」、「質」、「時」等因素，銀行貸款大都「勝」。

　　以「時」來說，銀行比較像便利商店，你想買飲料，走路去隨地皆有。債券比較像去家樂福買，地點較遠，得騎車、開車去。

　　銀行的「信用貸款」好處是一旦客戶（例如：公司）取得1億元的信用額度，可以在這一年內隨時、額度內（例如：2,000萬元）動支，而且只要打電話通知銀行分行授信主管或承辦人員即可，這比較像「便利商店買飲料」。

企業為何要向銀行貸款

各種融資方式的資金使用年限與成本

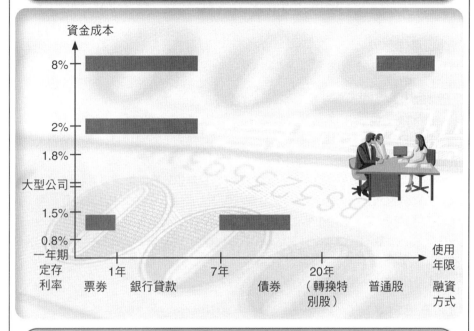

銀行貸款與債券何者優？

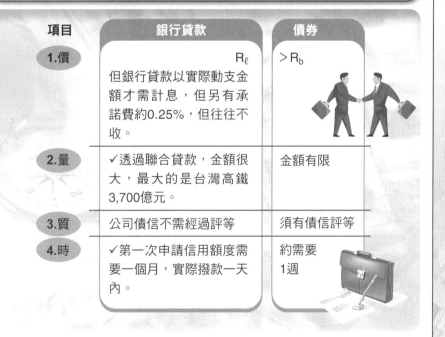

項目	銀行貸款	債券
1.價	R_ℓ 但銀行貸款以實際動支金額才需計息，但另有承諾費約0.25%，但往往不收。	$> R_b$
2.量	✓透過聯合貸款，金額很大，最大的是台灣高鐵3,700億元。	金額有限
3.質	公司債信不需經過評等	須有債信評等
4.時	✓第一次申請信用額度需要一個月，實際撥款一天內。	約需要1週

Unit 6-4
公司借款利率的決定──差別定價的應用

公司向銀行借款，人之不同，各如其面，銀行的貸款利率不是一價到底的「死豬價」，本單元以公司借款為例，個人借款的道理也是一樣的。

一、四項考量因素

銀行在決定各公司的借款利率時，依序考量四個因素如下。

1. 違約風險：違約風險涉及是否有抵押品，由右表可見，抵押貸款利率遠低於信用貸款，這是單元重點。

2. 貸款年限：借款年限較長，適用的借款利率也較高，道理詳見Unit 10-1。

3. 貸款金額：一般來說，貸款金額有數量折扣，一家公司借1,000萬元跟十家公司各借100萬元，金額雖然都一樣，但是就銀行核貸的直接人工成本等來說，一筆貸款的成本是十筆貸款申請案的一成。成本會反映在售價（資金的售價便是借款利率）。

4. 還款方式：愈早攤還本金，利息就較低。

二、基準利率

由右表可見，信用貸款利率採用「基準放款利率」（base lending rate），這是最低價。

1. 定義：「基準放款利率」是指一年期信用貸款債信最佳客戶的貸款利率，其餘客戶依債信往上加碼，因此基準利率本質是信貸最低貸款利率。

2. 開始執行：2002年11月，在中央銀行引導下，合作金庫銀行等五家銀行率先實施「基準利率」制度，作為信用放款利率的計算基礎，以逐漸取代銀行業推行多年的「基本放款利率」（prime rate）制度。

三、信用評等公司

每家銀行針對信用貸款加碼標準不一，而且有些是憑經驗決定，本單元跟信評公司的信用評等連結。

1. 基本點（基點，bp, basic point）：由於公司債面額10萬元，且交易金額起跳300萬元等，差之毫釐，失之千里，所以利率報價以基本點（即萬分之一或0.01%）為準。

2. 以AA級公司債為例：以AAA級公司債類比為基準放款利率，AA級公司債的風險加碼為50個基本點，或0.5%。那麼債信AA級的公司，其借款利率為2.4%加上0.5%，即2.9%。

公司貸款利率的決定

借款利率	加碼（基本點，bp）	美國標準普爾（14級）	中華信評（－tw，8級）	倒帳機率
一、信用貸款		F		
		E		
		D		
		DD		
		DDD	D	
		C	C	
		CC	B	
	700	CCC	BB	4%
	500	B	BBB	2%
	400	BB	A	1%
	200	BBB	AA	0.5%
	10	A	AAA	0%
	50	AA		
2.4% — 基準放款利率（base lending rate）		AAA		
二、抵押貸款				

知識補充站

民間借貸利率

民間借貸利率統計從1970年3月開始蒐集，調查方式為委託三商銀（華南銀行、第一銀行、彰化銀行）根據臺北、高雄及臺中地區的往來客戶，選取樣本調查，調查樣本家數為258家，其中包括食品紡織業、塑膠化學業、金屬機械業、電子業、營造業、商業等六個行業。

調查項目為三項，一是遠期支票借款，就是以交易性票據向企業及個人的借款；二是信用拆借，就是以融資性票據或信用借款方式向企業及個人的借款；第三則是存放於公司，一般公司向員工吸收存款。

2014年起，央行停辦民間借貸利率調查，主要是銀行提供信用充足，民間借貸利率的代表性已降低。

Unit 6-5
銀行授信審核項目

　　銀行針對借款申請案，大都有信用風險表（詳見右表），超過門檻（例如：70分），才會核准貸款（簡稱核貸）。每家銀行的表項目大同小異，甚至權重也相近。本單元以表中第一、二層的架構，把某銀行的「企業信用風險評分表」架構重調。

一、第一層（大分類）

　　右表中第一欄依抵押品與還款能力分成兩大類，採取金字塔的觀念，愈靠底部部分，愈是基本（甚至可視為門檻）。

　　1. 抵押品部分：以此表來說，評分表中有近似「抵押品」性質的有二中類，比重占25%。

　　2. 還款能力部分：評分表中跟「還款能力」有關的有三中類，比重占75%。

二、第二層（中分類）：依5P架構

　　在右表中第二欄，我們依5P標準（詳見Unit 6-6），把六個評分主項對映，有四個標準各對映一個主項，例如：「前景」（prospect）對映到主項中的「產業前景」。

　　但是「償債能力」（payment）對映到評分表中二主項「顧客關係」、「財務狀況」，占比重30%，可說是最重要的授信標準。

三、評分制

　　公司信用風險評分表大都由承辦的帳戶管理者（account officer）填具，但有可能這是授信會議集體討論的結果。

　　再呈分行授信主管（副理），再循授權流程，往上呈文，但基本精神都是一樣的。

小博士解說
銀行法對「擔保授信」的規範

銀行法第12條條文如下。

「擔保授信是對銀行的授信，借款戶提供下列之一為擔保者。

1. 房地產或動產抵押權。
2. 動產或權利質權。
3. 借款人營業交易所發生的應收票據。
4. 各級政府公庫主管機關、銀行或經政府核准設計信用保證機構（本書註：例如中小企業信保基金）的保證。」

（本書註：例如中小企業信保基金）

企業風險評分表

大分類	5P（中分類）	主項	分項	評分標準	評分
一、還款能力部分	前景（prospect）	1.產業前景（25%）	產業成長性（5%）	5分（佳）3分（可）1分（差）	
			未來一年內行業景氣（5%）	5分（佳）3分（可）1分（差）	
			進入障礙（5%）	5分（佳）3分（可）1分（差）	
			競爭利基（5%）	5分（佳）3分（可）1分（差）	
			產品市場性（5%）	5分（佳）3分（可）1分（差）	
			小計		
	品格（people）	2.經營團隊（20%）	企業及經營者信用情況（5%）	5分（無不良記錄）3分（初次往來）1分（有不良記錄）	
			經營者學歷及專業技術（5%）	5分（研究所或從事本業5年以上）3分（大專或從事本業1年以上未滿5年）1分（從事本業未滿1年）	
			經營理念與策略（5%）	5分（佳）3分（可）1分（差）	
			經營管理制度（5%）	5分（佳）3分（可）1分（差）	
			小計		
	償還能力（payment）	3.顧客關係（10%）	與主要客戶往來情形（2%）	2分（佳）1分（可）	
			主要客戶產業地位（2%）	2分（佳）1分（可）	
			產品認證、業務合約或專案執行情形（2%）	2分（佳）1分（可）	
			通路或銷售點（2%）	2分（佳）1分（可）	
			市場開拓能力（2%）	2分（可）1分（差）	
			小計		
		4.財務狀況（20%）	營收成長率（2%）	2分（30%以上）1分（未達30%）	
			獲利能力（6%）毛利率（3%）	3分（25%以上）1分（未達25%）	
			稅前純益率（3%）	3分（5%以上）1分（未達5%）	
			經營效率（4%）應收款項周轉率（2%）	2分（4次以上）1分（未達4次）	
			存貨周轉率（2%）	2分（4次以上或服務業）1分（未達4次）	
			償債能力（4%）流動比率（2%）	2分（100%以上）1分（未達100%）	
			速動比率（2%）	2分（75%以上）1分（未達75%	
			財務結構（4%）負債比率（4%）	4分（499%以下）2分（500%～799%）1分（800%以上）	
			小計		
二、抵押品部分	資金用途（purpose）	5.貸款計畫（10%）	貸款計畫可行性（5%）	5分（佳）3分（可）1分（差）	
			還款能力（5%）	5分（佳）3分（可）1分（差）	
			小計		
	債權保障（protection）	6.無形資產（15%）	研發費用占營收（或淨值）之比重（5%）	5分（20%以上）3分（5%～19%）1分（未達5%）	
			技術、專利、商標、營業祕密、著作權、積體電路電路布局權等使用情形（5%）	5分（佳）3分（可）1分（差）	
			新產品開發情形（5%）	5分（佳）3分（可）1分（差）	
			小計		
		合計			

Unit **6-6**
授信標準

當你去銀行借錢，銀行會依前文所提企業風險評分表，給你的貸款資格評分。我們曾說明這是依5P授信標準，一般的教科書來自論文的整理，而論文95%又來自實務的歸納。

一、5P、5C與CAMEL

「腳踏車」、「鐵馬」、「孔明車」指的是同一件物品，同樣的，在學問中，也有時空的差異，但君子所見略同。由右表可見，授信標準5P、5C與CAMEL都是同一件事，本書基於「兩個就可以做表，三個就可以分類」，把5P分成兩大類：還款能力部分、抵押品部分，底下詳細說明。

二、5P原則

5P原則是銀行用來判錢借給你的安全性，以及可以借給你多少錢的五項評估標準，說明如下。

1. 債權確保（protection）：為了確保債權，任何貸款都應有兩道防線，第一為債權確保，第二則為還款來源，而擔任確保債權角色者，通常為銀行向借款戶所徵提的擔保品、保證人。當借款戶不能就其還款來源履行還款義務時，銀行仍可藉由處分擔保品而如期收回放款，這就是確保債權。

2. 資金用途（purpose）：銀行需衡量有意借款的資金運用計畫是否合法、合理、合情，明確且具體可行。並於貸款後持續追查是否依照原定計畫運用，1998年頻頻發生的集團企業掏空資產，把資金挪作他用等不良的授信案件，便是起因於資金移作他用引發意外損失、導致無力還款而跳票才一一浮上檯面。

3. 還款來源（payment）：分析借款戶是否具有還款來源，可說是授信最重要的考核項目，也考核貸放主管的能力。授信首重安全性，其次才是獲利性、變現性。通常借款戶是否能有足夠還款來源跟借款資金用途有關，如果資金用途是依景氣和實際所需資金加以評估，並於貸款後加以追蹤查核，則借款戶履行還款的可能性即相對提高。

強調企業的還款財源與還款期間，短期借款的還款來源來自於營業收入，中長期借款則來自於折舊加當期的利潤。

4. 借款戶展望（perspective）：銀行就整體經濟金融情勢對借款戶行業的影響，以及借款戶本身將來的發展性加以分析，再決定是否核貸。

5. 借款戶狀況（people）：指針對借款公司的信用狀況、經營獲利能力和跟銀行往來情形等進行評估。強調企業必須以責任感、依約履行債約、償還債務及有效經營企業，來取得銀行的充分信賴。

評估項目		5P	5C	銀行信用評等（CAMEL）
一、還款能力部分	(一)前景	Prospect，借款戶展望	Condition，（未來）經濟情況影響公司的獲利	Liquidity，變現力
	(二)品格	People，借款人或企業的狀況	Character，性格	Management，經營能力
	(三)償債能力	Payment，還款來源	Capacity，其實是earning capacity，指過去三年的獲利能力	Earnings
二、抵押品部分	(四)資本	Purpose，資金用途	Capital	Capital
		Protection，債權保障	Collateral	Asset

知識補充站

英文字速字法：找現成字

英文專有名詞一旦超過三個字，只要常用，美國人會以各字第一個字母來作簡寫，為了好記好發音起見，會跟現有字連結，像CAMEL這個字本意是駱駝。

1.起源：1978年起，美國財政部旗下的金融監理局（Office of Controller of the Currency, OCC）、儲蓄貸款協會監理局（Office of Thrift Supervision, OTS）、信用合作社管理局（NCUA），對其監理的銀行，在評估其銀行的貸款時，採取此方式。

2.CAMELS：在「駱駝」後面加S，有人譯為「駱駝們」，這是1997年版本，也就是在CAMEL後增加市場風險的感性（sensitivity to market risk）。考量利率、匯率、商品價格、股價等變動，對銀行盈餘與資金的負面影響，有一點點壓力測試的味道。

3.5C：至於3C、4C、5C則只是對於授信審核項目的進程罷了。

4.5P：有些人喜歡用5P，不用5C。

Unit 6-7
銀行往來──如何取得優惠借款條件

由Unit 6-5、6-6詳細了解銀行授信標準，站在公司此一借款人立場，在其他條件（主要是借款金額、還款期間）相同情況下，追求借款利率最低。

一、貨比三家，看得到吃不到

一般人套用「貨比三家不吃虧」俚語，以為上網google一下，便可以找到借款利率最低的銀行。但借款需要銀行核准，在銀行對借款申請人不熟悉（即Unit 4-7中所談的資訊不對稱）情況下，針對新借款申請人不會輕易核貸。

二、銀行往來以提高能見度

為了減少資訊不對稱問題，公司可以採取右表文中所列方式跟銀行往來，以增進銀行對自己的了解。

 小博士解說
合作金庫銀行衝刺中小企業放款

- 銀行：合作金庫、臺灣企業、玉山
- 資料：以合作金庫銀行為例
- 金額：2019年3月，放款總額約8,528億元，居36家銀行之首
- 專案：「小微企業貸款專案」是指公司成立5年內，資本額300萬以上，員工10人以下，或營收500萬以下
- 可搭配：中小企業信用保證基金
- 申請方式：網路申請、銀行專人接洽
- 地區：在全臺工業區舉辦10場

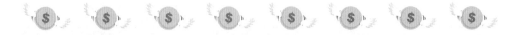

如何取得優惠借款條件

項目　業務	存　款	借　款
一、價		1.銀行的各分行有盈餘目標，因此借款人取得信用額度，不要備而不用，以致銀行無利可圖。 2.有時，也得極短期動支一下，讓銀行有錢可賺，此部分的利息支出可視為維繫銀行關係的「公關費用」（或交際費用）。
二、量	1.盡量集中資源，增加存款實績。 2.委辦銀行代辦各項業務，包括員工薪資、勞保、水電費、電話費、瓦斯費、各項稅金等，創造更多的互動機會，甚至介紹優良的客戶給銀行，以建立良好的信用關係。	**1.當公司規模小時** 　宜集中在一家銀行往來，以製造規模經濟，享受數量折扣。 **2.當公司規模大時** 　才宜兵分為二（或三）路的分散借款銀行來源。
三、質	銀行看公司的存款實績主要有二。 1.定期存款。 2.員工薪資轉帳存款。	1.經常邀請銀行主管或承辦業務的同仁，到公司或工廠參訪、做簡報，維持良好的互動，尤其是週年慶、新廠落成、新產品發表會、公益活動或購置新設備、尾牙，都是很好的時機，更要主動提供財務報表，讓銀行了解公司實際營運情況，以增加銀行對企業的信心。 2.借款人（公司）的財務主管主動的參訪銀行舉辦的各項活動，藉以了解新的融資及服務資訊。 3.按期繳納貸款的本息，維護信用，以良好的實績表現，來建立良好的債信基礎。
四、時	一般存活存，存款人都求方便，在公司、家旁的銀行存。	有些銀行強調30分鐘核貸，但大部分需要2天以上的工作天。

第 7 章
家庭融資資金需求

◦◦◦ 章節體系架構 ▼

Unit **7-1**
家庭資金需求

　　家庭是銀行貸款最大客戶層，占46%，比企業的47%略少。2,335萬人、800萬戶家庭的銀行貸款，看似「人之不同，各如其面」，但看了本單元的分析，會發現實則簡單。以2013年數字說明。

一、家庭資金用途

　　套用「80：20原則」，來看家庭向銀行貸款可以一目了然，消費者貸款（consumer loans）可以二分如下。

　　1. 房屋貸款占85%：家庭的銀行借款中有85%屬於房屋貸款，詳見右圖，這包括住宅貸款占80.46%、房屋修繕貸款占44%兩項。

　　2. 其他貸款占15%：房貸以外部分只占15%。

二、依消費用途區分

　　家庭借款可依家庭損益表、資產負債表分成兩大類，說明如下。

　　1. 家庭資產負債表，屬於銀行抵押款：家庭資產負債表中，家庭為了取得資產，在「（財）力有未逮」情況下，只好走上向金融機構融資，其中為了股票投資，向證券金融公司融資、買裕隆集團汽車可向裕隆資融公司借汽車分期付款，以及壽險公司保戶可向壽險公司借房屋貸款外，九成的家庭抵押貸款皆來自銀行。

　　2. 損益表，屬於銀行信用貸款：家庭損益表中，家庭為了生活中的「食衣育樂」，向銀行借信用貸款，包括三個項目，即消費性貸款（占家庭借款11.17%）、信用卡循環餘額（占1.7%）、機關團體職工福利貸款（占0.8%）。

三、家庭借款的決策準則

　　家庭借款的決策準則，依借款資金用途可分成二中類，其決策準則請見右下圖，底下詳細說明。

　　(一) 屬於投資性質

　　消費者貸款中，有二中類性質比較偏重投資，說明如下。

　　1.抵押貸款：股票的融資交易一定是為了金融投資，至於房屋貸款，可視為「以買代租」的投資決策，汽車貸款以買車，大抵是為了上班之用。

　　2. 助學貸款：助學貸款是個人為了提升人力資源素質的投資。

　　(二) 消費

　　針對購買非耐久品，當財力不繼時，家庭會採取借「其他個人消費性貸款方式」，其決策準則是「利大於弊」，例如到家樂福用信用卡刷卡買食物，吃了食物而活著，比還20%循環利率的沉重利息相比，可說「效益大於成本」。

2018年臺灣家庭損益表與資產負債表

單位：兆元

損益表*	資產負債表**	
大項	資金去路	資金來源
營收 （家庭與民間非營利機構） 14.221	一、合計　　　　　142.43	一、負債　　　　16.16 （一)流動　　　16.16 1.貸款　　　　15.7 2.其他　　　　0.46 （二)非流動不計
一、支出（第7表） 9.4635	二、流動（金融性資產）91.69 （一)國外　　　　7.37 （二)國內　　　84.32 1.現金與活期存款　15.6	二、淨值126.27
二、家庭儲蓄 4.7575	2.定期存款　　　17.18 3.有價證券　　　18.1 4.人壽保險　　　24.46 5.其他　　　　　6.98 三、非流動（非金融性　50.74 　　資產淨值） 1.房地產　　　　45.88 2.家庭生活設備　4.86 　（含汽車）	

*資料來源：行政院主計總處國民所得，電子書，第三章二表7、三表4。
**資料來源：行政院主計總處2019年國家統計報告，2020年4月。

Unit **7-2**
家庭融資管道

前文著重家庭資金需求用途，本單元詳細說明家庭融資來源。

一、家庭資金來源比公司窄很多

家庭融資管道比公司少（主要是公司可以直接融資），即大都採取間接融資。

二、借款的分類

由右圖可見，銀行是家庭融資管道的主要來源，約占九成以上，但並不是唯一來源。底下詳細分析。

(一) 第一層（大分類）——合法vs.不合法

借錢是個老生意，從農業社會就有，政府為了避免債權人剝削，因此民法規定借款利率上限20%。以法律標準區分，借款可分為合法與不合法。

1. 不合法的高利貸款：為了避免地下錢莊以高利率貸款（簡稱高利貸）剝削借款人，所以許多國家都有訂定借款利率上限。

以銀行來說，針對高危險群（即邊際借款人），在貸款利率上限20%情況下，自覺得不划算，拒絕此邊際借款人。

有些邊際借款人（例如：一些計程車司機）走投無路，只好向地下錢莊借錢，在報刊、電線桿上，你很容易看到「日息萬分之七」（借一萬元一日利息七元）的小廣告。

2. 合法貸款，利率20%以內：依民法第205條規定，任何借貸，利率上限為20%。

(二) 第二層——信用vs.抵押貸款

在合法貸款情況下，依是否有抵押品（房地產稱為抵押、動產稱為質押）。

1. 抵押貸款：有抵押品（collateral）的貸款時，由於「跑得了和尚，跑不了廟」，一旦借款人違約，銀行依法可請法院拍賣抵押品，以房貸來說，抵押品是房屋，稱為「法院拍賣屋」（簡稱「法拍屋」）。銀行的違約代價低，因此向借款人收的利率低於信用貸款。

2. 信用貸款：信用貸款的還本還息來源是借款人的還款能力（主要是薪水），因此在申請貸款時，銀行會審核借款人的在職證明、（過去六個月的）薪資單或銀行存摺上的入帳影本。

在信用貸款人違約時，銀行會向法院申請扣押借款人的月薪，一般在月薪三分之一以內會判還本還息，留下三分之二月薪以供借款人正常生活之用。

家庭融資方式

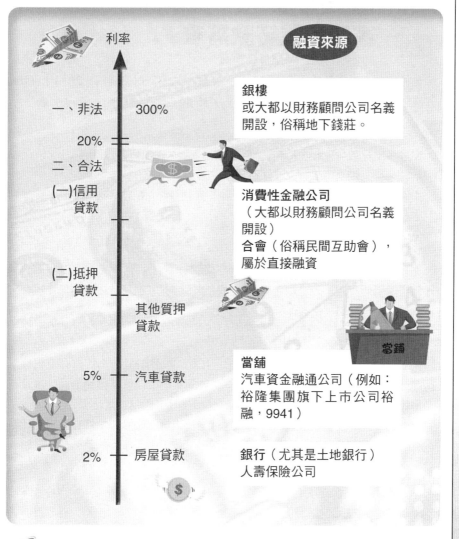

利率

融資來源

一、非法　300%

銀樓
或大都以財務顧問公司名義開設，俗稱地下錢莊。

20%

二、合法

(一)信用貸款

消費性金融公司
（大都以財務顧問公司名義開設）
合會（俗稱民間互助會），屬於直接融資

(二)抵押貸款

其他質押貸款

當舖
汽車資金融通公司（例如：裕隆集團旗下上市公司裕融，9941）

5%　汽車貸款

2%　房屋貸款

銀行（尤其是土地銀行）
人壽保險公司

113

 知 識 補 充 站

理財型房屋貸款

「理財型房貸」是指貸款人以房屋的第二順位抵押給銀行，所取得的「信用額度」。一般房貸還款後的部分本金不能再運用，而理財型房貸的還款本金可以轉為循環額度（例如：50萬元內），包含每月及提前攤還的本金，且可隨時動用，按日計息，資金彈性比一般房貸方案高。
但也因如此，理財型房貸的利率會高於一般型房貸，至少高出1至2個百分點。

Unit **7-3**
家庭房屋貸款需求

依據主計總處所做的家庭收支調查，所獲得的家庭財富資料，2013年800萬戶家庭淨財富（即減掉負債）約90兆元，其中35.46兆元是房地產，占39.4%。

一、家庭房屋貸款狀況

家庭房屋貸款（house loans，購置住宅貸款）占家庭貸款80.46%，依「80：20原則」來說，幾乎可說是家庭銀行貸款中的全部。

由右表可見，家庭購屋貸款200萬戶、貸款金額5.6兆元，每屋平均貸款餘額280萬元。

二、房屋貸款核貸相關事宜

銀行對消費金融業務，非常喜歡做房屋貸款，雖然薄利多銷（貸款利率2%），但是呆帳率極低（因為有房地產充任抵押品），因此家庭貸款中有74%比重在家庭房屋貸款。家庭房屋貸款條件詳見右表內容。

三、房屋貸款的系統性風險

針對房屋貸款，銀行比較不擔心特定風險（即個案），比較擔心系統性風險（systematic risk，可意譯為全面風險），最簡單的說法便是碰到全面性或區域性房市泡沫（housing bubble）破裂，亦即房價下跌五成以上。

2007年6月美國次級房貸風暴的起因就是房市泡沫破裂，這問題在臺灣比較不會發生（或不嚴重），主因是銀行法要求房屋貸款上限是銀行放款三成，以21兆元來說，上限是6.3兆元。

人壽保險公司的房屋貸款利率

壽險公司針對其保戶推出房屋貸款業務，其貸款期間長達30年。至於貸款利率跟銀行相近，針對「優質客戶」還有「優惠利率」，以2013年國泰人壽「築巢優利貸」來說，年繳20萬元以上保費的保戶，就可跟菁英人士、公教人員同屬優質客戶，享有優惠利率。貸款利率為一段式浮動利率計息，利率依照中華郵政公司2年期定儲機動利率（例如：1.75%），再加碼0.375個百分點。

家庭房屋貸款條件

項目	少見	常見
一、價（貸款利率）	1.固定利率 （例如前六年3%） 2.利率上限 （例如上限4%）	1.機動利率 2.指數利率
二、量（貸款成數）	7成、8成（以軍公教房屋貸款為主）	6成5
三、質 1.不貸	有些地方的小套房	
2.限貸	中央銀行信用管制地區 （詳見Unit14-4右表）	
四、時 1.還款頻率	雙週一次（僅少數外商銀行）	每月一次
2.貸款期間	30年	20年
3.寬限期	5年	3年（即前二年只還息不還本）
4.提前清償	不	隨時可局部清償，即手上有錢就多還一點，所以平均清償年限13年。

知識補充站

租不如買

透過網路搜尋「房貸試算」：

‧金額：房貸500萬元

‧利率：第1、2、3年1.2%、第4年起1.2%

‧還款方式：本息攤還

算下來平均每月繳23,444元，其中20,833元為本金，利息2,611元。

Unit **7-4**
房屋修繕、汽車貸款

　　消費者貸款中有兩項屬抵押貸款，前面單元已介紹過房屋貸款，本單元則介紹汽車貸款，順便介紹跟房貸有關的房屋修繕貸款。

一、房屋修繕貸款

　　房屋修繕貸款（house-repairing loans）是家庭為了裝潢修理房屋向銀行借款，總金額0.3兆元，占消費者貸款4.38%，是第二大科目。

　　2010年3月起，政府開始推動「穩定房市方案」，10月，中央銀行、金管會全面努力恢復房價至合理水準。其中針對本質為信用貸款的房屋修繕貸款要求核實核貸，規定如下。

　　1.貸款金額上限500萬元，但實際上限不超過借款者月所得22倍。

　　2.借款人需檢附修繕估價單等。

　　房屋貸款衍生款之二是理財型房貸（又稱二胎房貸），對房屋的求償順位在第二順位以下，詳見右上表。

二、汽車貸款

　　臺灣有583萬輛汽車（2017年環保署統計），有些銀行汽車貸款（car loans）主要是針對新車，少數銀行願意承做車齡5年內的中古車貸款，詳見右下表。

　　汽車貸款金額約1,025億元，只占消費者貸款的1.47%。

116

公股銀行的青年安心成家房貸

財政部為協助無自有住宅家庭購置住宅，從2010年12月推出青年安心成家購屋優惠貸款，到2013年8月底，8家公股銀行已撥貸11萬戶，3,875億元。詳見下表。

公股銀行辦理的青年安心成家貸款

項目	貸款條件重點
1. 借款對象	年齡在20～40歲，且無自有住宅者
2.貸款額度	最高500萬元
3.貸款年限及償還方式	• 貸款年限最長30年 • 寬限期3年，本息分期平均攤還
4.貸款利率	混合式固定利率或機動利率擇一，以後者來說，以2年期定儲利率為參考利率（1.375%，2014年），前2年加碼0.345個百分點，第3年起加碼0.645個百分點。
5.承貸銀行	臺灣、土地、合庫、第一、彰化、華南、臺企、兆豐銀行。

資料來源：財政部

房屋修繕／汽車貸款

理財型房貸

項目	理財型房貸	房屋貸款
一、價：貸款利率	2.8～3.5%（視各銀行而定，另有帳管或開辦費，後者常為3,000元）	約2%
二、量 (一) 動支	核准後一般為一個月內動支，隨時可提領或還款。	核貸後一般立即入戶，開始計算利息。
(二) 循環	✓	✗ 即還完部分本金後，即不能要求已還部分的額度。
三、質 〔房屋（抵押品）對銀行的順位〕	第二順位以下	第一順位
四、時	建立備用額度，臨時有資金需求時，可透過存摺、金融卡及網路動用，出差、旅遊時也可於國外提款機直接領外幣。	

汽車貸款

項目	說明
一、銀行	前三大：台新、三信商銀、中國信託銀行 其他：新光、聯邦、遠東、元大銀行
二、貸款條件	• 銀行放款金額：車價8成 • 租賃公司與汽車公司：裕融等

	金額（萬元）	利率	貸款期間（年）
(一)機車			
1.機車*		6～7%	1.5年
2.重型機車	15～100		4年
(二)汽車		4～10%	
1.中古車	10～200	5.6%	
2.原車融資*	10～200		
3.新車	15～250	3.2%	7年

三、說明	買新車向銀行辦車貸，可由貸款銀行派員跟汽車公司接洽；此外，向銀行貸款資訊較透明，審查過程全面e化，會縮短申請時間。 2013年機車新車銷售約60萬輛，其中有近3成機車車主選擇分期付款買機車。

*租賃公司，例如：中租迪和

Unit 7-5
家庭消費貸款需求——兼論貸款保證人

圖解貨幣銀行學

俚語說「皇帝也會欠庫銀」，連國家都會缺錢，更何況是升斗小民呢？因此家庭有信用貸款的需求，主要是周轉用，兩大時機，一是就學貸款，一是消費性貸款，貸款期間最長七年，貸款上限為借款人月收入的22倍（以月收入3萬元為例，上限66萬元）。

一、以就學貸款為例

高中、大學生未成年或無固定工作，所以往往不適用消費性貸款，因此本單元以切身感較強的就學貸款為例來說明。

由右上表可見，就學貸款分成兩類，即政策優惠學貸與一般學貸。

二、政策學貸

教育部委託四家銀行承作就學貸款，分別為臺灣銀行承辦臺灣省、台北富邦銀行及高雄銀行各負責北、高兩市，土銀獨家承作高雄大學。

臺銀指出，就學貸款適用對象為中低收入家庭子女，申貸資格分為三種，詳見右上表。

政策優惠學貸以外情況學貸稱為一般學貸，承辦銀行不多，主因是呆帳率較高、利率不高。以第一銀行2012年2月推出的「第e學苑貸」為例，從右上表之說明即可得知

三、信用強化

信用貸款情況下，銀行為降低借款人「違約」（即不還息甚至不還本）風險，往往會希望借款人強化信用（credit enhancement）。2011年修正的銀行法第12條之一與新增第12條之二，當借款人有還款能力不足情況，借款人向銀行提出一般保證人以強化信用。

小博士解說
什麼是「還款能力不足情況」？

上述提到銀行希望借款人強化信用，於是政府於2011年修正銀行法第12條之一與新增第12條之二。其中提到當借款人有還款能力不足情況，借款人向銀行提出一般保證人以強化信用。而所謂「還款能力不足情況」如下：1.借款人薪資收入條件不足；2.借款人有信用不良記錄者；3.借款人年齡較大，致使可工作年限短於借款期限；4.借款人提供的擔保品不屬自己所有，例如：先生是借款人，房子名義是太太的等。

家庭消費性貸款與保證人

就學貸款條件

條件	政策學貸	銀行學貸（以第一銀行「第e學苑貸」專案）
一、對象：家庭年所得	就學貸款是高中以上學生才可申辦。	單位：% 優惠期間學生支付利息 畢業後開始償還利息 2.74 1.83 1.37 1.83 0 1.83
1.120萬元以上，有二位就讀	同時有二名以上兄弟姐妹就讀高中以上學校者，也可申辦，但利息須自行負擔。	
2.114～120萬元	就學及（男生）服役期間的利息由學生負擔半額。	
3.114萬元以下	就學及服役期間的利息由政府負擔。	
二、利率	詳見右上。	2.72%（註：主要是郵儲一年期定存機動利率，2013年9月為1.37%，再加1.38個百分點）
三、金額	學雜費（以私立大學為例，每學期約4.8萬元，公立大學3萬元）	核實撥款
四、資金用途		學雜費（繳費單據上之款項）、住宿費、購買電腦及遊學
五、期限	最長8年	2年

保證人相關執行規定

貸款種類 **說明**

一、信用貸款

對於銀行辦理就學貸款與留學貸款，考量其授信條件、借款契約條件及特性，屬政策性貸款，因此，這類貸款銀行可以向借款人要求徵求保證人。

二、抵押貸款

要是銀行已取得足額擔保時，銀行不能要借款人提供「一般保證人」。

對於足額擔保的自用住宅放款及消費性放款，借款人如果想要強化自身授信條件（例如：借款人還款能力不足），可主動向銀行提出保證人。銀行法所定保證契約有效期間最長為15年，如果保證人書面同意者，不在此限。至於銀行請求權的時效，則依照民法規定。

Unit **7-6**
家庭信用卡融資需求

家庭長期缺錢，在理債角度，會借消費性貸款，中央銀行稱為「其他個人消費性貸款」（other consumer loans），金額0.78兆元，占消費者貸款11%，是第二大項目。

但如果是短期缺錢，往往會採取透支方式，主要便是「信用卡循環信用」（revolving credit for credit card）與現金卡；「現金卡」（cash card）的本質是「信用卡加上小額信用貸款」，即多了在授信額度內可以從提款機領款，即預借現金（cash advances）。

一、2004～2006年卡債風暴

信用卡循環利率最高19.7%，因此銀行趨之若鶩，拚命衝開卡，2004年起，信用卡循環信用餘額呆帳率2.6%，銀行不以為意，仍大力衝發卡數，2005年最高時發卡4,549萬張，平均一位成人約有三張卡，且信用卡循環信用額度4,656億元，呆帳率約10.41%，到2006年可說嚴重程度達最高點，史稱卡債風暴。

二、2004年6月起，金管會措施

2004年6月起，金管會亡羊補牢，對銀行的信用卡業務作了較多規範，例如：

1. 開卡條件：必須有雙證件（身分證加健保卡等），以免假借遊民身分證來冒貸；另針對大學生持卡張數（3張）、額度（每張2萬元）的規範更嚴。

2. 信用額度：持卡人月薪的22倍為上限。

3. 每月最低還款金額：欠款餘額的一成。

4. 針對銀行信用卡業務訂出例外管理措施：由於時過境遷，本處不說明。

2013年信用卡張數3,572萬張，有效卡2,909萬張。逾放比率（deliquence ratio）0.29%。

三、卡債協商

2005年12月15日，金管會要求銀行推出「消費金融債務協商機制」，針對欠債30萬元以上（俗稱卡奴）的51萬位債務人，進行卡債協商。

四、2010年金管會措施

金管會希望信用卡回復支付工具本質，推出「長期使用循環信用持卡人轉換機制」，供信用卡持卡人選擇，把循環信用轉換為小額信貸或信用卡分期（3～12期，利率約10.8%，視個人信用而定，分成五級）還款。信用卡循環信用餘額呈萎縮趨勢，2013年只剩1,185億元。

2010～2021年臺灣家庭消費與家庭貸款

單位：兆元

2010～2021年臺灣家庭消費與家庭貸款					
年	2010	2015	2019	2020	2021
一、實體面					
(1)總產值	14.06	17.055	18.887	19.227	20.04
(2)家庭消費	7.481	8.787	9.877	9.998	10.46
(3)=(2)／(1)消費率(%)	53.2	51.52	52.3	52	52.2
二、家庭貸款餘額					
1.全部	6.717	11.016	13.398	13.97	14.5
2.房屋貸款	5.11	6.132	7.412	7.7	7.8
3.汽車貸款	0.0589	0.119	0.1505	0.16	0.165
4.其他	0.70	0.858	0.97	1.085	1.09
5.信用卡餘額	0.162	0.1073	0.113	0.1017	0.102

Unit 7-7
信用卡的循環利率——兼論利率上限

1970年代末，政府允許銀行自行決定存放款利率，稱為利率自由化，只剩民法對貸款利率仍有20%的限制，以免債權人藉「高利貸」以剝削債務人。

一、爭論調降信用卡利率

銀行信用卡循環信用利率19.7%，符合法令。2008年上半年，媒體要求政府、銀行調低信用卡利率。原因還是卡債風暴的後遺症，尤其是少數銀行把債權賣給討債公司，討債公司暴力討債，例如：七位黑衣漢當街攔下債務人，把汽車貸款的債務人用鋁製球棒海打一頓，把汽車開走，全部過程被路口監視器錄下，在電視上播出，可說慘不忍睹。

二、信用卡利率

使用信用卡循環額度的人，往往是無奈的（例如：失業，所以借不到小額信貸），19.7%的信用卡利率雖高，但至少還有上限。一旦利率被往下壓，一定供不應求，銀行會採取信用分配，把邊際借款人排外，這些人只好被迫去向地下錢莊借，借款利率至少300%，1萬元，一年至少還3萬元。

2013年底，立法院法制委員會初審把信用卡、現金卡利率上限調為16%。

三、不讓銀行巧借名目壓榨信用卡債務人

有些銀行巧借名目，想從信用卡循環信用餘額中多賺一些，俗稱「一頭牛剝幾層皮」。這問題媒體批評很久了，金管會從2012年5月起，要求銀行只能賺一次錢，詳見右表第三欄。

小博士解說

金管會反對降低信用卡利率

在2014年2月13日舉辦的財經立法院高峰會「雙卡利率上限的立法問題」座談，金管會副主委王儷玲引述2013年9月資料指出，把利率上限調至16%，估計將影響信用卡93萬戶及放款21萬戶，金額約2,600億元；再看央行1987～2013年公布民間借款利率21～27%，跟銀行比起來更高，雙卡利率上限沒有調降必要，建議維持現行上限。

銀行信用卡業務的收入與成本

一、營收

會計科目	說明
1.循環信用利息	占70～80%
2.年費	大部分信用卡都是免年費，「白金卡」以上才會有年費。
3.發卡行回饋金	運通、花旗等發卡行提供。
4.外匯手續費	主要是持卡人在海外刷卡時才會碰到。

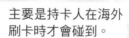

二、成本

會計科目	說明
1.代墊資金成本	商店一般在持卡人刷卡後三天內便會向銀行請款。
2.倒帳費用（即呆帳）	
3.促銷費用（廣告、紅利優惠）	
4.聯名卡	
5.營運費用	主要是信用卡人員的薪資等。

2012年5月起對循環信用額度收費限制

1.不准利滾利

每月應繳金額4項

(1)分期本金
(2)利息
(3)分期手續費
(4)當月新增金額10%

2.不准有提前清償的罰款

當持卡人提前清償分期款項時，銀行不得收取剩餘期數的利息。如果先前有約定「提前清償違約金」，必須「遞減」收費。

3.不准一頭牛剝二次皮

分期還款手續費是一種一次性發生的作業費用，跟利息的性質不一樣，即不准分期還款時每期都收手續費。如果持卡人的分期款項逾期未清償時，銀行可依約定利率向持卡人收取遲延期間利息。

Unit 7-8
保單質押與股票信用交易

在前文Unit 7-2的右圖中，提到家庭有兩個融資來源不來自銀行，金額不大，因此放在本章最後一個單元說明。

一、保單質押貸款

保戶拿著壽險保單，以「保單價值」（這可請保險公司算）的七折內，可向原保險公司以保單作為質押品，向保險公司借款。

1. 借款利率：例如以郵局1年期存款利率再加3個百分點。

2. 總金額：全臺總金額1,000億元，第一名當然是保戶最多、累積保額最多的國泰人壽。

二、股票融資

股票是最常見的有價證券，以動產質借，至少有兩個來源，由右表可見並說明如下。

(一) 股票融資占大宗

股市投資人可以向證券金融公司借款作股票，由右表可見，此僅限於符合信用交易的股票（約占所有上市櫃股票1,700支中的九成），資金用途只能買股票（也就是借款人無法藉融資交易取得現金）。融資成數約三成，以買一張鴻海股票為例：假設股價100元，一張股票10萬元（股價乘上1,000股），自備款7萬元，融資金額3萬元。

以整個股市來說，融資金額大抵在2,000億元附近。

(二) 銀行的股票質押是小門

極少數銀行願意接受借款人的股票質押，而且當股票價格下跌，還須補提擔保品。一般來說，大都是上市公司大股東拿股票向銀行質借。

小博士解說

股票融資交易

符合一定資格的股票投資人，可向往來證券公司申請信用交易許可，如同向銀行申請消費性貸款一樣。用取得的信用額度用來買股票。

至於證券公司的融資授信（借錢買股票）的資金來源至少有二，一是復華證券金融公司，一是自有資金（俗稱自辦融資業務）。

股票融資

	銀行股票質押*	證券金融公司

一、抵押品

1.上市（櫃）股票   ✓融資成數6成   ✓融資成數3成

2.未上市股票   ✓融資成數2~3成

二、利率

依個人信用而定，最低1～2%，高者3～4%。   1.5%

三、期間

1年   半年

四、資金用途

銀行提供股票質押業務並不希望當成短線買賣股票炒作之用，通常銀行會追蹤其資金流向。

*資料來源：整理自經濟日報，2012年3月2日B4版呂淑美。

125

知識補充站

壽險保單貸款

壽險公司推出給投保人以保單淨值的七成為限的保單質押貸款，有些利率是以郵局1年期定儲利率加1.5個百分點來計算，例如：富邦人壽「好年貸」的專案，質押利率2.25～3.25%，視條件而定；而且計息方式也跟銀行的小額信用貸款一樣，充滿各式促銷作法。

第 8 章

資金供給——利率理論

章節體系架構 ▼

Unit **8-1**
資金供給──兼論預防動機

當市場有人需要資金這種金融商品，且願意付出令人接受的報酬，就會有人願意擔任資金供給者（capital providers）。

一、兩種貨幣需求本質上是資金供給

以家庭來說，把財富配置的實物資產與（國內）金融資產中，2013年家庭資產90兆元中，有下列兩項跟貨幣總數有關。

1.現金與活期性存款占12.30%。

2.定期存款及外匯存款占15.53%。

家庭、公司把多餘資金存在定期存款（time deposit），存款利率低，但可保本，不用擔心存款本金不見了，構成銀行存款的兩大來源。這分屬下列兩項貨幣需求動機：一是預防動機（precautionary motive）貨幣需求；二是投資動機（speculative motive，speculative直譯「投機」）貨幣需求。

投資動機的貨幣需求的本意是，個體想賺銀行的利息錢，因此把錢存進銀行的定存。

二、預防動機的資金供給

我們把「預防動機的資金供給」拆成兩部分來詳細說明如下。

1. 預防動機：「積穀防飢」、「未雨綢繆」可說是預防動機的貼切描述，你一天現金支出如果是200元，但你皮夾可能帶300元，留100元以便不時之需。同樣的，由右圖「投入」一欄中的第一項便可見，人們會留一些現金（M1A，現金加活存），以備「三長兩短」。

2. 預防動機的資金供給：家庭、公司把「救急錢」（甚至救命錢）存在銀行，便成為銀行的存款。因此，我們說「預防動機的貨幣需求」，本質上是銀行存款的主要來源。

3. 交易、預防動機不受利率影響：基於交易、預防動機的存款，志不在賺利息，因此，這兩種動機的存款往往不受利率影響，這也就可看出，當實質利率負的時候，M2（甚至「準貨幣」）金額沒有多大變化。

小博士解說
預防動機存款

以1,100萬位上班族來說，一旦失業，平均需6個月才能找到工作，因此許多人都存了6個月「生活費」（例如：1個月5萬元），以此例來說，30萬元以免失業時向親友或銀行借錢。

128

影響預防動機的貨幣需求的因素

投入	產出
對未來的預期	預防動機的貨幣需求 （公司與家庭）

擔心失業、減薪、生病、意外（例如車禍）

> 這是凱恩斯的預防動機的本意

➕ ➡️ 預存6個月生活費以未雨綢繆，因為平均找工作時間為24週。

$E(\dot{y})\uparrow$

➕ ➡️ 所得水準愈高，有能力支持較多現金安全存量

$E(\dot{P})\downarrow$，P甚至包括金融資產價格（$\dot{P}$列入考慮，即實質面）

➕ ➡️ 物價下跌時代，現金是王（cash is king）

附註：E表示預期（expected）
　　　$\dot{P}$代表價格上漲率

知識補充站

預防喝西北風的救命錢

2008年9月金融海嘯以來，失業率曾高達6%（70萬人失業），無薪假30萬人，許多家庭怕沒工作、沒收入，紛紛預留救命錢，以免有個萬一喝西北風。由於平均找工作期間為6個月（24週），所以以「預防失業的安全資金」來說，計算方式如下。

月生活費×6個月＝失業生活基金

實例：月生活費（一家四口）

5萬元×6個月＝30萬元

Unit 8-2
資金的報酬──利率理論

你向別人借錢一般期間，除了本金外，為什麼還要「連本帶利」？這個人類悠久的行為，學者們也有近二百年的討論。由右表可見，看似有四學派解釋「利率理論」（說明為何會有利率），但歸為古典學派（舊、新）與凱恩斯學派兩類。

在入門書中無須詳細說明理論的演進，因為理論愈新愈好，但由於凱恩斯太重要了，因此必須簡略說明。此外，右表也很適合用於準備大小考試。

一、古典理論中的忍慾說

放款者（lender）、放款給借款人，放款者必須成為「hold住兄」或「hold住姊」，先hold住「現在」想用於買債券（有債券報酬率）或消費的慾望。

二、凱恩斯的流動性偏好理論

套用凱恩斯的貨幣需求三個動機中的投資動機，其中流動性偏好理論（liquidity preference theory）主要觀點，即是債券是唯一的投資工具，現金有便利性（即變現力100%的特性），因此，人們在等待買入債券前會把資金放在現金。換句話說，債券的殖利率是現金的「機會成本」。

三、佛利曼的說法可說是投資學基礎

凱恩斯的死對頭佛利曼在1956年出版《貨幣數量理論重述》一書，強調貨幣（M2）是個暫時貯藏所，用以支應兩大類資產：人力資產（主要是求學等以求上班賺錢）、人力以外資產（主要是債券、商品、股票）。這可說是投資學中資產配置的基礎。

四、托賓的資產選擇理論

托賓是凱恩斯學派的大老，其「資產選擇理論」（asset choice theory）或「資產組合理論」（assets portfolio theory），只是把凱恩斯的流動性偏好理論用投資學方式詮釋，經濟學者稱為賦予個體經濟學基礎。

小博士解說
什麼是變現力（liquidity）？

變現力在經濟學中，尤其是凱恩斯的貨幣需求時，稱為流動性。在財務管理時稱為變現力，即把資產（包括商品）「在一天內變成現金的能力。跟水是比重的標準物一樣，現金（通貨加支票存款）變現力100%，定期存款須半途解約才能領到錢，週末假日領不到錢，所以變現力比較差，股票採取t＋2天交割，週一賣股票，週三才收到錢」。

從資金供給者來說明利率的成因

利率理論（theory of interest rate）

學派	古典學派（凱恩斯之前的學者）	凱恩斯學派	貨幣數量學派（凱恩斯之後的古典學派等）	凱恩斯學派
時間	19世紀	1936年	1956年	1958年
學者	詳見下述	凱恩斯（John Keynes）	佛利曼（Milton Friedman）	托賓（James Tobin）1918～2002
著作		《一般理論》	《貨幣數量理論重述》	《對資產性貨幣需求的分析》
學者主張	可貸資金理論 loadable funds theory　資金來源為家庭（儲蓄），資金需求來自企業：1. 利息是忍慾的代價，即忍慾說（Abstinence theory），由辛尼爾（N. Y. Senior）提出 2.利息是時間的偏好（time preference theory），由龐巴衛克（Bohn-Bawerk）提出。	流動性偏好理論 liquidity preference theory　緣自劍橋方程式：1. 利息是資金所有人放棄資產變現力所希望收到的回報，資金所有人擁有現金的目的在於「隨時可用」（「用」主要指投資動機）。2.只有兩類資產：貨幣（指M1A）與債券　消費中的耐久品與機器設備跟債券完全替代。	主軸是「資產組合理論」，人們（甚至公司）在二大類五項資產中求取平衡。其中貨幣（M2的觀念）的用途在於做下列投資：1.人力資產：人力資產的報酬為「恆常所得」。2.人力以外資產：債券、商品（尤其是耐久品）、股票，以隱函數來說，上述五項資產可說是替代品。至於「所得效果」中的「所得」指的是恆常所得。	資產選擇理論（或資產組合理論）1.無風險資產：貨幣 2.有風險性資產：債券　此補充了凱恩斯三個貨幣需求動機中的投資動機的個體經濟基礎。
觀念	流量可說是債券市場	存量（比較偏重貨幣市場）		

Unit **8-3**
影響資金供給的因素──專論投資動機

　　資金提供者（此例為銀行存款人）考慮提供多少資金，站在資產組合理論的角度，家庭有閒錢100萬元、台積電有閒錢1,000億元，該把多少比重擺在定存，背後考量點都大同小異，本單元詳細說明。

一、資產分類

　　由右上圖可見，資產分成三種超級分類，發展歷程如下。

　　1. 佛利曼1956年起的頭：在Unit 8-2右表第四欄中，佛利曼的資產組合理論，強調貨幣（主要是定存）是人們考量資產適當組合中的一項基本資產。

　　2. 資產超級分類：延續佛利曼的五類資產等學者的主張，財務管理學者葛萊爾（Rubert J. Greer）把資產分成三個超級分類（super class），詳見圖X軸第一層。

　　3. 一年期定期存款利率的涵意──無風險報酬率：2013年，最低月薪19,047元，這可說是每位勞工想拿到的月薪的最低水準；低於此，絕大部分不會考慮。同樣的，在銀行存款有多種保障（例如：存款保險公司）情況下，銀行存款的利息被人們稱為「無風險報酬率」，其中以存款金額市占率第一的臺灣銀行1年期定期存款利率作為代表，2014年，約1.36%（2011～2014年皆相同）。這就是人們在進行資產配置時的參考指標，一如勞基法所訂的最低薪資。

二、商品價格的影響

　　在第一章中我們已介紹「名目」、「實質」的差別，人們關心的是「實質」（即裡子），在薪資方面是如此，在利率（例如存款）時也是如此。我們舉出著名的費雪方程式，這背後涵意如下。實際數字詳見Unit 10-3「知識補充站」。

(一) 當實質利率正的時候

　　這是正常情況，但是2010、2011、2013、2014年，幾乎只是微幅為正情況，以2013年為例，實質利率才0.5%。

$$1.36\% = 0.57\% + 0.79\%$$

(二) 當實質利率負的時候

　　2004、2005、2008年，臺灣出現實質利率為負的情況，其中2004年情況如下：

$$1.52\% = (-0.09\%) + 1.61\%$$

　　2005年經濟成長率正常（6.19%），一些人不甘願錢存銀行而「變薄了」，有些人轉投資股市，股價指數上漲16.9%，此即資金行情與業績行情。2008年，實質利率-2.1%（物價上漲率3.52%），但因景氣低迷（經濟成長率0.73%），缺乏基本面支撐，股價指數下跌17.46%，尋求保值的人，把錢轉往房地產，造成房價在2008～2011年上半年大漲，政府於2011年6月祭出奢侈稅，2010～2011年六次提高重貼現率，都是為了恢復房價至合理水準。

　　至於金融商品報酬率的影響（利率跟股票報酬率間關係），則詳見右圖說明。

投資動機下影響資金供給的因素

資產的超級分類

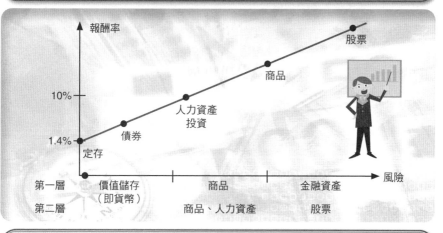

金融商品報酬率的影響

利率跟股票報酬率間關係

除了定存以外，其他投資工具（房地產、債券、股票）都有跌價風險，因此稱為「風險性資產」，而定存稱為「無風險資產」。「一分風險，一分報酬」，以股票來說，長期應該比定存利率多個8個百分點的報酬率，其公式如下：

$$\underset{\text{（股票報酬率）}}{\text{Rs}} = \underset{\text{（一年期定存利率）}}{\text{Rd}} + \underset{\text{（權益風險溢酬）}}{8\%}$$

當股利報酬率是定存利率的3倍，買股票縱使股價不漲，就會有一群人把定存解約，來買股息豐厚的績優股（俗稱定存概念股）。股價因此而上漲。
簡單的說，利率跟股票報酬率長期間呈現亦步亦趨關係，即股票漲多了，股利報酬率下滑，保守投資人售股轉存定存，股票價格跟著下跌。

133

利率跟物價上漲率、股票報酬率正常關係

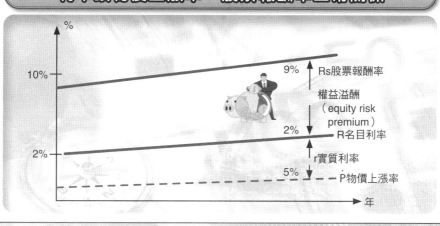

Unit **8-4**
存款種類

圖解貨幣銀行學

你在報紙上的金融行情表或銀行內的利率布告欄上，會看到當日存款利率，須稍作說明，你才會「略懂」（電影《赤壁》中諸葛亮的口頭禪）。

一、X軸：身分

由右圖中X軸可見，存款利率依存款人身分可以二分，這背後牽涉到存款利率高低。

1. 公司（即營利性組織）：公司的各天期存款利率皆較低（比自然人），例如一年期定期存款利率1.36%，比一年期定期儲蓄利率1.33%低0.02個百分點。

2. 自然人與非營利性組織：1950年代，政府為了鼓勵國民儲蓄，所以自然人的存款利率比公司高，時至今日，因自然人定儲中途解約機率低，央行課徵的法定準備率較低，銀行樂於給予稍高利率。

3. 非營利性組織特例──政府：非營利性組織的特例是政府，其存款稱為政府存款（government deposits），但我們把它獨立出來，是為政府存款主要經理銀行為中央銀行，商業銀行可辦理政府存款業務（例如：代收稅費款，或代售公債），但是只是過路財神，收入後立即轉存央行。

至於中央銀行等下撥部會、各級政府的經費存款，由各機關自行決定。

二、Y軸：利率

134

在Y軸上，我們分成兩層來分類，茲說明如下：

(一) 第一層（大分類）──活期vs.定期

依存款期間是否固定，可分為下列兩種，一是活期存款（passbook deposits）；二是定期存款（time deposits）。

由英文名詞可見，活期存款有存褶（passbook），定期存款只是一張定期存單。

(二) 第二層（中分類）──臺幣vs.外幣

依幣別區分，二分為下列兩種。

1. 臺幣存款：2013年年底，臺幣存款金額約23.55兆元，占存款87.22%。

2. 外匯存款（foreign currency deposits）：開立外匯存款須單獨開戶，即跟臺幣存款的存摺不同，外匯存款金額約3.428兆元（約1,143億美元），占存款的12.78%。

外匯存款占存款10%左右，2013年2月，隨著人民幣存款業務開放，1年外匯定期存款增加4,000億元。因此外匯存款占存款比重首度突破12%，2014年將突破13%，凸顯出臺幣存款利率低，人民「逐利」而轉存外匯存款。

存款的分類

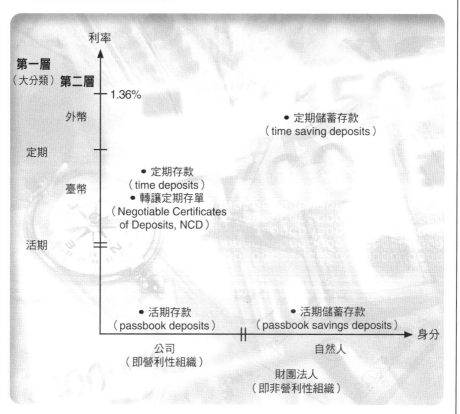

第一層
（大分類）　第二層

利率

— 1.36%

外幣

● 定期儲蓄存款
（time saving deposits）

定期

臺幣

● 定期存款
（time deposits）
● 轉讓定期存單
（Negotiable Certificates
of Deposits, NCD）

活期

● 活期存款
（passbook deposits）

● 活期儲蓄存款
（passbook savings deposits）

身分

公司
（即營利性組織）

自然人

財團法人
（即非營利性組織）

 知識補充站

臺幣存放款利率表2014年2月12日

2011～2014年，存放款利率行情表幾乎沒動過，預期會維持到2015年。

臺幣存放款利率　　　　　　　　　單位：年息%

類別 銀行別	活期 存款	活期 儲蓄 存款	定期存款							定期儲蓄存款			基準 利率
			1個月	3個月	6個月	9個月	1年	2年	3年	1年	2年	3年	
臺灣銀行	0.170	0.330	0.880	0.940	1.125	1.240	1.355	1.400	1.425	1.380	1.425	1.470	2.896
兆豐商銀	0.170	0.330	0.870	0.930	1.090	1.220	1.300	1.370	1.390	1.320	1.390	1.420	2.875
國泰世華	0.170	0.290	0.880	0.940	1.130	1.240	1.360	1.390	1.400	1.380	1.420	1.450	3.209
陽信商銀	0.060	0.170	0.880	0.930	1.090	1.210	1.335	1.365	1.395	1.350	1.430	1.470	2.860
日盛銀行	0.160	0.300	0.880	0.940	1.125	1.235	1.355	1.390	1.400	1.380	1.420	1.430	2.860
永豐商銀	0.170	0.300	0.885	0.950	1.110	1.240	1.350	1.390	1.420	1.380	1.415	1.450	3.870
滙豐(臺灣)商銀	0.020	-	0.870	0.930	1.050	1.220	1.320	1.320	-	-	-	-	-
星展(臺灣)商銀	0.160	0.320	0.850	0.940	1.050	1.050	1.300	1.300	1.300	1.385	1.316	1.300	4.794
瑞士銀行	0.010	-	0.375	0.415	0.435	0.485	0.485	0.400	-	-	-	-	2.900
新加坡華僑	0.150	-	0.350	0.370	0.450	-	0.500	-	-	-	-	-	-

資料來源：中央銀行

Unit **8-5**
存款保險──如何挑選銀行去存款

存款保險（deposit insurance）是《存款》加「保險」兩個名詞的組合，所以可以逐字分析，以了解其性質。

一、從人身保險到存款保險

跟你碰到的人身保險（俗稱壽險）、產物保險（例如汽機車責任險）一樣，由右圖可見，要保人是「存款機構」（即銀行加郵局），由專業的中央存款保險公司擔任存款的保險公司。

二、美國情況

美國1929～1933年經濟大蕭條時，每年銀行倒2,000家，存款人血本無歸，許多人因為失業（一部分是企業領不到存款而倒閉）加血本無歸而自殺。

存款人對銀行失去信心，為了重建存款人對銀行體系信心，美國政府於1934年成立「聯邦存款保險公司」（Federal Deposit Insurance Corporation, FDIC），並立法要求強制銀行投保。

三、臺灣的存款保險

站在存款人角度，最關心的是一旦銀行倒了，自己的存款有多少保障。存保公司對存款人的存款「保障額度」（簡稱保額）規定如下。

1. 每分保障額度：為了減少「逆向選擇」、「道德風險」（詳見Unit 4-7），因此存保公司對每家銀行每戶存款保險上限300萬元。

2. 對存款人的涵意：存款戶要有風險意識，不要把所有雞蛋擺在同一個籃子，尤其是壞籃子。雖然存保公司屆今沒有理賠記錄，也就是過去的財務危機銀行都被政府設法安全退場（大都由好銀行併購），因此，最好還是把錢存在好銀行。

小博士解說
利差交易（carry trade）

2013年2月，開放銀行承辦人民幣存款，年底存款人民幣2,140億元，2014年將突破人民幣4,000億元，許多是把定儲（定存）解約，轉存人民幣存款，其獲利來源如下。

· **賺利差**：以1年期人民幣定存利率3%為例，比臺幣定存利率1.4%高。

· **人民幣滙兌利得**：人民幣每年對美元升值2%。

人身保險與存款保險

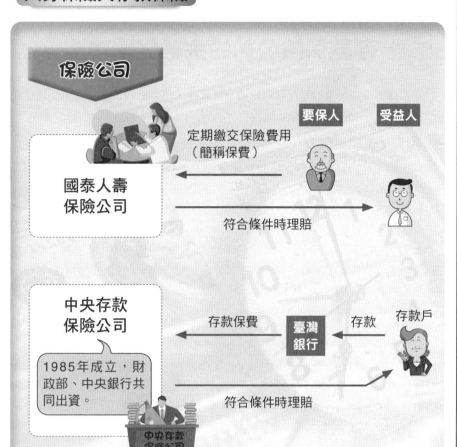

 知識補充站

存款保險保障範圍

由附表可見存款保險公司對「存款」保險的範圍。

存款保險保障範圍	
項目	內容
保障項目	• 支票存款 • 活期存款 • 定期存款 • 依法律要求存入特定金融機構的轉存款 • 其他經金管會核准承保的存款
保障額度	每一存款人在同一金融機構，存款本金及利息合計最高300萬元

註：表中存款不含國金融業務分行（OBU）存款
資料來源：中央存保公司

Unit **8-6**
存款保險公司的金融監理功能

　　跟著存款保險而來的是存款保險費率等課題，這性質屬於第十五章金融監理，基於各章篇幅平均的考量，在此處說明。

一、投入（資訊來源）

　　1999年1月20日，政府為全面保障存款人權益，要求銀行申請存款投保。依法，存保公司可以拒絕申請案。

　　1. 資料來源：由右圖可見，存保公司審核、核定保費費率資料以銀行提供為主，以存保公司赴該銀行檢查資料為輔。

　　2. 當銀行申報不實時：銀行提供的申報資料不實，或隱匿重要財務業務資訊，導致影響適用費率者，應依修正後費率補繳各期保費外，存保公司得依其影響程度把當期差別費率加計0.01～0.04%。

二、轉換

　　由右圖中「轉換」一欄可見，由於保費費率是依銀行風險程度採取差別費率，因此存保公司參酌資本適足率再加上十七項指標，帶入風險差別費率評等系統，把銀行分成四級：由圖「產出」可見，第一至三級體質較好，占銀行九成；第四級銀行體質較差，占銀行一成。

三、產出：保險費率

　　由右圖「產出」一欄可見，保險費率依存款保障額度（圖中小圖的X軸）二分法。

(一) 保險額度內保險費率

　　1. 保障額度內存款占四成：全體貨幣機構35兆元存款中，有些存款人的存款超過300萬元，在300萬元以內存款約占存款的四成。

　　2. 保額內存款保險費率：由圖中小圖可見，依銀行風險程度分成四級，保費費率從0.05%到0.11%。

(二) 保障額度外保險費率

　　1. 保額外存款占六成：也就是有六成存款不受存保公司保障。

　　2. 保險費率：這部分存款保費0.05%，是存保公司為了引導銀行穩健經營所收的保費。

(三) 協調的結果

　　2010年11月4日，金管會銀行局召集存保公司、銀行，協調存款保險費率調整架構，核定「存款保險費率實施方案」修正案，2011年實施。

存款保險公司保費核定流程

投入
（資料來源）

主要資料
銀行

輔助資料
存保公司檢查
銀行資料

→ 申報 →

轉換

存保公司

審查標準

1. 資本適足率
2. 17項指標帶入
   風險差別費率
   評等系統綜合
   得分

產出

各銀行適用存款保險費率

保險費率

0.11% 第四級	✓
0.08% 第三級	✓
0.06% 第二級	✓
0.05% 第一級	✓ ✓

保障額度
內存款
（占存款4成）

300
萬元

保障額度
以外存款

→ 金額

註：0.05%實務上稱為「萬分之五」，餘類推。

第 **9** 章
資金市場均衡

●●●●●●●●●●●●●●●●●●●●●●●●●● 章節體系架構

Unit **9-1**
資金市場均衡

　　以果菜來說，我們平常接觸到的是傳統市場、現代商店（例如：量販店、超市），但是在產地、各縣市還有果菜批發市場。同樣的，由右圖可見，站在銀行角度，資金可分為兩個市場，一是存款市場；一是放款市場。

一、進貨成本：存款市場

　　在存款市場中，銀行扮演存款資金的「買方」，存款人（depositor）扮演存款資金的「賣方」。

　　1. 存款市場：存款市場跟水果市場的產地拍賣市場一樣，銀行從各地分行向家庭、公司吸收存款，也就是付存款利率「買進」（本質上是「借」，所以存款列在銀行資產負債表的負債項下）資金，詳見右圖。大小金額存款積少成多，銀行才有錢讓授信科的員工去放款給借款人。

　　2. 存款利率──如同商品進貨，這是銀行買資金的原料成本：公司損益表中營業成本有原物料成本、直接人工成本、製造費用三大項，銀行是資金密集行業，存款利率是銀行向存款戶「買進」資金所支付的對價，所以存款利息是銀行的原物料成本，存款利率便是存款的單價或平均原料成本。如同放款有批發價、零售價，存款利率也有，有些銀行大額存款定期門檻為1,500萬元、有些為1億元。

　　3. 銀行吸收27兆元、利率0.8%：由右圖可見，銀行吸收27兆元存款，活存、定存的加權平均利率0.8%，這便是銀行的（負債）資金成本。

二、金融中介：銀行

　　存款進到銀行，經過銀行發揮「貨暢其流」功能，把資金大額、小額的「銷售出去」，成為銀行資產中的最主要項目：貸款。

三、銷貨收入：貸款市場

　　在貸款市場中，銀行扮演貸款資金的賣方（即放款人，lender），借款人扮演貸款資金的買方。

　　1. 貸款市場：對銀行來說，「貸款」是銀行的商品，是金融商品的一種，站在借款公司角度，企業用2%利率向銀行貸款，利息（利率乘上貸款餘額）就是企業資金（生產因素之一）的成本。家庭用4%利率向銀行貸款，用於消費、投資（例如買股票），這部分也是家庭的資金成本。

　　2. 貸款利率──如同商品售價，這是銀行賣資金的客單價：利息（interest）是指在一定期間，債權人因為提供資金勞務所得到的報酬，常見的是平均每100元的本金所得到的利息便是債務人因使用資金勞務所支付的代價，其公式如右。

資金市場中的存款市場與借款市場

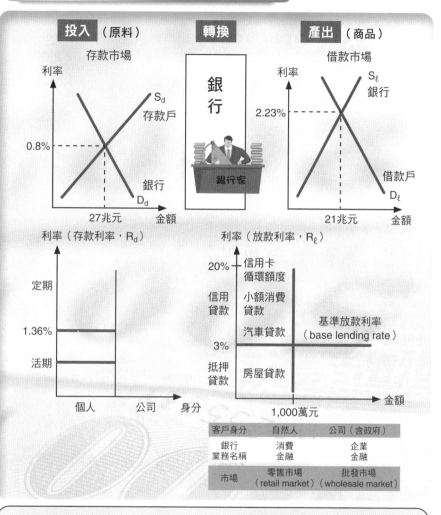

貸款利率公式	利率（%）＝ $\dfrac{利息（元）}{資金額度（元）}$ ×100%

 知識補充站

貸款利率的種類

貸款利率可以依貸款對象、金額分成兩種價格如下：

1.批發價：企業貸款金額比較大，所以俗稱企業金融業務為貸款批發業務（wholesale banking），由上圖可見，在一年期信用貸款情況下，針對償債信用（簡稱債信）最佳的客戶（例如債信評等AAA等級），銀行收的最低貸款利率稱為基準利率（base lending rate），其他債信較差者，其貸款利率只能往上加（俗稱加碼，例如：加0.5～4個百分點）。

2.零售價：家庭、個人貸款金額比較小，所以銀行把消費金融業務稱為零售業務（retail banking），貸款利率遠高於企業貸款利率。

Unit **9-2** 銀行放款的客戶

　　銀行主要銷售金融商品是「貸款」（本質是「資金租賃」），把銀行的借款客戶細分如下。

一、第一層（大分類）：自然人vs.法人

　　如同證券公司、電腦公司等皆是依客戶身分分為自然人、法人，同樣的，銀行貸款依客戶身分及比重，分成三大類：個人（占47%）、公司（占46%）與政府機構（約占7%），說明於下。右圖是依貸款利率由低往高說明。

　　1. 法人金融業務（占53%）：有些銀行或金控（例如：中信金）稱為法人金融業務，「法人」指的是依法律上成立的組織。

　　2. 消費金融業務（占47%）：800萬戶家庭積沙成塔，向銀行借款，占銀行放款47%，2000年以來，一直都高於民營公司借款。主因之一是產業外移，再加上政府規定「不准債留臺灣」（即在臺灣舉債匯給中國大陸的子公司用），因此8.6萬家臺商在中國大陸只好就地解決。如此一來，企業貸款金額就缺乏成長動力。

二、第二層：中分類

　　法人、自然人的借款還可再細分成幾個中分類，說明如下。

　　(一) 法人金融業務中分類

　　法人依組織型態（詳見右圖中第二層），分成四類，但其中民間組織借款金額小，所以央行沒有單純統計；本單元討論其中三中類。

　　1. 政府（占6.92%）：中央政府（指行政院）在限制範圍內可以向銀行借款，財政部扮演公司內財務部的角色，負責出面向銀行（主要是臺灣銀行）借款，這屬於狹義的政府負債的一部分。

　　2. 公營企業（占3.3%）：公營企業（主要是台灣電力、中國石油、中國鋼鐵三家）向銀行借款，跟政府借款歸一類，這屬於廣義政府負債，即中央政府、地方政府與公營企業負債。

　　3. 民營公司借款（占42.75%）：128萬家公司向銀行借錢，占銀行放款42.75%。

　　(二) 消費金融業務中分類

　　站在銀行角度，個人跟銀行打交道，銀行的處理方式不同，說明如下。

　　1. 在財富管理方面：在私人銀行業務（private banking），依存款戶的金額（300萬元）二分為貴賓（VIP）與一般客戶；在各分行內的洽公位置有高檔、平民之別。

　　2. 在貸款方面：在貸款方面，雖然沒有空間派頭上差別，但在貸款利率有。

借款人的分類與比重

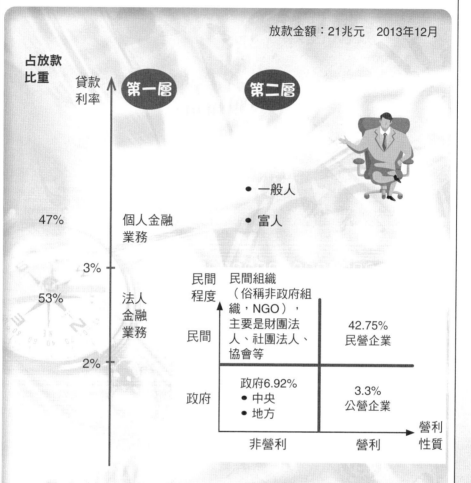

放款金額：21兆元　2013年12月

占放款比重

貸款利率

第一層　　第二層

- 一般人
- 富人

47%　　個人金融業務

3%

53%　　法人金融業務

2%

民間程度

民間組織（俗稱非政府組織，NGO），主要是財團法人、社團法人、協會等

42.75%
民營企業

民間

政府6.92%
- 中央
- 地方

3.3%
公營企業

政府

非營利　　營利　　營利性質

 知識補充站

借款戶結構

針對借款戶結構，還有一種分類方式。

1.政府與公營企業合計10.22%。

　隱含公營企業的負債由國庫擔保，屬於廣義政府債務之一。

2.民營企業占42.75%。

3.個人等47%。

Unit **9-3**
放款種類 I

　　銀行58%資產在放款，這是銀行的本業，也是銀行盈餘主要來源，針對放款客戶、產品、風險管理，銀行從幾個角度切入：借款人身分（people，詳見Unit 9-2）、債權保障。

一、X軸：放款期間

　　放款依放款期間以一年期為分水嶺，可以分成兩中類，其比重略接近「80：20原則」，即「中長期vs.短期」放款。

　　1. 短期放款與透支（占25%）：一年以下的授信包括放款、透支、貼現與進口押匯四種方式，後兩者比重微小，因此可略而不顧。

　　2. 中長期放款（占75%）：中長期放款就只有一種方式。

二、Y軸：有擔保vs.無擔保──5P中的債權保障

　　站在放款的債權保障（protection）角度，銀行把貸款依是否有抵押品（collateral），二分法分成下列兩種：

　　1. 有擔保放款（secured loans，占65.43%）：有抵押品為基礎的放款（asset-based lending）占65.43%，可見，授信原則5P中「擔保品」就占七成。

　　2. 無擔保放款（unsecured loans，占34.57%）：無擔保放款的本質是信用貸款。

三、合著來看

　　將上文所述合著來看，放款期間跟抵押品是正相關的，說明如下。

　　1. 短期貸款以無擔保貸款為主：短期貸款情況下，借款人（公司或個人）的收入不致有大變動，因此「擔保vs.信用放款比例」是一比二，信用貸款是主流。

　　2. 中長期貸款以擔保貸款為主：中長期貸款中「擔保vs.信用放款」的比例是「三比一」，這是因為貸款期間愈長，借款人可能因有三長兩短以致無錢還債，抵押品卻是銀行最佳安心丸。

小博士解說
銀行法對銀行放款期間的規定

銀行法第5條規定如下。

「銀行依本法辦理授信，其期限在一年以內者為短期信用；一至七年者為中期信用；七年以上者為長期信用。」

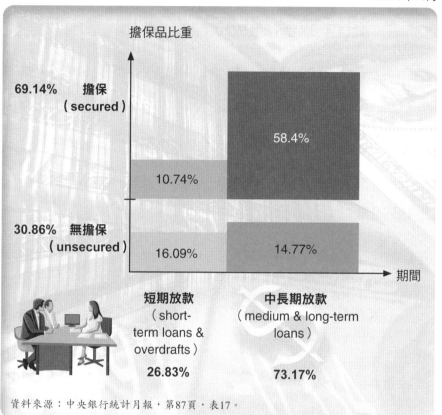

全體銀行貸款依期間、抵押品分類

擔保品比重

69.14% 擔保
（secured）

58.4%

10.74%

30.86% 無擔保
（unsecured）

16.09%　　14.77%

期間

短期放款
（short-
term loans &
overdrafts）
26.83%

中長期放款
（medium & long-term
loans）
73.17%

資料來源：中央銀行統計月報，第87頁，表17。

147

知識補充站

房貸放款期間規定

銀行法對住宅與企業用建築的規定，主要是銀行法第38條，條文如下。
「銀行對購買或建造住宅或企業用建築，得辦理中、長期放款，其最長
期限不得超過30年。但對於無自用住宅者購買自用住宅的放款，不在此
限。」

知識補充站

依「中央銀行法」第13條規定，貨幣由中央銀行發行。中央銀行發行之
貨幣為國幣，對於中華民國境內之一切支付，具有法償效力。 貨幣之印
製及鑄造，由中央銀行設廠專營並管理之。

Unit 9-4
銀行放款風險分散

風險分散是降低營運風險的事前作法，至於提列呆帳準備，則是風險理財的方式，兩者可說是配套措施。

一、風險分散方式

在投資學中談到分散風險方式，依效果順序如下：地區分散（例如：全球投資）、產業分散與時間分散（常見的是定時定額投資）。因此在右表第一列，我們依此順序標上風險分散方式；在第一欄中，依借款比重由高到低排列。

二、地區分散

銀行放款的地區分散主要有下列兩種方式：

1. 國內vs.國外：由於臺幣長期呈升值趨勢（在匯率面來說，屬於強勢貨幣），比較少外國公司會來借臺幣資金（包括發行臺幣計價債券）。但是2011年起，外國企業主要是中資企業、臺商企業、來臺借人民幣貸款，金額頗大。

2. 北部vs.其他：針對國內地區限制的，大都是房屋貸款，例如：風險隔絕方式的有：山坡地（坡度超過35度且有土石流疑慮）、某些地方小套房不貸；至於風險分散方式，針對某些房價漲過高地區，降低貸款成數。

三、產業分散

1. 房屋及建築借款：根據銀行法第72條之2規定，商業銀行辦理住宅建築及企業建築放款的總額，不得超過放款時所收存款餘額及金融債券發售額加總的30%；但有下列例外情況。

(1)為鼓勵儲蓄協助購置自用住宅，經金管會核准辦理的購屋儲蓄放款。

(2)以中央銀行提撥的郵政儲金轉存款辦理的購屋放款。

(3)以行政院國家發展委員會中長期資金辦理的輔助人民自購住宅放款。

(4)以行政院開發基金管理委員會及行政院國家發展委員會中長期資金辦理之企業建築放款。

(5)受記代辦的獎勵投資興建國宅放款、國民住宅放款及輔助公教人員購置自用住宅放款。

金管會於必要時，得規定銀行辦理前項但書放款的最高額度。

2. 其他產業：法令未規定，但有些銀行會視狀況作出內部規定。

四、時間分散

時間分散是指針對同一借款人，逐批撥款，最常見的針對下列兩個產業，依建築進度所需資金逐批撥款，分為下列情況：一是建築業的建築貸款；二是電子業的建廠。

銀行放款的風險分散方式

客戶 ＼ 分散分式	時間分散	產業分散	地區分散
一、個人	✗	✓ 銀行對同一人、同一關係人授信額度設限,包括對同一自然人放款不能超過淨值的3%。	✓
二、公司		✓ (一)電子業向一法人授信額度不能超過淨值的15%,對同一關係人與同一關係企業則不能超過淨值的40%。 (二)建築業 (三)中小企業	

時:2020年
人:行政院金管會銀行局
事:訂定本國銀行對中小企業新增放款3,000億元。2020年
　　1月至7月,已4,950億元。

本國銀行對中小企業放款占比

	2020年7月	說明
(1)放款餘額(兆元)	28.1417%	2019年7月 29.1萬戶。
(2)中小企業放款餘額(兆元)	7.3929%	
(3)=(2)/(1)中小企業放款占比(%)	26.27%	

Unit **9-5**
放款種類 II ——產業集中與金額

在股票投資的「產業分散」，還可深化到持股分散；銀行放款的產業分散，其中方式之一可依借款金額區分。

一、依借款金額區分

中央銀行針對銀行放款統計，有依借款餘額區分，由右圖Y軸可見，共分成六個級距。本單元搭配其他放款統計去推論。

二、放款金額跟借款人身分合併分析

Y軸跟X軸合併來看，大抵可說，1,000萬元以下（占借款31.16%）的借款，大都是個人所借；再加上1,000～5,000萬元這一級距的一半歸類為個人。恰巧，這比重跟個人借款占借款比重47%相等。

至於5,000～10,000萬元（占6.5%）、1億元以上（占39.5%）借款，合計46%，這些都是公司借款，再加上1,000～5,000萬元中的上半部（即3,000～5,000萬元）也可算，假設把其占比16.14%分成二半；共合計54%。

這跟圖中公司（占借款42.5%）、政府（占6.92%）、公營事業（占3.3%），合計占借款53%，幾乎相等。

三、放款金額跟借款有無擔保品合併分析

放款金額跟借款是否有擔保品比較，即左Y軸、右Y軸比較，分成下列兩項。

1. 擔保借款占65.43%：借款1億元以上（占39.5%）、借款100～500萬元（占21%），合計占借款60.5%，跟擔保借款比重（63.74%）接近。

2. 信用借款占34.57%：其他借款金額級距占借款39.5%，跟信用借款比重（34.57%）接近。

小博士解說
銀行法對銀行單一借款戶借款的限制

銀行法第33條之3，對銀行對單一借款戶的規定如下（本書稍作修改以便閱讀）。「金管會對於銀行就同一人、同一關係人或同一關係企業的授信或其他交易得予限制，其限額，由金管會定之。」

本國銀行放款依金額分類與占放款比重

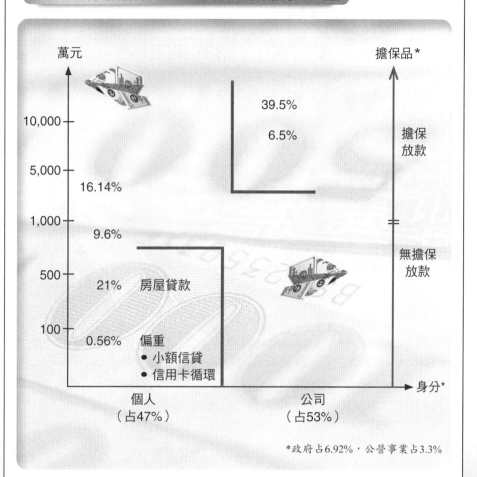

萬元

10,000 —

5,000 —

1,000 —

500 —

100 —

16.14%

9.6%

21% 　房屋貸款

0.56% 　偏重
　　　　● 小額信貸
　　　　● 信用卡循環

39.5%

6.5%

擔保
放款

無擔保
放款

擔保品*

身分*

個人
（占47%）

公司
（占53%）

 知識補充站

銀行對關係企業、關係人放款規定

銀行法第33條，規範銀行對關係企業、關係人的放款，條文（本書稍作修正以便閱讀）如下。

「銀行對其持有實收資本總額5%以上的企業，或本行負責人（註：公司法中主要指董事）、職員或主要股東，或對跟本行負責人或辦理授信的職員有利害關係者為擔保授信，應有十足擔保，其條件不得優於其他同類授信對象。如果授信達金管會規定金額以上者，並應經三分之二以上董事之出席及出席董事四分之三以上同意。

前項授信限額、授信總餘額、授信條件及同類授信對象，由金管會洽商中央銀行定之。」

Unit **9-6**
放款跟存款的期間調和

我們曾說過在資金供需發揮著四種調和，這可從單一或全體銀行角度來分析，本單元以本國銀行的資產負債表來分析。

一、期間配合（duration match）

人們最常碰到期間配合的問題便是「有一件事（例如：報告需要在六小時內完成）」，如果是中午知道這需求，你可能必須連作六小時，在六點前交卷。這情況下，你會有時間不夠用的壓力，但這只是短期現象，拉長來看，你的時間還是夠的。

由右表可見，銀行放款年限中最多（眾數）的是七年以上的放款（六成是家庭房貸）。以加權平權年限來說，約5.66年。

由表中右邊，銀行負債（72%是存款人的存款）來說，其加權平均年限1.44年。

二、短錢長用

財務管理書中對資金運用最重要原則是「長錢短用」，相反的，最大禁忌是「短錢長用」，例如：「1.44年限的存款用於5.66年限的放款」。

全體銀行的來說，可說是犯了理財禁忌，之所以一直相安無事，原因有二。

1. 存款人對銀行的信任：前述曾說過，銀行是個「信任的行業」，一旦存款人對銀行失去信心，擠兌的結果，除非央行出手救急，否則任何一家銀行大都無法應付。

2. 屆期續存：由於銀行最長只能吸收三年期的存款，大部分民眾期滿會再續存，因此存款年限不能只看表面，而得看本質。

小博士解說
吸收短期存款以支應短期資金的回流

2014年2月上旬，農曆春節假期結束，民眾資金需求暫緩，多家銀行開始改祭出高利定存吸金搶「紅包回存潮」，詳見附表。

2014年2月

銀行高利定存方案		
銀行	幣別	優惠利率方案
台新銀行	臺幣	3個月1期階梯式，1年平均利率1.39%
大眾銀行		3個月1期階梯式，1年平均利率1.408%
永豐銀行	人民幣	人民幣100元起，即享6個月期3.2%
花旗銀行	澳幣、紐幣、人民幣、美金、英鎊	◎限新資金換匯或存入 ◎1個月期澳幣、紐幣3.88%； 　人民幣2.88%；美金、英鎊1.88%

資料來源：各銀行

152

本國銀行資產負債表*

2020年6月30日

	金額 （兆元）	比重 （%）		金額 （兆元）	比重 （%）
資產			負債	49.879	92.58
放款	31.108	57.74	存款	42.507	78.9
對央行 債權	—	—	對金融 機構負債	—	—
國外	—	—	金融債券	—	—
資產	—	—	其他科目 其他負債	—	—
證券 投資	—	—	業主權益 （淨值）	3.998	7.42
其他	—	—			
小計	53.878	100%		53.878	100%

資料來源：中央銀行全球資訊網　　　　　　　　*表中比重延用2012年

放款與存款期間

占放款比重		占存款比重	比重（%）
◎短期放款	26.83%	◎活期存款	14
		• 支票存款	2.72
		• 活期存款	11.28
		• 外滙活期存款	—
◎中長期放款	73.17%	◎定期存款	86
		• 定期存款	14.734
		• 定期儲蓄存款	47.326
		• 外滙定期存款	23.943

Unit **9-7**
銀行的流動管理

銀行「短錢長用」，一旦有存款人大筆領款，有可能周轉不靈。一旦出現破口，將可能引發所有存款人信心不足，紛紛提領存款，造成擠兌（bank run）。因此，銀行內外對銀行流動管理（liquidity management）有兩方面機制。

一、資產面防線

由右表可見，銀行流動管理共有兩道機制如下，都是央行維持銀行健全經營的方式。

(一) 第一道防線——法定準備

法定準備的原始功能便是央行扣住一部分銀行的錢，一旦銀行可能周轉不靈，央行「拿銀行的錢去救銀行」，扮演最終放款者角色。平均法定準備率5.58%。

(二) 第二道防線——流動比率下限7%

央行、巴塞爾協定（詳見Unit 16-1）對銀行要求的流動比率。

1. 流動準備（liquidity reserve）：流動準備是銀行為了應付意外大筆提款，自己提列的準備金。由表中可見，流動準備是指銀行手上的短期有價證券（主要是央行發行的定存單），可快速「變換成現金」（簡稱變現），又有點利息可賺。

2. 法定流動比率（stationary liquidity ratio）：2011年10月，法定流動比率下限由7%提高到10%。這跟「財務管理」中的流動比率名詞一樣，但是定義不同，詳見表中左欄。

3. 實際流動準備：前述法定流動比率的霎間提高，對全體銀行毫無影響，因為銀行爛頭寸多（即放存款比率約78%），手上一缸子票券（8兆元中約七成是央行定存單）。因此實際流動比率30.8%，是法定流動比率的三倍。

二、負債管理之一

當第二道防線還是擋不住存款人提款「攻勢」，此時，銀行只好啟動負債管理機制，由表中右欄可見，銀行依缺錢期間長短、金額，依序採取下列舉債措施：金融業同業拆款、發行銀行定存單、提高利率衝高短天期存款。

其中金融業拆款市場（interbank call-loan market）的主要用途有二，一是繳法定準備金用；二是因應存款人提款。每月拆款餘額約3,000億元。跟銀行同業借款只能「救急不救窮」，擋個1、3或10天。要是缺錢30天、10億元，大抵會發行「轉讓定期存單」，給公司去買，要是金額大，就推出一個月定存優惠利率方案，多方吸收存款。

本國銀行資產負債表

2013年12月
單位：兆元

資產	35.5

一、現金與有價證券

1.法定準備
（required reserve） 1.424
  (1)準備金甲戶
  (2)準備金乙戶
2.庫存現金 0.1866
流動準備（liquidity reserve）

$$流動比率 = \frac{流動準備}{存款} \geq 10\%$$

流動準備指：
1.超額準備
2.貨幣市場內有價證券（包括央行定期存單）

二、放款 **2.1**

三、證券投資 **0.1118**
（portfolio investements）

四、其他 **12.78**

負債	33.063

天期	10天內	10～30天	30天以上
金額	小	中	大
融資方式	金融業拆款市場（interbank call-loan market）	發行定存單（NCD）	提高利率吸收短天期定期存款

存款

- 應提準備的存款 25.95
  （或稱應提流動準備基礎）
- 不應提存款準備 5.1
  （主要指郵政儲金）

淨值 2.437

知識補充站

金融營業稅

一般公司開發票，其中營業稅5%，銀行賣「貸款」，也一樣。1998年發生本土型金融風暴，銀行吃很多呆帳，財政部調降金融營業稅率為2%，把省下的稅款讓銀行去打呆帳，以健全銀行經營。2014年財政部恢復稅率到5%。

第 10 章

利率期限結構
——兼論利率風險結構

●●●●●●●●●●●●●●●●●●●●●●●●●●●●●● 章節體系架構

Unit **10-1**
利率期限結構

　　鯊魚有五百多個品種，同樣的，「利率」有多個面向，在第四章中，我們已說明借款利率，第八章中，說明存款利率。本章深入說明存款、借款利率都會碰到的利率期限結構，以及借款人比較常碰到的利率風險結構。

一、利率期限結構

　　當我們說「一年期定存利率」1.36%時，立刻會聯想，有「一年」，那一定就有二年、三年，甚至有可能一個月、三個月等期限。

　　由下面小博士解說可見，term這個字指time（時間），至於structure指結構，一般的結構指成分（即占100%中的比重），但此處「結構」指的是構造。

二、以定存利率為例

　　銀行的定存利率是報紙上每天都會出現的利率期限結構（term structure of interest rate)，由右上圖可見，這是從一個月期到三年期定存利率，畫出來的利率曲線。

三、以公債為例

　　利率期限結構以公債為對象來討論，此時利率曲線改稱為收益率曲線（yield curve），實務上稱為殖利率曲線，詳見右下圖。

　　由下面小博士解說可見，yield 這個字指收益、收益率，1930年代譯為「殖利率」，不易望文生意。

 小博士解說

利率期限結構（term structure of interest rate）
term：定期、time的意思。
terms：條件，指貨幣定價方式，延伸到貿易條件（terms of trade）。

收益率曲線（yield curve）
yield：收益、收益率，1930年代譯為「殖利率」，不易望文生義。
yield curve：收益率曲線，某一天（例如：今天）的各天期（例如：1、2、3年）債券報酬率的連線。

利率期限結構

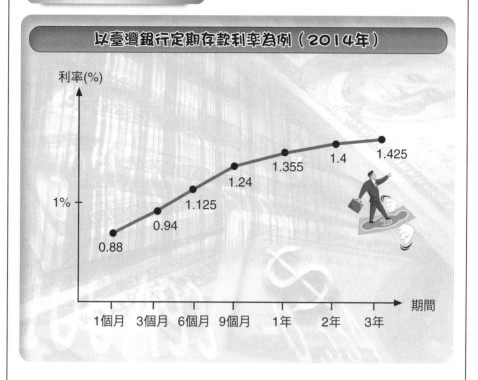

以臺灣銀行定期存款利率為例（2014年）

利率(%)

0.88　0.94　1.125　1.24　1.355　1.4　1.425

1%

1個月　3個月　6個月　9個月　1年　2年　3年　　期間

公債的利率期限結構

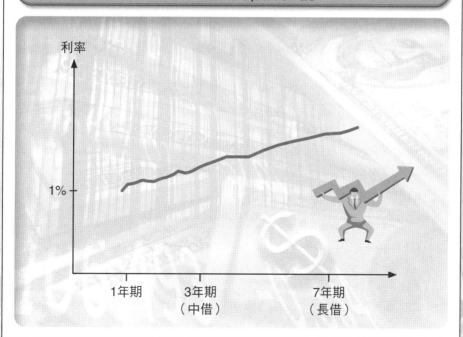

利率

1%

1年期　　3年期　　　　　7年期
　　　　（中借）　　　　（長借）

Unit **10-2**
解釋利率期限結構的理論

解釋利率期限結構的說法有很多，由於貨銀、財務管理等課程都會碰到，因此本書必須討論。

一、「解釋」利率期限結構的理論

有些書此主題稱為「利率期限結構理論」，但我們以此為例，宜稱為「解釋利率期限結構的理論」。由右表可見，解釋利率期限結構的理論至少有三種，本表以短期、長期公債間的替代程度的高低來分類，如此就很容易了解。

二、預期理論

預期理論較適合從生活例子來說明，例如：你去統一超商買飲料，第一瓶20元、第二瓶打八折16元，另一種方式是套裝，即一次買兩瓶36元。一旦套裝為37元，那顧客會選擇分別買兩瓶方式，這樣便宜1元。另一面情況（即套裝為35元）同理可推。

在表中第三欄中，可見一次買二年期債券，跟今天買進一年期公債、一年後再買進一年期公債（即再投資）；兩種投資方式的報酬率必須一樣。簡單的說，已知道二年期公債利率、一年期公債利率，便可推算出〈10.1〉式中的第二年的一年期公債利率（即$Rt + 1, 1$）。

三、期限偏好理論

這是由美國麻省理工學院講座教授、1985年諾貝爾經濟學獎得主莫迪格安尼（Franco Modigliani）和舒齊，於1966年提出，莫迪理格安尼是凱恩斯學派的大將，原因是麻省理工學院是凱恩斯學派的大本營，因為凱恩斯的粉絲、1970年諾貝爾經濟學獎得主薩繆爾遜（P.A. Samuelson）也在此任教。

期限偏好理論（preferred habitats theory）立基於凱恩斯的變現力偏好理論（詳見Unit 8-2），即資金提供者（投資人）喜歡短期公債，如果長期債券有「期限溢酬」（term premium）時，投資人才會撥一些錢來買長期公債。

四、市場區隔理論

「市場區隔」（segmented market）這個字很常見，跟行銷學中的市場區隔（market segment）的涵意是一樣的，套用俚語來說「海畔有逐臭之夫」、「鐘鼎山林，人各有志」。

壽險公司的資金可用期長，因此特別喜歡長期債券，公司的閒置資金可用期間短，所以比較中意票券；以致形成「井水不犯河水」的情況。茲舉例說明如右。

解釋利率期限結構的理論

長短期替代程度	理論	說明
100%	預期理論 （the expectation theory） 這跟理性預期學派無關 	連續存二個一年期的定存，其報酬率等於一次存二年期定存，其公式如下。 $$（1+Rt,1）×（1+Rt+1,1）\\=（1+R2）^2 \cdots 〈10.1〉$$ R2 代表二年期（公債）利率 R1 代表一年期（公債）利率
50%	期限偏好理論 （preferred habitats theory） 由莫迪格安尼（Franco Modigliani）與舒齊（Richard Sutch）1966年提出	這跟凱恩斯的貨幣需求三動機中的變現力偏好理論（liquidity preference theory）的主張相近。
0%	市場區隔理論 （segmented-markets theory） 	**短期資金vs.長期資金** 短期資金供給者喜歡短期債券的市場（即債券價格）風險較低。 長期資金供給者喜歡長期債券有穩定收入。

壽險業喜歡長期債券
舉例來說，2012年2月8日，中央銀行標售三十年期公債350億元，得標利率1.823%，創下歷史新低，打敗日本的1.93%，是全球最低；壽險業搶得其中48.57%。

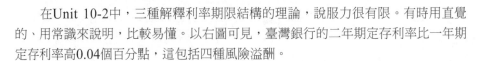

Unit **10-3**
利率期限結構的成因

在Unit 10-2中，三種解釋利率期限結構的理論，說服力很有限。有時用直覺的、用常識來說明，比較易懂。以右圖可見，臺灣銀行的二年期定存利率比一年期定存利率高0.04個百分點，這包括四種風險溢酬。

一、物價上漲的風險

「物價上漲是十之八九的事」，即十年內就有九年有物價「上漲」，偶爾一年碰到物價下跌。因此，存款人對二年期的定存利率總有物價上漲的疑慮，銀行只好以物價上漲風險溢酬來彌補存款人。

美國耶魯大學教授費雪（Irving Fisher），在1930年的費雪方程式中，其中一項為物價上漲率是用預期物價上漲來帶進去的。

二、變現力溢酬

二年期存款，存款人的錢要鎖住二年，比一年期定存期間更長，套用凱恩斯的「流動性偏好理論」，銀行必須給予二年期定存一點「變現力溢酬」（liquidity premium），如此才能補償二年期定存存款人的變現力損失。

三、違約風險溢酬

隨著存款期間變長，夜長夢多，銀行倒閉風險增加，銀行也得多付一點違約風險溢酬（default risk premium）給存款人。

四、租稅溢酬

少數情況下，租稅也會影響利率期限結構，例如：二年期定存每年認列利息收入，稅率「如果」高於一年期定存，那麼存款人會希望銀行多補償一些。

小博士解說
物價上漲溢酬

5、10年期公債的殖利率為反映投資人對物價上漲風險所希望的補償。

利率期限結構4個風險溢酬

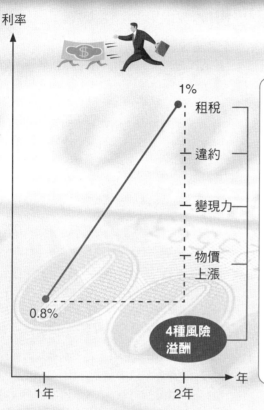

利率

1% — 租稅

— 違約

— 變現力

— 物價
上漲

0.8%

**4種風險
溢酬**

1年　　　2年　　年

理論

- 稅率對利率期限結構影響無著名的學者代表
- 銀行可能出現違約
- 1936年凱恩斯的流動性偏好理論

時：1930年
人：費雪（Irving Fisher,
　　1867～1947）
事：在《利息理論》（*The
　　Theory of Interest*）
　　書中，提出費雪方程式
　　名目利率＝實質利率＋
　　物價上漲率
　　$R = r + E(\dot{P})$

163

知識補充站

臺灣歷年實質利率

由下表可見，在10年內，實質利率負的情況占4年，其中有2年股價指數上漲。

| 定存利率、物價上漲率 | | | | | | | | | 單位：% |
項目＼年	2011	2012	2013	2014	2015	2016	2017	2018	2019	2020
(1)一年期定存利率	1.36	1.36	1.36	1.21	1.04	1.04	1.04	1.04	1.04	0.77
(2)消費者物價上漲率	1.42	1.76	0.79	1.2	0.3	1.39	0.62	1.35	0.56	0.5
(3)＝(1)－(2)實質利率	-0.06	-0.4	0.57	0.01	0.74	-0.35	0.42	-0.31	0.48	0.27
(4)股價年增率指數	25.9	-8.28	11.85	11.1	-0.37	-2.19	16.49	4.04	1.6	18.63

資料來源：中央銀行，中央銀行統計月報，第7、8頁，表1。

Unit 10-4
利率曲線型態

假設臺股指數8,500點，一個月期的股價期貨指數8,600點，此稱為股價期指出現正價差100點，意謂看好未來一個月的股價指數，因此才有人願意比現貨多付100點價格來買進。

這個期貨跟現貨價格間的價格走勢，常常是投資人用於判斷股票、商品（尤其是石油、黃金）價格未來價格走勢的依據。

一、利率曲線三種型態

就跟人的眉毛一樣，有可能上翹、平的、下垂，同樣的，利率曲線有可能跟「三一律」所說的，呈現右圖中三種型態：正斜率利率曲線、負斜率與平坦斜率。

二、景氣跟利率曲線型態

在Unit 10-3中說明利率期限結構的四種風險溢酬中最基本的是「物價」，一旦未來物價看跌，那麼長期利率可能低於短期利率，而呈現出右圖中二的「負斜率利率曲線」的特例。

右圖的優點便是把利率曲線的型態跟景氣結合在一起，而且是領先指標。

一般人比較容易看到景氣與利率間的關係，由右下圖可見，景氣好時，公司、家庭借款多，銀行提高定存利率，以多吸收資金，以供放款之用，2009年景氣衰退，存放利率只剩0.89%，可說很「微利」。2013年以後，景氣近乎停滯，存款利率在1.36%。

三、準確率八成

套用1965～2012年的美國經驗，公債殖利率，八次出現由正斜率轉為負斜率，七次中，最快五個月、最久二十一個月後，出現景氣衰退，即準確率87.5%。

美國聯準會都蠻相信這套說法的。

小博士解說
利率曲線型態

型態有三：

1. **正斜率**：為正常情況，表示市場看好未來景氣。

2. **平坦**：景氣衰退的警訊。

3. **負斜率**：為例外情況，表示市場看壞未來景氣。

景氣跟利率曲線型態

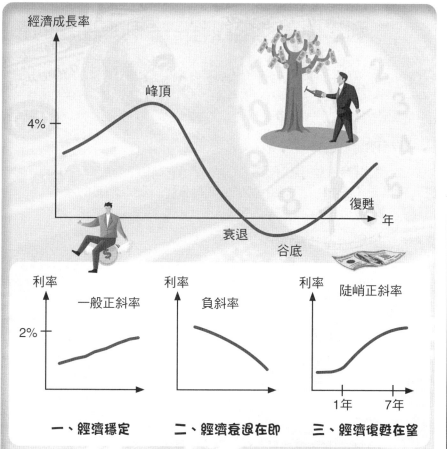

一、經濟穩定　　　二、經濟衰退在即　　　三、經濟復甦在望

景氣跟利率曲線相關

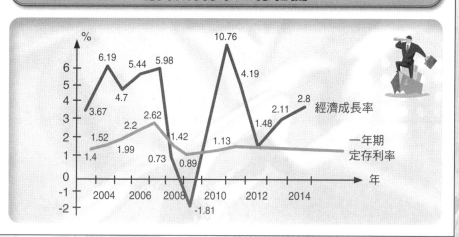

Unit 10-5
利率曲線進階課程──利率曲線的移動

利率曲線呈現「正」、「負」斜率與平坦，以及其轉向，這是結構的改變，但也有像微整形般的小改改，稱為利率曲線的移動。由右圖可見，分成三種情況，依出現頻率高低說明。

一、平行移動，占75%情況

由右圖一可見，當中央銀行調高利率一碼（0.25個百分點）時，以存款的利率期限結構來說，整條利率曲線由虛線向上平行移動（parallel shift）。

至於央行調低利率時，利率曲線向下平行移動，不再以圖說明。

二、斜率改變，占15%情況

利率「曲線改變」（slope change）情況較少碰到，情況之一是外資臨時大幅匯出，以致瞬間短期資金吃緊，短天期利率往上翹很多，但長期利率只有稍微動一下，詳見右圖二。

三、扭曲，占10%情況

利率曲線扭曲或呈S型情況較少見，以右圖三來說，利率曲線呈S型起狀，短期利率下跌、中期利率上漲、長期利率下跌。

166

小博士解說
利率對壽險業保單責任準備金的影響

壽險公司收取保費，約三分之一用於銀行定存、買債券，但由於利率低，利息收入少，但是承諾給保戶的理財利率高，因此壽險公司遭受「利差損」，這是壽險公司2005～2012年損失的主因。

2013年起，金管會保險局要求壽險公司全面調降保單責任準備金預定利率，下限由1.25%降到0.75%，即同樣保費的理賠金額降低了，或者說想達到同一保額，保費提高了。

這是利率對保費影響最具體情況。

利率曲線的移動

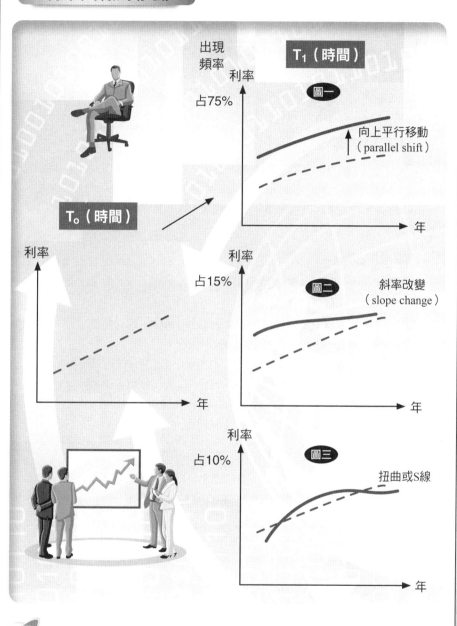

出現頻率

T_1（時間）

占75%

利率

圖一

向上平行移動
（parallel shift）

年

T_0（時間）

利率

利率

占15%

圖二

斜率改變
（slope change）

年

年

利率

占10%

圖三

扭曲或S線

年

167

知識補充站

經濟學中的T_0、T_1

T_0：本期，如果是「上一期」，指的是「去年」。

T_1：下一期，如果是「本期」，指的是「今年」。

Unit 10-6
利率的風險結構

圖解貨幣銀行學

「一分風險，一分報酬」這句俚語貼切的描寫利率風險結構（risk structure of interest rates），這個觀念可以由三個角度來了解。

一、利率風險結構

水果（例如：蓮霧、草莓）依大小、賣相，一斤的售價天差地遠。同樣的，在同一天期時，各種債信的公債，殖利率也不相同。

在Unit 4-8中，銀行把利率風險結構觀念，運用於決定不同債信等級的借款人的借款利率。

二、利率風險結構

由右圖可見利率風險結構，這是指同一個天期的債券，由於違約風險不同，因此其利率也不同。

由圖二可見，公債信用等級AAA，沒有違約風險，以一年期公債為例，其利率1%，可視為「無風險利率」（default-free rates）。

一年期信用等級A的公司債殖利率2%，因此，我們說A級公司債的違風險溢酬為1個百分點（2%－1%）。也就是公司發行公司債，須以較高利率才能說服投資人多冒一些風險來買。

同理，B級公司債殖利率6%，比公債殖利率高5個百分點。

三、利率「期間」vs.風險結構

利率期間結構跟利率風險結構這兩個觀念宜以兩個圖來說明，才容易了解。

1. 利率期間結構：利率期間結構是始在今天，在看同一信用等級（例如：公債）未來各天期的殖利率。

2. 利率風險結構：利率風險結構是站在今天去看，在同一天期（此例為一年期）各信用等級債券殖利率。

 小博士解說
違約風險溢酬小辭典

違約風險溢酬（default risk premium）可將英文字拆成下列說明：default（倒帳）：主要是指債務人違約（違反債權契約上還息還本的條款）；risk（風險）：遭受已知機率的損失；premium（溢酬或溢價）：指超過面額，例如股票面額10元，12元時溢價2元；default risk：違約風險；credit risk：信用風險。

default risk premium：違約風險溢酬＝A級公司債殖利率－AAA級公債殖利率

利率期間與風險結構

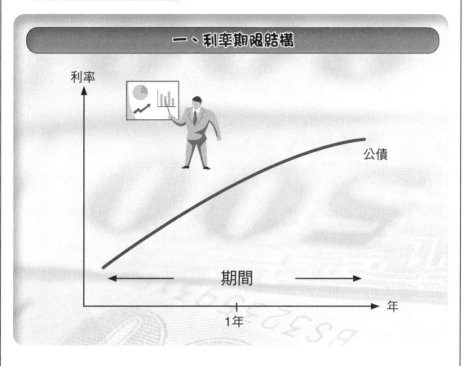

一、利率期限結構

利率

公債

← 期間 →

1年

年

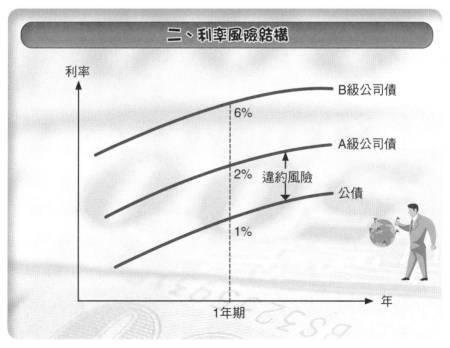

二、利率風險結構

利率

B級公司債

6%

A級公司債

2% 違約風險

公債

1%

1年期

年

第 **11** 章
貨幣政策導論

 章節體系架構

Unit 11-1
經濟政策有效與無效的爭辯——凱恩斯學派PK新古典學派

談到經濟政策，贊成那邊是凱恩斯學派，反對那邊最有名的是重貨幣數量學派（monetarisms），又稱芝加哥（大學）學派。

一、凱恩斯學派：經濟政策有效

1936～1960年代凱恩斯學派一直是主流的經濟學思潮，凱恩斯學派主張政府應透過財政和貨幣政策介入國家經濟事務。

二、新古典學派：經濟政策沒效

佛利曼的經濟學理論成形的緣起，是來自他對美國大蕭條時期羅斯福總統採用凱恩斯經濟理論的質疑。

簡單的說，經濟政策失靈的原因有二，說明如下。

1. 搬磚頭砸自己的腿：米爾頓‧佛利曼與安娜‧傑布森‧舒華茲1963年在《美國貨幣史：1867至1960年》一書中，他們主張經濟大蕭條是因為聯準會的處置「失當」所致。為了結束股市的投機熱，聯準會愚蠢地在1928年調升利率，在2009年10月引發股市大崩盤。聯準會又讓數以千計的銀行倒閉與緊縮貨幣供給。聯準會之所以如此，有部分原因是在於它認為應該允許體質疲弱的銀行倒閉。它同時也擔心低利率可能會導致外國人拋售美元，致使美元與黃金間的連動關係更為緊繃。

不過，持平而論，佛利曼此書只是「看圖說話」，當時還沒有電腦可運用計量經濟學來驗證變數間的因果關係。

2. 政府常弄巧成拙：佛利曼認為「從政者就如一般人一樣，不是天使」，也就是從政者也有私心私利（例如：連任），因此往往會採取錯誤的經濟政策。佛利曼則力主政府干預市場愈少愈好，一切應交由市場力量決定。

三、衡權vs.法則

以交通號誌燈的調整方式為例，凱恩斯學派比較像由交通警察來調整紅綠燈秒差，稱為權衡（discretion，來自「權衡」利弊得失），而新古典學派主張交給電腦設定，稱為「以法則代替權衡」（rule vs. disceation）。

學派	新凱恩斯學派（new keynesien）	重貨幣學派（moner tarism）	新古典學派（new classical school）
當紅時期	1933～1960年代	1970～1980年代	1990年代～2007年
代表性學者	托賓（Jame Tobin）	佛利曼（Milton Friedmen）	尤其是其支持理性預期學派盧卡斯（Robert Lucas Jr.）

經濟政策

項目 \ 主張	經濟政策有效	經濟政策無效
一、年	1936年起	1956年起
二、學者	凱恩斯	佛利曼等
三、學派	凱恩斯學派	新古典學派
四、理念	市場有缺陷，即市場失靈。 market failure	government failure 政府有缺陷，即政府失靈，因此必須尊重市場機制。
五、主張	權衡（政策）（discretionary policy） 以貨幣政策為例	以法則代替權衡 好而適當的總體經濟是把貨幣數量控制好，進而控制物價，以穩定經濟發展。

佛利曼（Milton Friedman）小檔案

出生：1912.7.31～2006.11.16，美國紐約市
曾任：芝加哥大學教授（1948～1977年）
學歷：哥倫比亞大學經濟博士
著作：《美國貨幣史：1867～1960》（1963年，與A. Schwartz合著）、《貨幣數量學說重述》等24本書
榮譽：1976年諾貝爾經濟學獎得主；跟史蒂格勒開展了芝加哥經濟學派

知識補充站

《美國貨幣史》的主要主張

二位作者檢視美國歷史上貨幣供給跟經濟活動的關聯，結論如下：貨幣供給一向是經濟活動起伏的關鍵因素，經濟大蕭條源自於一場普通的金融風暴，然由於聯準會的政策管理失當，加以緊縮貨幣政策，進一步惡化了這場風暴，最終演變成無法收拾的大蕭條。依據這樣的看法，當遇到嚴重的金融風暴時，央行自需要扮演重要的角色來緩和經濟可能的風險。

Unit **11-2**
央行維持中性時的央行功能——
兼論貨幣數量學派

　　針對中央銀行應該維持多少的貨幣供給量，貨幣數量學派的看法一百年來，一以貫之，而且還影響許多國家央行（例如：臺灣M2 2.5～6.5%、中國大陸8~13%）的每年M2成長率目標區。

一、貨幣數量學派

　　「貨幣數量學說」（the quantity theory of money）這個名詞採取自古典學派，探討貨幣數量如何影響商品總需求，進而影響物價和產出水準的一種學說。

　　1. 貨幣（money）：以通貨為主。

　　2. 數量（quantity）：數量指的是跟貨幣總數中相似觀念。

　　3. 學派（school）：這個字原意是指學校，例如重貨幣數量學派主要是芝加哥大學的一群志同道合經濟學者。

二、古典時代

　　凱恩斯把他之前的學者稱為古典「時代」，此時美英各有學者推出貨幣跟交易間的關係方程式。

　　1. 交易型——交易方程式：由美國經濟學者費雪（Irving Fisher）的交易方程式，詳見右表中〈11.1〉式，跟第三欄的劍橋方程式相比，從外觀來說，只有T（交易數量）、Y（國民生產毛額中的產出量）的差別。

　　在表中「本書評論」中，還可看出細微差異，例如：M是指M1A抑或M2，即貨幣的範圍。

　　在「推論」中可看出，在貨幣流通速度、交易數量固定情況下，增加貨幣一成會造成價格等幅度增加，因此物價上漲元凶是過多的貨幣供給。

　　2. 國民所得型——劍橋方程式：1917年，英國劍橋大學的兩位經濟學者馬歇爾（Alfred Marshall）、皮古（A. C. Pigou）推出所得型方程式，由於兩人在劍橋大學任教，所以此方程式又稱劍橋方程式（Cambridge equation）。

　　「長江後浪推前浪」，後面推出的理論一般涵蓋層面會比較廣，因此劍橋方程式使用率較高。

三、芝加哥學派

　　在1936年經歷過凱恩斯旋風後，古典學派勢衰，1956年，芝加哥（大學）學派佛利曼重振貨幣數量學派雄風，由右表可見，佛利曼的主張跟交易方程式精神較接近。強調央行只須維持M1A於「一定」範圍成長率便可，以維持經濟正常運作。至於「一定範圍」的原因在於有些金融創新的興衰，會影響貨幣的使用程度。

貨幣數量理論

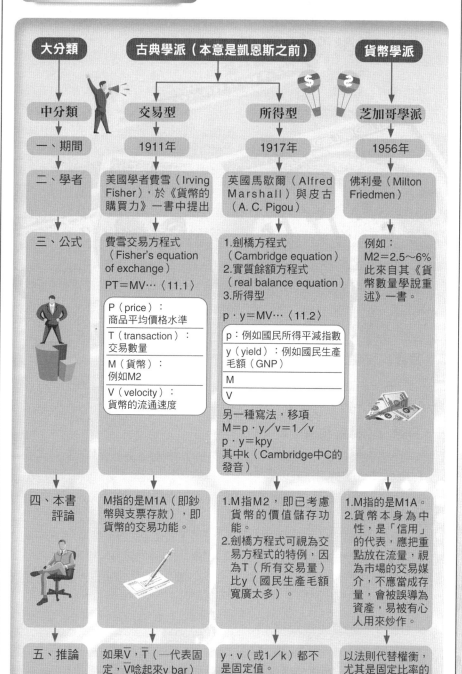

大分類	古典學派（本意是凱恩斯之前）		貨幣學派
中分類	交易型	所得型	芝加哥學派
一、期間	1911年	1917年	1956年
二、學者	美國學者費雪（Irving Fisher），於《貨幣的購買力》一書中提出	英國馬歇爾（Alfred Marshall）與皮古（A. C. Pigou）	佛利曼（Milton Friedmen）
三、公式	費雪交易方程式（Fisher's equation of exchange） $PT = MV \cdots \langle 11.1 \rangle$ P（price）：商品平均價格水準 T（transaction）：交易數量 M（貨幣）：例如M2 V（velocity）：貨幣的流通速度	1.劍橋方程式（Cambridge equation） 2.實質餘額方程式（real balance equation） 3.所得型 $p \cdot y = MV \cdots \langle 11.2 \rangle$ p：例如國民所得平減指數 y（yield）：例如國民生產毛額（GNP） M V 另一種寫法，移項 $M = p \cdot y / v = 1 / v$ $p \cdot y = kpy$ 其中k（Cambridge中C的發音）	例如： M2=2.5～6% 此來自其《貨幣數量學說重述》一書。
四、本書評論	M指的是M1A（即鈔幣與支票存款），即貨幣的交易功能。	1.M指M2，即已考慮貨幣的價值儲存功能。 2.劍橋方程式可視為交易方程式的特例，因為T（所有交易量）比y（國民生產毛額寬廣太多）。	1.M指的是M1A。 2.貨幣本身為中性，是「信用」的代表，應把重點放在流量，視為市場的交易媒介，不應當成存量，會被誤導為資產，易被有心人用來炒作。
五、推論	如果$\bar{V}$，$\bar{T}$（一代表固定，$\bar{V}$唸起來v bar）那麼物價水準跟貨幣數量同比例變動： $M\bar{V} = P\bar{T}$	$y \cdot v$（或$1/k$）都不是固定值。	以法則代替權衡，尤其是固定比率的法則（constant rule of money growth）。

Unit **11-3**
貨幣政策目標

　　政府透過貨幣政策（monetary policy）想達到四項目標，因此設立中央銀行，這就成為央行的經濟政策功能。

　　政府可透過政府支出、租稅等財政政策以達到經濟目標，第二種方法為貨幣政策，由中央銀行負責。

　　貨幣政策的目的依序有四，詳見右表說明。2006年2月6日，美國新任聯邦準備理事會主席柏南克發表就任後的首次演說。他表示「國會所交託給我們的重大使命是維持價格穩定，促進產出與就業的最高長期成長，並建立一個穩定而有效率的金融環境使所有美國人能公平受益。」一般認為柏南克首重物價穩定。

一、目標一：金融穩定

　　金融穩定指的是確保銀行不會出現像2007年美國的次級房貸風暴或2008年9月的金融海嘯，簡單的說，央行採取措施預防發生股市泡沫、房市泡沫，否則泡沫經濟出現，會使銀行業集體倒閉，有害經濟成長。

二、目標二：健全銀行經營

　　銀行提供資金給借款人，而且是家庭、公司重要的投資去路，影響廣大；因此政府應妥善管理銀行業，以維持銀行健全經營。

三、目標三：穩定物價

　　任何經濟政策有正反兩種方向，同樣存在加速與煞車兩種貨幣政策有其專業。

　　1. 寬鬆貨幣政策：跌價（即利率下跌）、量增（例如：M2增加），中央銀行採取此類的方式便稱為「寬鬆貨幣政策」，目的大抵為刺激景氣，即「反景氣循環」。

　　2. 緊縮性貨幣政策：在物價可能太高時，央行提高利率（例如：調高重貼現率），或提高存款準備率，以替經濟降溫，讓物價維持在政府目標範圍（例如：消費者的物價指數上漲2%以內），且經濟成長率4%左右，如同把飛機安穩著陸，此稱為軟著陸（soft landing）。

四、目標四：經濟成長目標

　　跟所有商品、其他因素市場不同，在整個借貸市場（或稱為廣義貨幣市場）中，由右表可見，在供需轉換機制中央行扮演調節角色。最重要的目的，在於表中最右邊，貸款戶（信用貨幣需求者）借了錢，企業拿去投資、家庭用於消費（如果把買房子也視為消費支出），那麼央行透過影響利率，便可以影響投資、消費意願，進而調節經濟景氣的冷暖。

貨幣政策目標

貨幣政策是指央行為經濟發展等目標採行調節貨幣供給量、利率為對象的一種政策，干預方式有利率政策與匯率政策兩種。

中央銀行的功能

央行目標	說明
一、金融穩定 	**1.預防房市、股市泡沫** →透過選擇性信用管制工具，以替房市（或股市）降溫，以免房市泡沫（housing bubble）形成，或形成金融風暴（financial storm），甚至金融海嘯（financial tsunami）。 **2.國內** →配合金管會銀行局，針對有擠兌之虞的銀行挹注資金，以免骨牌效應造成「系統性」（或全面性）的金融風暴。 **3.國際間** →針對跨國的熱錢移動，透過資金管制（俗稱資本管制），以免大水沖倒龍王廟。
二、健全銀行經營	銀行對實體經濟運作影響甚大，因此必須藉由各種方式（例如法定準備率）等方式以維持銀行健全經營。但主要由金管會銀行局負責，要求銀行遵守巴塞爾協定（2013年，Basel III）。
三、穩定幣值	這可分為對外、對內兩方面。
(一)對外幣值穩定 匯率穩定	維持匯率穩定。
(二)對內幣值穩定 穩定物價	穩定物價俗稱「物價上漲目標化」（inflation targeting），是中央銀行的天職，因為在刺激景氣方面，還有其他部會可負責，例如：租稅政策由財政部負責，擴大政府支出往往由經濟部、交通部（例如：造橋鋪路）負責。但是主要負責物價穩定的部會為中央銀行，因為中央銀行可以透過緊縮性貨幣政策來收縮消費、投資，以預防需求牽引型物價上漲。至於行政院公平會也有一些穩定物價的功能，主要是針對聯合漲價、意圖炒作（例如：囤積居奇）物價。
四、經濟成長	中央銀行對經濟成長的功能在於「反景氣循環」，即預期景氣變差，便採取寬鬆性貨幣政策；當擔心景氣過熱，便採取緊縮性貨幣政策替經濟降溫，其可採取的政策有下列兩類： **1.利率政策：**這是狹義的貨幣政策，也是本章的重點。 **2.匯率政策：**在固定、管理浮動匯率制度下，央行可以設定本國幣值低估，以達到「促進出口、壓抑進口」的目的，見Unit 11-4。

Unit 11-4
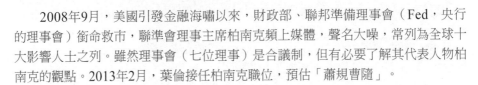

央行的物價上漲率目標——兼論美國聯準會的理念

2008年9月，美國引發金融海嘯以來，財政部、聯邦準備理事會（Fed，央行的理事會）銜命救市，聯準會理事主席柏南克頻上媒體，聲名大噪，常列為全球十大影響人士之列。雖然理事會（七位理事）是合議制，但有必要了解其代表人物柏南克的觀點。2013年2月，葉倫接任柏南克職位，預估「蕭規曹隨」。

一、央行的天職：維持物價穩定

在柏南克擔任學者及擔任聯準會理事的時代，就一直主張，設立一個明確的物價上漲目標，就是在聯準會制定貨幣政策時，事先對市場公布明確的目標值。當實際的物價上漲超過目標值（或區間）時，央行即採取升息的手段以平抑物價；反之，則可採取降息的政策以刺激經濟活動。根據2004年明尼亞波里斯市的聯邦準備銀行（十二家之一）與柏南克的訪談紀要，他認為這有四項優點，一是凝聚聯準會制定貨幣政策的共識及執行的連貫性；二是減少產出的波動性並穩定物價；三是有助於金融市場了解聯準會對於中長期物價水準的看法，作為長期資產定價的依據；四是加深市場對貨幣政策的可信度（此為理性預期學派的主張）。

二、貨幣政策透明度

1. 2011年3月起，每季記者會：2011年3月25日，聯準會宣布主席每年四次舉行記者會，時間在聯邦公開市場委員會（FOMC）會議之後，第一場在4月27日下午二點。聯準會在聲明中說：「導入定期性的記者會，旨在進一步強化聯準會溝通貨幣政策的明確性與及時性。」聯準會「基於確保職責及增加公眾了解，持續檢討溝通的方式。」柏南克主持這些記者會，討論相關的預測及「提供更多有關決策的脈絡」。

歐洲央行（ECB）及日本央行總裁均在例行決策會後舉行記者會，英國央行總裁每季發表談話，加拿大央行總裁也定期召開記者會。

2. 利率預測：2012年1月2日，聯準會公開市場操作委員會發布2011年12月13日的會議記錄，內容顯示從1月24日到25日的決策會議起，聯準會公布每季國內生產毛額（GDP）、失業率和物價上漲率的預測，也會一併公開預測何時將調升聯邦資金利率。

聯準會還將公布決策成員認定聯邦資金利率（即臺灣央行的短期融通利率）將至少維持到2013年年中以後，理由之一是失業率依然偏高，並提供有關聯準會資產負債表的「量化資訊」。此舉為柏南克提高貨幣政策透明度的努力立下重要里程碑，未來美國將師法紐西蘭、挪威和瑞典等國央行，揭開利率決策的神祕面紗。至於聯準會利率預測的相關功能，說明如右。

美國聯準會的基本主張

2020年9月美國聯準會的貨幣政策

日本：2020年9月16日
地：美國華盛頓特區
人：美國聯邦準備理事會的聯邦公關市場操作委員會
（FOMC，共10位）貨幣政策決議文

項　目	主　張
一、物價穩定 二、就業 三、金融穩定	委員會目標： 1. 就業最大化，一般認為在充分就業情況下失業率約4% 2. 長期物價上漲率2%以下 3. 聯邦基金利率目標區域0～0.25% 4. 量化寬鬆 　增加持有美國公債、機構抵押擔保證券（MbS）。以維持金融市場平穩運作，幫助營造寬鬆的金融環境，因而支持信用流向公司和家庭。 委員會參考資訊如下： 1. 公共衛生：尤其是新冠肺炎疫情，感染人數、死亡人數 2. 經濟：包括失業率、物價上漲率（含預期）、金融與國際形勢發展

179

Unit **11-5**
利率讓央行有用武之地——兼論貨幣政策傳遞過程

政府設立中央銀行，以執行貨幣政策，藉以達成經濟目標。其中央行有用武之地的前提是「央行可以操縱利率」，而這先從利率的重要性說起。

一、利率在經濟中的重要性

利率是重要的經濟因素，從消費、投資甚至匯率（匯率再影響出口、進口）無不受其影響。

央行可以經由影響銀行的利率去影響總需求、總供給，進而影響經濟成長率（含失業率）、物價。

(一) 利率的雙重角色

1.存款利率（Interest Rate of Deposit, Rd）：以宏達電董事長王雪紅為例，存款100億元乘上存款利率1.4%，存款利息收入1.4億元。

2.貸款利率（Interest Rate of Loan, Rℓ）：我家房屋貸款金額1,000萬元，乘上貸款利率2%，一年就得繳20萬元的貸款利息。

(二) 利大於弊

國民所得組成中，薪資所得占45%、利息所得占不到10%。因此，在「降息創造工作機會的正面效益，遠大於降息讓民眾利息縮水的負面效益」思維下，儘管每回降息，媒體在定存人士的悲歌上大作文章，但是央行依然立場堅定，正因為其深信「降息的確可以刺激經濟」。

二、政府有著力之處

中央銀行存在的基本功能在於貨幣發行（央行有個發行局），印多少金額主要是「金本位」的影子，例如：央行持有黃金值570億元，那就乘上4倍，最多能印2.3（實際上1.4）兆元的「通貨」（currency），即紙鈔加硬幣。由於央行有控制貨幣發行的權利，慢慢演進，便發現可以做的事愈來愈多，於是就扮演貨幣政策的主管機關角色。

三、調降利率拚經濟

既然利率能影響消費、投資，因此中央銀行透過操縱利率來為景氣升溫與降溫。右圖是調降利率拚經濟的預期效果和傳遞過程。

當一國面臨總需求不足、失業率攀升等問題時，央行常會採用擴張性貨幣政策（例如：降息、增加貨幣供給量），來刺激民眾消費、強化企業投資意願，進而增加就業機會。調降利率，不見得有效，但是如果不作的話，結局會更慘。

降利率這招棋，在微利（存款利率1%以下）時，因已無下降空間，此時凱恩斯稱為「流動性陷阱」（liquidity trap），調降利率已無用武之地。

調降利率的影響

層面	正面影響	負面影響
C（消費）	買耐久品、購屋靠分期付款，因利率降低，利息減少，因此家庭可能覺得「租（屋）不如買」，會增加購屋支出。	1.退休人士靠存款利息過活，生活恐難以為繼。 2.儲蓄險的保障收益率跟存款利率連動
I（固定資本形成）	負債金額（或負債比率＝負債／資產）較大的公司，受益於債息減少，因此稅後盈餘會增加，或是在同樣利息支出下多借一點錢，多投資。	壽險公司是以公債殖利率作為計算公式，算出明年責任準備金預定利率，例如2012年長年期從2.25%降到1.75%；6年期從1.25%降到1%。
G（政府支出）	同上	
X－M（出超）	依據Unit10-2右表的利率平價假說，臺幣存款利率下跌，美元存款不變，美元匯率升值，有利於臺灣出口、不利於進口。	
●股市　　　↑ ●匯市　　　貶值 ●貨幣供給　↑	1.上市公司因債息減少，每股盈餘上漲，股價跟著上升。 2.證金機構調降證券融資利率。當國外利率不變時，調降臺幣利率，有助於使美元匯率升值。	

（一、實體面中需求面　二、金融面）

181

調降利率拼經濟的傳遞過程

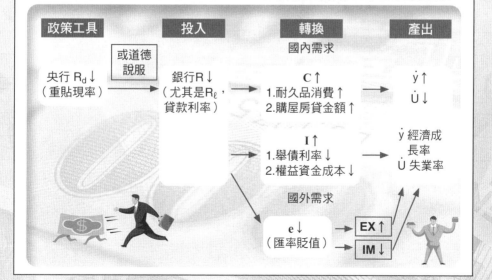

政策工具	投入	轉換	產出
央行 R_d↓ （重貼現率）	或道德說服 → 銀行R↓ （尤其是R_ℓ，貸款利率）	國內需求 **C↑** 1.耐久品消費↑ 2.購屋房貸金額↑	$\dot{y}$↑ $\dot{U}$↓
		I↑ 1.舉債利率↓ 2.權益資金成本↓	$\dot{y}$ 經濟成長率 $\dot{U}$ 失業率
		國外需求 **e↓** （匯率貶值）	EX↑ IM↓

Unit **11-6**
貨幣政策的主管部會——中央銀行

政府因事設立專職部門，由右表可見，針對貨幣政策（有狹義、廣義），設立中央銀行（Central Bank, CB）來負責。

一、中央銀行的名稱

1. 教科書的用詞：美日國家的利率、匯率政策由不同部會管理，因此美國教科書以「貨幣機構」、「貨幣當局」（monetary authority）來稱呼，但本書不如此處理，一律入鄉隨俗，在臺灣稱為中央銀行，因此逕稱為美國或日本中央銀行。

2. 臺灣：臺灣負責貨幣政策的部級單位是中央銀行，各國名稱略有差異，例如：中國大陸人民銀行（即中國大陸央行）。

3. 美日：貨幣政策涵蓋狹義與廣義（外加匯率政策），美國基於歷史緣故，美鈔是由財政部印行，所以匯率政策由財政部負責；聯邦準備理事會（Fed）只負責狹義的貨幣政策。1945年8月，二次世界大戰後，日本曾被美國占領，移植美國政府制度，所以日本的貨幣政策跟美國一樣由兩個部會負責。

二、貨幣政策決策機構

央行貨幣政策的決策大都採合議制，以免一人誤判；央行「理事會」，十一到十五席理事，但比較有名的人物是央行總裁彭淮南。美國聯邦準備銀行的決策單位稱為聯邦準備理事會，理事主席是葉倫，理事七名。中國大陸央行總裁的職稱是人民銀行「行長」。

三、央行對銀行業務的監理權力

至於銀行要是對央行貨幣政策遵循程度低，央行依序採取下列措施。

1. 約喝咖啡：請銀行業務負責主管（副總級）到央行進行約談，希望其「謹言慎行」（例如：不要對外發布匯率預測）。

2. 針對當事人處罰：要是銀行「言者諄諄，聽者藐藐」，央行會行文透過金管會要求銀行撤換業務負責主管。

3. 針對該項事務處罰：要是銀行撤換業務主管後，仍然一意孤行，央行有很多處罰工具，例如：暫停銀行外匯業務執照。到此階段，可用「敬酒不喝喝罰酒」來形容。

4. 銀行違規罰款：2011年央行法第38條修正，明訂央行金檢時，要是金融機構有隱匿、拒絕金檢、毀損相關財務資料、回覆不實、財務資料不全者，央行將依「中央銀行法第38條」予以罰款200~1,000萬元。值得一提的是，這是央行把罰款納入央行法，也強化央行金融檢查威力。

相關國家貨幣政策的主管部會

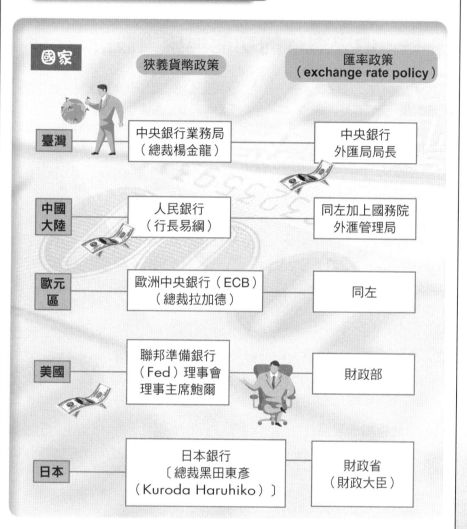

國家	狹義貨幣政策	匯率政策 （exchange rate policy）
臺灣	中央銀行業務局 （總裁楊金龍）	中央銀行 外匯局局長
中國 大陸	人民銀行 （行長易綱）	同左加上國務院 外滙管理局
歐元 區	歐洲中央銀行（ECB） （總裁拉加德）	同左
美國	聯邦準備銀行 （Fed）理事會 理事主席鮑爾	財政部
日本	日本銀行 〔總裁黑田東彥 （Kuroda Haruhiko）〕	財政省 （財政大臣）

 知識補充站

美國聯準會的鴿派與鷹派

報刊中在分析美國聯準會的政策走向時，常以理事中「鴿派」、「鷹派」的人數來分析哪一方占優勢，但究竟什麼是鴿派呢？

◎鴿派：這是主張央行主要目標是維持「物價穩定」，主要是來自學界的理事。

◎鷹派：這些理事主張央行應刺激經濟成長，主要是來自地區聯邦銀行的理事。

Unit **11-7**
中央銀行的功能與組織設計

　　以人類的臉功能來說，為了看東西，所以有眼，為了聞味道，所以有鼻子，為了聽聲音，所以有耳，嘴巴的功能是吃東西，皮膚的功能是感覺（冷熱）。

　　同樣的，人造的組織，為了發揮所設定的功能，會設立相關的部門。因此功能與組織設計宜畫在一個圖表上對照來看。

　　中央銀行有兩大類功能、六中類功能，底下一層一層說明之。

一、央行功能大分類：政策與業務功能

　　中央銀行有下列兩大類功能，說明如下。

　　1. 政策功能：政策功能是央行的經濟功能，至少有四項，在Unit 11-3中已詳細說明。

　　2. 業務功能：這是央行的基本功能，因此擺在右表的底部，就像金字塔一樣，最基本的功能是貨幣發行，由央行發行局負責，印鈔票的由「中央印製廠」負責，造硬幣的由「中央造幣廠」負責。

二、央行功能小分類

　　由右表第二欄可見央行功能的中分類，剛好兩大類旗下各有三中類，但表中有七中類，第一中類「貨幣政策的制定者」又是第一大類政策功能的角色總稱罷了！

三、功能與組織對照

　　各部會為了發揮其功能，會設立局處來負責，公司也一樣，因此功能與組織圖要畫在一個表上來看，就很有邏輯了。

　　此外，任何一個部會一定有相同的後勤單位（人事、財務、會計、資訊、總務），這些就不用記了。

　　以右表第三欄來說，央行的組織分成下列兩大層級。

　　1. 決策單位：央行理事會是貨幣政策的決策單位，這很像公司的董事會，不過，理事是由總統任命，央行總裁擔任理事會主席，類似公司董事會的董事長角色。實務上，匯率政策由央行總裁決定，即央行理事會只討論利率方面狹義貨幣政策。

　　央行理監事會議在每季最後一個月（即3、6、9、12月）的最後一週舉行，很少開臨時會，每次開會前，報刊大都會做個問卷調查，詢問銀行、證券公司對央行是否會對利率調整的看法。

　　2. 執行單位：央行的政策執行單位（或稱業務單位）共有四局（發行局、國庫局、業務局、外匯局）一處（金融業務檢查處），業務單位的最高主管是總裁，類似公司的董事長兼總經理。

中央銀行的功能與組織設計

大分類	中分類	央行負責局處
一、貨幣政策 (一)擴充版 (二)廣義貨幣政策加 　　狹義加匯率政策	貨幣政策制定者 銀行的監理者之一	理事會 金融業務檢查處

業務 ────➤ 外匯存底　　　　　　　外匯局
　　　　　　管理者

(三)狹義貨幣政策　　　　　　　　　　　　業務局
1.價格型

業務 ────➤ 銀行的銀行，
　　　　　　扮演「最後放款者」

2.數量型
3.信用型

二、基本功能		
(一)維持支付系統的 　　運作	類似清算銀行角色	業務局
(二)國家財庫收付	政府的銀行	國庫局
(三)貨幣發行	發行銀行	發行局

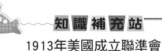

知識補充站

1913年美國成立聯準會

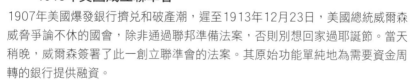

1907年美國爆發銀行擠兌和破產潮，遲至1913年12月23日，美國總統威爾森威脅爭論不休的國會，除非通過聯邦準備法案，否則別想回家過耶誕節。當天稍晚，威爾森簽署了此一創立聯準會的法案。其原始功能單純地為需要資金周轉的銀行提供融資。

這種被動式的任務型態隨著1932年羅斯福當選總統而改變，為了重建被大蕭條重創的經濟，羅斯福期待聯準會能夠主動一些，以其政策來主導全國信用環境。

1960年與70年代聯準會更為積極的尋求對經濟發揮影響力。聯準會認為透過利率的調整，可以讓美國達到充分就業的情況，於是不顧民間對物上漲預期心理升高，而持續採行信用寬鬆政策。

1970年代，因石油價格上漲，美國飽受物價上漲之苦，國會在1977年賦予聯準會兩項法定任務：維持物價穩定與充分就業。自此之後，其任務重心轉移到控制物價上漲。

Unit **11-8**
美中臺的中央銀行總裁

中央銀行貨幣政策的決策機制是理事會，總裁只是理事之一，可說是理事主席。由於總裁彭淮南能力強、績效佳，因此任期特長（1998～2018年），曝光率高，因此有必要了解其貨幣政策的想法。

一、貨幣政策的目標

彭淮南對貨幣政策中的各項目標皆有顧及，例如Unit 14-3中，透過選擇性信用管制，以抑制臺北都會區的房價狂飆。其發言便很有針對性，以加重市場人士的了解。

二、貨幣政策的局限性

彭淮南對貨幣政策的功能、幅度（節奏），其看法如下。

1. 貨幣政策有局限性：彭淮南認為，貨幣政策有局限性，因為利率不可能永無止境下降，貨幣政策必須配合財政政策，才能有效擴大內需、提振景氣。

2. 微調：2009年1月11日，彭淮南說：「我認為利率的調整應該要『即時』且『微調』，過度或太晚調整都有其弊端，太過激烈的貨幣政策可能會影響金融體系的穩定，也會擴大市場不必要的波動幅度。過於遲緩的政策調整，會使想達到的政策效果被拖延，不利經濟成長。這就是臺灣央行傾向以微調的方式改變利率政策的原因。」

三、匯率政策

彭淮南對匯率政策的基本態度如下。

1.匯率是市場決定的；

2.央行的任務在於維持匯率穩定，彭淮南對於匯率政策，最為人知的是「柳樹理論」，中心概念是「順勢而為」、「時間換空間」，降低匯率波動影響，要讓匯價如柳樹般搖擺，不要急升暴貶，衝擊公司的國際競爭優勢，也就是回歸到穩定為先的最高宗旨。

因此，不允許銀行預測臺幣匯率與炒作匯率，否則前者會遭央行「約喝咖啡」；後者會遭央行的逆向操作的懲罰。

 小博士解說

2009年全球金融雜誌的「A」級彭淮南

《全球金融》雜誌（*Global Finance*）每年一度的全球央行總裁評比（Central Banker Report Cards 2009）結果出爐，臺灣央行總裁彭淮南再度獲評選為「A」級，理由是：「信用危機災難當頭，唯有毫不退縮、絕不屈服的中央銀行總裁，能以優異的領導力及睿智，導引國家經濟活力再現，讓金融市場度過茫然無助，邁向開放且健全的發展。」該雜誌評比重點有兩項，一是維持物價穩定，二是協助經濟發展。

美中臺中央銀行總裁學經歷

地	臺灣	中國大陸	美國
人	楊金龍	易綱	鮑爾（Jorome Powell）
中央銀行	中央銀行	人民銀行	聯邦準備理事會
就任	2018年2月26日	2018年3月19日	2018年2月5日
出生	1953年	1958年3月5日	1953年2月4日
經歷	中央銀行副總裁、業務局局長、外匯局襄理、經濟研究處研究員	1997年加入人民銀行，歷任副司長、司長、行長助理、外匯管理局長（2009年～2016年1月12日）、中央財經領導小組辦公室副主任，北京大學教授，美國的大學教授	財政部金融次長、紐約市華爾街Severn Capital Partners董事長（創辦人之一）、口投資公司會夥人、執業律師
身分	英國伯明罕大學經濟博士（1989年）	美國伊利諾大學香檳分校經濟博士（1986年）	美國華盛頓特定喬治城大學法律博士

Unit 11-9
貨幣政策工具

　　用筷子夾菜、用湯匙喝湯、用刀子切牛排，各種食具的功能在於方便我們吃不同的食物。同樣的，碰到不同問題、情況，中央銀行會選擇適用的貨幣政策工具（兩種以上稱為工具組合）。

一、分類

　　分類的作用在於執簡御繁，貨幣政策工具的分類可分兩層，說明如下。

(一) 第一層（大分類）

　　由右表可見，貨幣政策工具可分為三大類。

1.「價」：價格類工具（或稱為價格管制）。

2.「量」：數量類工具（或稱為數量管制）。

3.「信用」：信用類工具，有些書用「品質」一詞，但央行不採用此名詞。

(二) 第二層（中分類）

　　到了第二層、中分類的分類，三大類大抵可以細分為八中類。以價格類工具來說，可分兩中類：買斷交易（即重貼現）與央行貸款給銀行（即融通），「融通」又可分兩小類，詳見Unit 9-6。

二、影響範圍

　　各種貨幣工具影響範圍大（價、量類工具）、小（信用類工具）不同，甚至生效速度也有快慢之別，這些都會影響貨幣政策工具的組合（即配套），以截長補短的達到貨幣政策目標。

三、適用時機

　　由名稱可見，其影響的對象不同。價格類工具主要想影響市場利率，數量類工具影響資金供給（俗稱印鈔票），信用類工具項一如標靶療法，只針對特定身體區域投藥，因此影響對象非常明確。各種工具間沒有優點、缺點之分，只有適用時機之別。

小博士解說
宋鴻兵的《貨幣戰爭》

中國大陸人士宋鴻兵2007年來所寫的《貨幣戰爭》系統叢書（至少五本）有系統的分析全球銀行業，銀行人士對全球經濟的影響，例如：美國獨立戰爭、南北戰爭、第一及第二次世界大戰、全球經濟大蕭條、石油危機，全都是國際銀行人士在幕後操控？為什麼華爾街創業投資公司會選中德國希特勒作為「投資」對象？

貨幣政策工具的分類

分類	貨幣政策工具	舉例說明
一、價： 價格類工具 	1.重貼現率 2.融通 (1)擔保放款融通利率 (2)短期融通利率 	自2010年5月以來，央行已五度調升重貼現率，由1.25%上升至1.875%。央行總裁彭淮南指出，調升利率有助抑制物價上漲預期心理，央行會運用一切貨幣工具，維持物價穩定。他暗示將增加央行定存單的發行量、持續沖銷市場游資，妥善控管貨幣數量。
二、量： 數量類工具	1.法定準備率 	銀行吸收100億元的定期存款（舉例），必須依4%的比率提存到央行。央行透過法定準備率（可視為汽車煞車）以控制銀行可貸資金數量。
	2.公開市場操作（OMO） 3.非典型數量類工具	央行業務局透過標售轉讓定期存單（NCD），以控制銀行體系的可貸資金數量於央行的貨幣供給目標範圍。
三、信用： 信用類工具	1.信用管制 2.間接管制 3.直接管制	詳見Unit 14-4右表

知識補充站
中國大陸人民銀行行長

中國大陸的中央銀行稱為人民銀行，行長是周小川，2013年3月，第五代領導人上臺，周小川留任（2002年12月上任，2018年3月卸任），足見周小川的貢獻卓著，媒體稱其為「人民幣先生」。

第 12 章

價格型貨幣政策工具——重貼現率

章節體系架構 ▼

Unit 12-1
價格型貨幣政策工具

在討論中央銀行採取價格型貨幣政策工具,以影響銀行利率水準之前,有必要先說明銀行的負債管理。

一、銀行的負債管理

銀行的負債管理(debt management)主要目標有二:「價」、「量」,銀行希望存款資金成本控制在一定水準(例如:存款利率0.8%),另一方面,也希望存款量達一定目標(例如放存款比率75%,當放款750億元時,存款至少要有1,000億元)。

尤其是當銀行資金不足時,先會擴大負債資金來源,由右圖可見,依所需資金期間由極短到短期,依序為向同業借(即同業拆款市場)、向中央銀行短期融通(這是本章主軸),最後吸收短天期存款。

二、央行是銀行中的銀行

中央銀行的角色是「銀行的銀行」(bank of banks),白話的說,公司、家庭缺資金,向銀行借款;但如果全體銀行資金短期很緊,只好向央行去借。因此在所有銀行「公司」中,央行扮演銀行角色,或稱為「最後貸放者」(the lender of last resort)。

由於央行有義務支援銀行,因此央行便利用此點,乘機以短期融通的工具作為央行價格類貨幣政策工具。

三、適用時機

價格類貨幣政策工具適用於「正常」利率水準(放款利率2%以上)與銀行缺資金時,此時利率還有調整空間。

1. 寬鬆貨幣政策:當想刺激景氣時,如右圖所示,央行降低重貼現率。

2. 緊縮性貨幣政策:當想給景氣降溫(例如:經濟成長率由5%降為4%,或物價由3%降至2%),此時採取緊縮性貨幣政策。

四、價格類政策工具

銀行向央行融通的方式有重貼現(rediscount)和融通兩種,由2013年本國資產負債表可見,對「金融機構負債」中第一項「對中央銀行負債」(全部是「融通」)約1,000億元,占銀行總資產0.28%,而且「融通」的目的也是為了繳法定準備金。

銀行負債管理

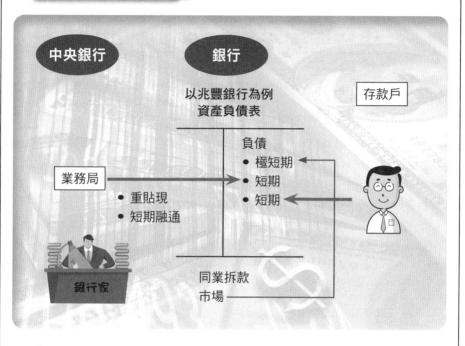

 知識補充站

美國銀行家數

1934年起,美國聯邦存款公司(FDIC)開始統計銀行家數,在1984年到2011年之間,美國有1萬家銀行(主要是一市一鎮的社區銀行)退場,歸因於合併、整併或倒閉,而倒閉占了約17%。迄2013年只剩6,900家。

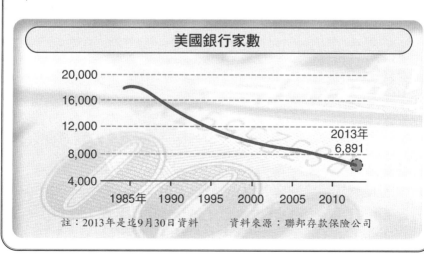

美國銀行家數

註:2013年是迄9月30日資料　　資料來源:聯邦存款保險公司

Unit 12-2
央行對銀行的短期融通

在銀行正常營運期間，一旦缺錢，其中融資管道之一是向央行短期融通。

一、短期融通的用途

銀行向央行融資時已是「走頭無路」，因為會讓央行「看破手腳」，也就是銀行的流動管理做的很差。

因此，銀行只有到迫不得已時才會向央行融通，央行訂的融通時機也很狹窄，即「因存款人異常提領所致的緊急資金需求」。

總的來說，從銀行、央行資產負債表來看，銀行向央行融通金額極低，一年只有18億元（例如：2007年），2009年起，由於銀行「錢滿為患」，甚至沒有成交。

簡單的說，央行短期融通利率的增減，象徵意義為主，不足以影響銀行的資金成本。

二、融資方式

由右表可見，如同銀行對客戶的短期融通方式，央行對銀行的融資方式有二，依利率水準，由低往高依序說明。

1. 票據買斷（即重貼現）：這是央行對某銀行做貼現，稱為「重貼現」，詳見Unit 12-3、12-4。

2. 短期融通：融通（accommodation，又稱facility，指資金借貸），依有無擔保品，分為「擔保（放款）融通」、「無擔保（放款）融通」兩種。

央行這兩種融資方式的利率合稱「中央銀行利率」（central bank rates），這名詞較少用，在右表中第二欄可見其名稱。

三、期限與合格抵押品

所有融資都是短期的，由右表第四欄可見，針對融通、重貼現，央行都有期限上限，簡單的說，央行對銀行是「救急」，不是「救窮」。要是銀行長期缺錢，應該從負債、權益或資產管理面切入。

銀行持合格票據向央行申請重貼現，或持合格抵押品向央行申請擔保融通，這兩種融資方式的共通處皆有「合格」一項性質，在右表中，有明確定義。

四、美國的聯邦資金利率

在美國，12個地區性聯邦準備銀行跟區內銀行，共同建立「聯邦資金市場（federal fund markets），比較像臺灣的金融同業拆款中心（1980年4月成立）。其利率稱為聯邦資金利率（federal funds rate）。

央行對銀行的2種融通方式

		中央銀行利率 （central bank rates）	合格票據	天期上限
				中央銀行法第19條
一、融通利率	(一)無擔保 （放款）融通	3.375% 抵押融通利率1.5倍	無	10天 主要用於繳 「法定準備」
	(二)擔保 （放款）融通	2.25% 擔保放款融通利率 （interest rate on accommodation with collateral）	合格擔保品： 1.央行同意的 　證券 2.存款準備金 　乙戶（即類 　似法定準備 　的定存）	360天
二、重貼現		1.875% （重貼現率，discount rate）	合格票據有兩 種： 1.交易型的有 　下列三種： ・商業本票 　（即CP1） ・商業承兌匯 　票 ・銀行承兌匯 　票 2.附國庫券及 　公債為擔保 　品的本票	1.工商（業） 　票據90天 2.農業票據 　180天

但皆以票據到
期日為準。

央行擔保放款融通利率

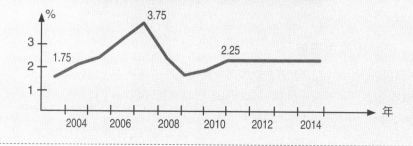

Unit 12-3
貼現

銀行拿合格票據向央行進行「重貼現」，以取得資金來應急。但問題來了，什麼是「票據貼現」，本單元回答這問題。

圖解貨幣銀行學

一、從英文名詞了解

票據「貼現」（discount）這個英文字是用生活用詞，這個字在商店的店面廣告中很常見，例如：20% discount，即減價二成，俗稱打八折。

二、從中文名詞了解

在票據方面，稱為「貼現」，貼現是「貼換成現金」的簡稱，如同「通識」是「普通常識」的簡稱一樣。

三、票據貼現的計算公式

鎖匠靠一把萬能鑰匙可以打開99%的鎖，同樣的，筆者認為本利和公式（右圖中的〈12.1〉式）可說是「財務管理」課程中的萬能鑰匙，絕大部分計算報酬率的公式都是源自此。

當然也包括「貼現」，「貼現」在財務管理、貨幣銀行學中的「貨幣時間價值」此課題中，指的是「現值」（present value）。

簡單的以〈12.3〉式下的數字例子來說，5月1日，台積電拿到一張6月1日到期聯發科技公司開立的支票，票面金額100萬元（可視為本利和或終值，即〈12.1〉式中的P_1）。

台積電缺錢，拿這張客戶開的支票（簡稱客票），賣給臺灣銀行，銀行以1.2%的貼現利率買斷此客票，扣掉1,019元利息錢，給台積電998,981元。

對台積電來說，這張31天期支票等於打折賣給臺銀，所以用discount這個字。

對銀行來說，臺灣銀行對台積電承作100萬元的客票貼現，這100萬元客票在票據到期收到款這一段期間，臺銀把其視為台積電信用額度的使用。簡單的說，如果臺銀給台積電100億元的信用額度，這100萬元的貼現要從中扣除，即只剩下99.99億元信用額度可動用。

四、已知終值求現值

實務人士用〈12.3〉式來計算票據貼現金額，但本質上這只是把〈12.2〉式轉換處理罷了，以求方便計算。本質上是已知終值（或稱「未來值」）、利率、期間、求現值（現在的價值）問題。

遠期支票貼現的計算方式

本利和的公式

$$P_0(1+R \frac{T}{365})=P_1 \quad \cdots\cdots\cdots\cdots\cdots\cdots\cdots\cdots \langle 12.1 \rangle$$

P_0＝本金，在「財務管理」

R ＝利率，中有現值（present value）的意義

T ＝期間

P_1＝本利和，在「財務管理」等課程，稱為「未來值」
　　（final value，或「終值」）

由此可以推導出折現的公式，有下列兩種型式：

1.除法

$$P_0=\frac{P_1}{(1+R \frac{T}{365})} \quad \cdots\cdots\cdots\cdots\cdots\cdots\cdots \langle 12.2 \rangle$$

2.減法

$$P_1(1-R \frac{T}{365})=P_2 \quad \cdots\cdots\cdots\cdots\cdots\cdots\cdots \langle 12.3 \rangle$$

数字例子
100萬元（$1-1.2\% \frac{31}{365}$）=998,981元

即折現利息1,019元

Unit 12-4
重貼現

有了Unit 12-3貼現的基本知識後，再來看銀行向央行進行票據重貼現就很簡單了。

一、「重」貼現的字面涵意

「貼現」跟「重貼現」又有一字之差，「重」是指「重複」的意思，也可說是第二次的意思。

二、重貼現的實例

在右圖即是客票貼現、重貼現的過程，說明如下。

1. 第一步：台積電向臺銀貼現。

台積電公司缺錢，拿著客戶（例如聯發科）所開的一個月期支票（簡稱客票）100萬元向臺銀竹科分行要求「貼換成現金」（簡稱貼現）。臺銀向台積電收1.2%的墊款利率，因此給台積電998,981元。

2. 第二步：臺銀向央行「重」貼現。

假設臺銀手上沒現金，在央行重貼現率1.875%情況下，立刻拿著台積電拿來貼現的客戶支票，向銀行貼換成981,595元現金。

這張聯發科所開立的支票第二次被用來貼現，因此稱為重貼現。

由右圖可見，全臺蔬菜最大產地雲林縣，其果菜市場有各縣市的果菜公司來批貨，以臺北市來說，菜販到濱江、西藏路批發市場批貨，回到各傳統市場去販售。同樣的，中央銀行、銀行、各地分行也跟上述一樣，可見就近取譬比較容易了解陌生的事情。

小博士解說
銀行「貼現」業務金額

銀行「貼現」業務屬於應收帳款買斷（factoring）業務之一，金額奇低，2005年全體銀行承作5.92億元（占放款0.0037%），2013年金額0.56億元（占放款0.0000026%）。簡單的說，縱使銀行有意向央行進行「重貼現」，但手上卻沒工具可用，這是央行「重貼現」業績持續掛零的客觀原因。

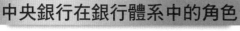

中央銀行在銀行體系中的角色

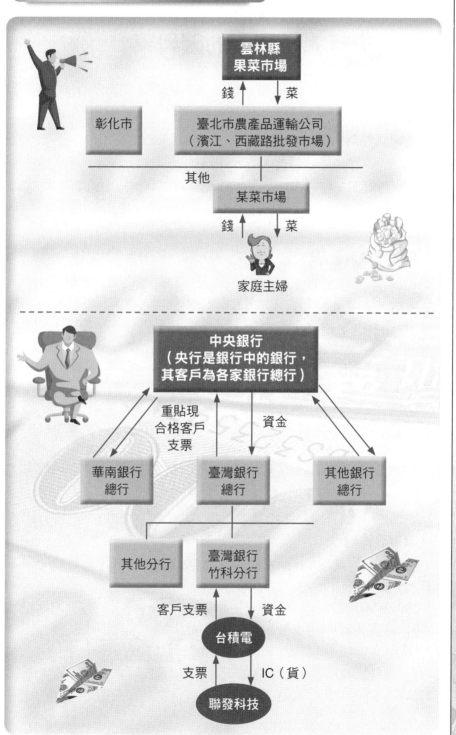

**雲林縣
果菜市場**

錢 ↑　↓ 菜

彰化市　　**臺北市農產品運輸公司
（濱江、西藏路批發市場）**

其他

某菜市場

錢 ↑　↓ 菜

家庭主婦

**中央銀行
（央行是銀行中的銀行，
其客戶為各家銀行總行）**

重貼現
合格客戶
支票　　　資金

**華南銀行
總行**　　　**臺灣銀行
總行**　　　**其他銀行
總行**

其他分行　　　**臺灣銀行
竹科分行**

客戶支票　　　資金

台積電

支票　　　IC（貨）

聯發科技

Unit **12-5**
央行重貼現率的因與果

重貼現率有如經濟的油門與倒車檔，但如果碰到兩難情況時，比較容易看出孰重孰輕，而這可分成下列三種情況來分析。

一、景氣過熱時

由右圖上、下可見，央行重貼現率利率跟物價上漲、經濟成長皆正相關；簡單的說，央行使用重貼現率工具以作為「反景氣循環工具」。由右上圖可見，在十年內，只有九年重貼現率皆高於物價上漲率（只有2008年全球金融危機例外），維持正利率差的態度很明確。

二、停滯性物價上漲時

但是遇到「停滯性物價上漲」（stagflation）時，最容易判斷央行究竟以「降物價」、「拚經濟（成長率）」何者為重？2007年時，物價上漲率1.8%，瀕臨央行物價目標區（2%以下），央行數次調高重貼率，由2006年2.75%至3.375%，下重手以維持物價穩定。

美國因2007年的次級房貸風暴以致經濟趨緩，2008年9月又爆發金融海嘯，經濟雪上加霜，連帶拖累臺灣經濟成長率只剩0.73%。但由於國際原油市場受人炒作，7月時一桶原油價格狂飆至145美元，臺灣農產品（以卡路里為準）68%靠進口（主要是美國），麵粉、沙拉油（黃豆、玉米提煉）價格大漲，臺灣遭遇輸入型物價上漲，達3.52%。臺灣陷入「停滯性物價上漲」（disflation）窘境。

央行在2008年調降重貼現率，由2003年3.375%到2%，看似「不顧物價，只拚經濟」，但這只是表面。根據央行的研究，緊縮性貨幣政策對成本推動型物價上漲的降溫，效果極有限，必須從擴大供給著手。

三、景氣衰退時

由右圖一、二可見，2008年央行七次調降重貼現率到2%，可見「拚經濟」是首要之處。

2009年時，故事再重演，只是經濟成長率-1.81%，物價上漲率-0.86%，央行調降重貼現率至1.25%。

物價上漲率（$\dot{P}$）與重貼現率（R_{rd}）

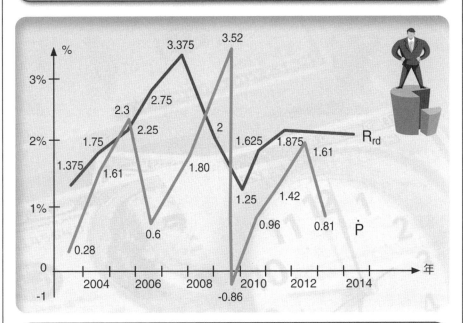

經濟成長率（$\dot{y}$）與重貼現率（R_{rd}）

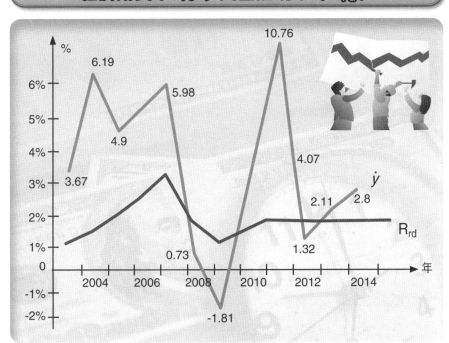

第 13 章

數量類貨幣政策工具

● 章節體系架構 ▼

Unit **13-1**
數量型貨幣政策適用時機

　　數量型貨幣政策比起價格型貨幣政策更具有兩大特色，即央行主動、可以不動利率水準。

一、數量型貨幣政策的功用

　　數量型貨幣政策有兩大功用，說明如下。

　　1. 衝著資金數量而來：許多情況下，央行收縮銀行閒置資金，目的是不動利率水準情況下，控制資金數量。

　　2. 以量制價：有些情況下，以量制價，收縮銀行資金到一定程度，會拉動利率往上走。

二、數量型貨幣政策工具的種類

　　數量型貨幣政策工具依據其影響幅度、期間大抵可分為下列三種。

　　1. 長效型工具——法定準備率：央行可藉由法定準備率的調整，以影響銀行創造存款貨幣的能力，以進而達到控制資金供給量的目的。當央行提高法定準備率時，貨幣乘數將會變小，表示資金供給量會減少；反之，降低法定準備率會增加（貸款）供給量。

　　2. 短效性工具——公開市場操作：公開市場操作是指央行藉由在公開（註：公開的意思跟公開招標的公開一樣）市場買進（或賣出）票券的方式，以增加（或減少）銀行體系的存款準備金，可以達到提高（或降低）貨幣的供給量。「票券」包括政府發行或保證的債券、一般銀行發行的金融債券和承兌或保證的票據，以及央行發行的轉讓定期存單（即央行NCD）、儲蓄券或短期債券。

　　3. 非傳統貨幣政策工具：中華郵政公司儲金約5兆元全部轉存央行，央行再提撥轉存其他銀行。所以央行手上資金雄厚，央行從1999年迄2006年，央行提撥1.5兆元，以供低利房屋貸款之用，以刺激房地產景氣，進而以此作為帶動內需、景氣復甦的火車頭之一。跟「非」典型肺炎的命名一樣，由於低利房貸不屬於傳統貨幣政策工具，所以稱為非傳統貨幣政策工具。

三、適用時機

　　各種工具都有其適用狀況，詳見右表，以美容來舉例說明如下。

　　1. 公開市場操作：這比較像微整型，可以隨時做，且面積很小，以玻尿酸、肉毒桿菌等方式來說，有效期間短（6個月），屆時還要再做才會維持效果。

　　2. 法定準備政策：這比較像手術型的整型，面積較大，手術費用較高，有效期較長。

兩種數量類貨幣政策適用時機

優勢＼政策工具	公開市場操作（Open Market Operation, OMO）	法定準備金（Required Reserve Ratio, PR）
一、價格　(一)利率訊號	尤其是央行採取固定利率標售定存單時。	
(二)央行利息負擔		詳見Unit 13-2右下表。
二、量　(一)大量	例如：1,000億元詳見Unit 13-5。	縱使法定準備率只變動半碼（0.125%），影響金額約3,375億元。
(二)小量	可以小量（例如30億元）操作。	

> **說明**
> 法定準備金是衝著「存款」來的，有些銀行會找巧門，例如發行金融債券就閃掉了。

三、信用　(一)塑造預期心理	投資人不易區分央行的操作動作是動態操作抑或防禦性操作，詳見Unit 13-4右表。	
四、時　(一)彈性	隨時可進行。	

知識補充站

中國大陸「錢荒」

2010年4月起，中國大陸國務院等為了壓制房價狂飆，多管齊下，其中人民銀行對每年新增貸款金額上限大抵在人民幣8.2兆元，且法定準備金率21%，以壓抑炒房資金。其負作用是銀行進行信用分配，中小企業較難獲得信用、貸款，稱為「錢荒」，2013年6月起逐漸嚴重，銀行間拆款利率飆高到8%，迄2014年，問題依然嚴重。

Unit **13-2**
法定準備率

　　資金行情是股票市場主要動力之一，影響資金多寡的最主要貨幣政策便是法定準備金政策（reserve requirement policy）。

一、法定準備金政策

　　銀行在吸收存款後，針對其中一部分（平均約5.7%）依法強迫繳交給央行，此稱為繳交存款的法定準備金（required reserve或legal requirements），其流程詳見右上圖。

　　央行扣住銀行存款的一部分，其目的至少有二，一是原始功能，即變相的存款保險、放款準備；一是其衍生功能，也就是貨幣政策工具。詳見右表中第二列「存準的功能」。

二、存款準備率的運作細節

　　全臺灣處理存款準備金繳交的人約4,200人，約占全臺人口0.017%，即銀行各分行會計、總行財務部，因此本書針對存款準備金的繳交細節只能點到為止，餘詳見右表說明。

三、存準率的效果

　　然而，以股市投資人800萬戶來說，則極關心存準率的升降，因為影響資金供給量（M2）甚大。下列是常見的分析方式。

> 存準率變動對資金供給的影響＝存款×存準率變動×貨幣乘數

　　以2020年舉例，假設存準率平均提高1個百分點，對資金影響如下：39.585兆元×1%×1.78倍＝5,340億元（近5,300億元）。

小博士解說

存款準備金相關數字（以2021年為例）

(1)實際準備 　（actual reserves）	2.213兆元
(2)應提準備 　（required reserves）	2.153兆元 存款×法定準備率＝39.585兆元×5.58%
(3)＝(1)－(2) 　超額準備 　（excess reserves）	0.06兆元

資料來源：中央銀行統計月報，表13準備金與流動準備，第69-70頁。

法定準備金的提列與功能

銀行提列存款準備金流程

中央銀行業務局 ← 法定準備金5萬元 ── 臺灣銀行總行 ← 記帳 ── 臺灣銀行新店分行 ← 存款100萬元 ── 宏達電 王雪紅

法定準備金

5W2H	說明

一 功能（why）

1. 原始功能
→變相的存款保險、放款準備，詳見Unit 9-7右表。
2. 衍生功能
→貨幣政策工具，即收（縮）放（鬆）銀根。

二 準備金存款（what）與比率（how much），0～19.75%

法定準備率（required reserve ratios）

存款種類	貨幣總數
支票存款	M1A
活期存款	同上
活期儲蓄	M1B
外幣存款	
外幣活存	
外幣定存	
定期存款	M2之準
定期儲蓄存款	貨幣部分

另計算出（加權平均）準備率
庫存現金、存放其他銀行加上應提準備轉存央行

三 準備金範圍（which）

	利率	占準備比重	類比
準備金甲戶	0%	25%	流動性準備 支票存款
準備金乙戶	2%	60%	定期存款

四 何時繳（when）

3月 計算期
4月
3日 應提期

Unit 13-3
法定準備率水準

　　法定準備率是最強力的貨幣政策工具，跟銀行對存款的分類方式一樣，央行對各類存款的法定準備率也不相同，本單元詳細說明之。

一、法定準備率

　　法定準備率這名詞可以分解成下列基本字來了解。

　　1. 法定（required）：依央行發布的「銀行存款準備金及查核辦法」的規定，銀行的存款均受此規範。

　　2. 準備（reserve）：這個字在公司損益表上常見，主要是備抵呆帳準備。

　　3. 率（ratios）：「比率」，是二數相除的結果，尤其分子小於分母時。

二、法定準備率的水準

　　在Unit 8-4中曾說明存款分類方式，在該右圖的基礎上，我們在Y軸標上存款準備率，由本單元右圖你可以容易看出下列關係。

　　1. 活期存款高於定期存款：活期存款的性質是存款人隨時可以提款（包括全年無休的從自動提款機中領，每天最多10萬元），連銀行自己在做流動管理（詳見Unit 9-7）時，針對活存都會自願的提列比較高比率的流動比率。同樣的，央行對銀行的要求也一樣，以公司活存最戲劇化，活存法定準備率9.775%，而定存法定準備率只需5%。

　　2. 一般存款高於儲蓄存款：同樣是一年期存款，公司的定期存款中途解約的機率高於自然人的儲蓄存款，因此定期存款的法定準備率（5%）高於定期儲蓄存款法定準備率（4%）。

　　由Unit 13-2可見，加權平均的法定準備率5.58%。

　　公司基於資金調度等理由，經常會中途解約，因此，縱使央行沒有法定準備率的規定，銀行針對定存也會提列較高的流動準備。

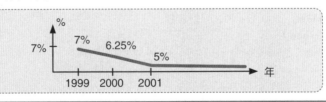

小博士解說

法定準備率2001年以來不動如山

法定準備率從2001年以來固定不動（附圖是以定期存款為例），反映出央行不再以此作為貨幣政策工具。

法定準備率的水準

（2001年10月4日迄今未改變）

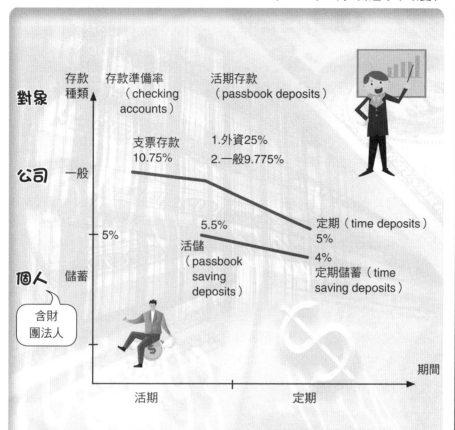

對象	存款種類	存款準備率（checking accounts）	活期存款（passbook deposits）

公司　一般　　支票存款 10.75%　　1.外資25%　2.一般9.775%

5%　　　5.5%　　　定期（time deposits）5%

活儲（passbook saving deposits）　4%

個人　儲蓄　　　　　　　　　　　定期儲蓄（time saving deposits）

含財團法人

期間

活期　　　　　定期

209

知識補充站

人口老化減弱央行的影響力

時：2018年12月

地：臺灣臺北市

人：蔡釗旻，中央銀行經濟研究處辦事員

事：發表〈存款準備金與央行定存單對銀行放款之影響〉，約54頁

Unit **13-4**
公開市場操作

公開市場操作（open market operation，但央行用 open market transaction）是央行微幅調整銀行資金的一種方式，常用於輔助存款準備金政策的不足。

一、公開市場操作的涵意

諾基亞的手機廣告詞「科技始終來自人性」，同樣的「專業來自生活」，大部分專有名詞借自生活用詞，以「公開市場操作」為例，可以拆解成下列三個名詞來了解。

1.公開（open）：這字在此指「公開投標」，即央行公開標售轉讓定存單方式，所有銀行都可以來投標。

2.市場（market）：央行標售轉讓定期存單，在票券市場進行。

3.操作（operation）：operate是動詞，在商業上是指「買賣股票」，operation是名詞，是指（資金的）運用。

二、公開市場操作的功能

公開市場操作（屬中分類）依其目的可以分成兩小類，即防禦性操作與動態性操作（詳見右表說明），其中動態性操作才是有貨幣政策目的。

三、銀行關心的重點

人們關心央行公開市場操作的原因有二，說明如下。

1. 鬆緊的金額：2010年4月起，央行每月幾乎進行一次大額的定存單標售，其間有到期還本，但迄2014年，餘額6.6兆元，其威力如同24%（即銀行存款金額30兆元）的存款準備率。

2. 利率：央行發行轉讓定存單大都是價格標，即讓投標的銀行去訂價，由最低利率者得標。但是如果票面利率已由央行訂定的，這是向銀行傳遞央行對利率水準的看法。

中國大陸「外滙占款」

右表中央行在中國大陸外滙滙入，人民銀行為了維持人民幣滙率穩定，透過白手套銀行買進外滙，釋出人民幣，這部分人民幣存款稱為「外滙占款」。

兩類公開市場操作

分類	防禦性操作（defensive operation）	動態性操作（dynamic operation）
一、定義（目的）	央行公開市場操作的操作是「消極的」、「防禦性的」，主要是抵銷外來因素，對銀行資金的干擾，例如：台積電外匯收入轉成臺幣，存進臺灣銀行造成銀行現金、存款皆增加。	央行「積極」的想透過公開市場操作來改變銀行的超額準備甚至資金的運用方式，以控制資金供給。 
二、實例	沖銷政策，詳見Unit 13-5。	詳見Unit 13-8。

知識補充站

美國聯邦公開市場委員會

美國公開市場委員會（FOMC）的成員架構如下。

```
        聯邦準備
        理事會
       （7名理事）          聯邦準備
                            銀行
                          （12家）

          │ 7名              │ 1名紐約分行總裁
          │ 理事             │ 4名總裁
          ▼                  ▼
        聯邦公開市場委員會
          （FOMC）
          12席委員
```

Unit **13-5**
防禦性公開市場操作──兼論沖銷政策

圖解貨幣銀行學

防禦性公開市場操作可說是央行業務局的例行公事，因為臺灣長期有「超額儲蓄」（指國民生產毛額減消費減投資、政府支出部分，簡單的說貿易出超部分），不能讓太多閒錢亂闖。

一、多餘資金的主要來源：外匯占款

宋代大儒朱熹有首名詩，末兩句：「問渠那得清如許，謂有源頭泉水來」，臺灣的銀行資金源源不斷增加，由右圖可見，那是因為國際收支帳上三個科目中的經常帳、金融帳，從國外帶回美元。以出口為主的台積電為例，一年出口464億美元，必須兌換成臺幣1.3兆元（假設1美元兌28元），才能付員工薪水等。這1.3兆元存進銀行，中國大陸稱「外匯占款」，臺灣沒有特定名詞。

臺灣銀行接受台積電兌換，央行為了「維持匯率穩定」（其實是希望美元不要貶值），由外匯局出手向臺銀把這464億美元接手，給臺灣銀行1.3兆元，交給台積電。

二、沖銷政策

問題是如此一來，銀行手上多了1.3兆元的存款，扣掉一成的各類準備金，還有1.17兆元可以衝放款，以1.78倍的貨幣乘數來說，共可創造出2.08兆元元存款，這是一筆巨款。

為了維持利率、金融（例如：股市）穩定，央行被迫進行防禦性公開市場操作，由右圖沖銷政策流程可見，央行會發行定期存單，暫時凍結這4,860億元在央行，省得它在外亂竄。第三段舉實例說明。

三、防禦性公開市場操作實例

報紙上偶爾會報導有新聞性的防禦性公開市場操作，2012年2月9日的就有特色：特色在於超額認購倍數3.61倍，創記錄，央行標售1,000億元定存單，但來投標的有3,610億元，可見閒置資金之多。

緊縮性公開市場操作實例

- 時間：2020年9月18日
- 天期：二年期
- 金額：400億元
- 利率：額標0.262%，比上次下滑0.02個百分點
- 投標倍數：標售金額的3.61倍

外匯占款與沖銷政策

外匯占款

匯率政策（假設1美元兌28元）

（維持匯率穩定）

| 中央銀行 | | II 464億美元 ← | | 臺灣銀行 | | I 464億美元 → | | 台積電 464億 美元 | 經常帳 |

以2021年1月16日~2月8日為例

中央銀行 外匯局

II 464億美元 ← 臺灣銀行 I 464億美元 → 台積電 464億美元 （經常帳）

III 1.3兆元 → 臺灣銀行 IV 1.3兆元 ← 台積電

20億美元 ← 外商銀行 20億美元 ← 「假」外資20億美元 （金融帳）

560億元 → 外商銀行 560億元 ← 「假」外資

回存

沖銷政策流程

標售

以2021年2月9日為例

中央銀行 業務局

票券交易商

本國銀行

560億元 定存單 → 560億元 定存單 →

外商銀行

560億元 ← 560億元 ←

沖銷政策小字典

沖銷政策（sterilization policy）之沖銷（sterilization）英文字可拆成下列動詞及名詞來了解。

- **sterilize**：v., 使成不毛（土壤的）。
- **sterilization**：n., 使成不毛（之地），消毒。

Unit **13-6**
公開市場操作的實施

公開市場操作的實務運作可分為兩個市場，本單元詳細說明。

一、發行市場

這是央行業務局最常用的公開市場操作方式，主要工具是發行央行轉讓定期存單（簡稱定存單），又依金額大小分為下列兩種方式。

1. 央行主動，以1,000億元的標售案為主：由右圖可見，由央行業務局主動發起的標售定存單，由「（票券）交易商」負責，金融業皆可以來投標，但壽險公司資金可用期間較長，所以對短期定存單興趣較低。

央行主動標售定存單的情況，大都以364天期（182天期以內稱為短天期）、標售金額大額為主。

2. 銀行主動，以每日百億元以內為主：票券市場、同業拆款市場規模小，銀行閒置資金規模大，央行業務局為了給銀行閒置資金有條出路，每天開放窗口給銀行小金額申購短天期定單，以2013年為例，30、91、181天期的利率為0.87%、093%和1.05%。

二、票券流通市場

央行比較少透過票券流通市場以進行公開市場操作，依期間長短來分，可分為兩種方式，以收縮性公開市場操作為例說明如下：

1. 較長天期——買斷：例如央行業務局透過國際票券公司買進臺灣銀行手上100億元的公債。美國情況詳見Unit 13-9。

2. 極短天期——附買回：例如央行業務局賣20億元的手上公債給國際票券公司，10天後，央行向國票買回公債；這筆交易央行收縮20億元共10天。

小博士解說
中央銀行公開市場操作要點說明

共24點，包括「定期存單」、「發行」、「標售」三種情況。
- 期間：30天到3年
- 央行單位：業務局

214

公開市場操作的運作──以收縮資金為例

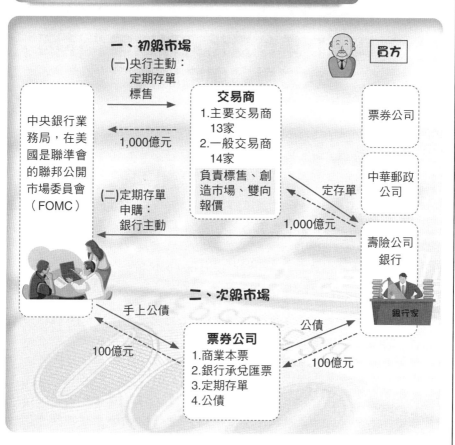

一、初級市場

(一)央行主動：
定期存單
標售

買方

交易商
1. 主要交易商
13家
2. 一般交易商
14家
負責標售、創造市場、雙向報價

票券公司

中華郵政
公司

壽險公司
銀行

中央銀行業務局，在美國是聯準會的聯邦公開市場委員會（FOMC）

1,000億元

(二)定期存單
申購：
銀行主動

定存單
1,000億元

二、次級市場

手上公債

100億元

票券公司
1. 商業本票
2. 銀行承兌匯票
3. 定期存單
4. 公債

公債

100億元

知識補充站

央行定期存單金額

兆元

8.34

8

6.71 6.64

6.68 6.6

5.93

6

4.33

4

2.99

2

2004   2006   2008   2010   2012   2020   年

Unit **13-7**
美國聯準會量化寬鬆政策「遠因」
——次貸風暴與金融海嘯

　　限於篇幅，本書聚焦於臺灣，但針對全球重大事件且臺灣較少見的情況，本書也會予以介紹。本章以三個單元，說明21世紀版「經濟大蕭條」與美國聯準會的金融穩定措施，本單元先說明「遠因」。

一、房市泡沫

　　由右表第二欄可見，股市不振再加上聯準會2000年迄2005年採取低利率政策救經濟，促成投資資金轉向房地產。房價狂飆，又促使自住房買方進場，以求固定住買價。以標準屋（50坪透天厝）為例，從20萬美元漲到80萬美元，房價所得比20倍，遠超過人民的購買力，房市泡沫（housing bubble）成形。

二、次級房貸風暴

　　1. 房市泡沫破裂：如同電視上整人遊戲中的氣球逐漸加氣，終究有一天會爆裂。到了2007年1月，房價（指數）到頂，開始下滑，即房市泡沫破裂，這種現象經濟學者稱為明斯基時刻（minsky moment）。

　　美國經濟學者明斯基（Hyman P. Minsky, 1919～1996）是研究股市投資人興奮到失去理性，稱為「投機性的投資泡沫」。以致造成股市泡沫的原因。但由於他不太寫報刊文章，也沒有拿諾貝爾經濟學獎（例如：2013年三位得主之一羅伯‧豪勒），因此明基特的股市泡決四階段理論並不紅。

　　2. 次級房屋貸款風暴：房價下跌是由區域（例如：舊金山市的西部）逐漸蔓延到全國，首當其衝的二胎房貸（美國稱為次級房屋貸款，sub-prime）違約層出不窮。承辦二手房貸的大都是金融公司，把貸款包裝，透過信用貸款證券化方式，以活化資產方式取得資金以承接新貸款。

三、金融海嘯

　　次級房貸風暴是房市泡沫破裂的風暴的前緣，主要暴風區在金融海嘯（financial tsunami）。2008年中，美國銀行業遭受雙重打擊：一是房貸違約，一是銀行購買房貸證券變成壁紙。

　　美國布希總統推動國會通過疏困法案，7,000億美元救汽車公司（因整個產業勞工僱用量260萬人）、銀行與證券公司。9月15日，第四大證券公司雷曼兄弟證券（Lehman Brother Securities）得不到疏困，宣布破產。引發骨牌效應（deomino effect），中小型銀行、證券公司紛紛倒閉，甚至蔓延到全球有房市泡沫的國家（主要是英國、冰島、愛爾蘭），甚至傷及無辜，全球金融海嘯形成，2009年，全球經濟衰退2%，臺灣經濟衰退1.81%。

美國金融海嘯的前因後果

時間	2000年3月17日	2007年1月	2007年6月	2008年9月15日
背景	網路股泡沫，美國那斯達克指數從5048點重挫至1200點，拖累道瓊指數從12000點至7000點，造成負財富效果，消費大減，拖累經濟。	美國房市泡沫（housing bubble）破裂。	次級房貸風暴（sub-prime storm）	金融海嘯（financial tsunami），因聯準會沒救雷曼兄弟證券，以致其倒閉引發骨牌效果。
聯準會政策	調降利率到1%，藉以刺激家庭消費（買車買房）、企業投資。		8月，聯邦公開市場委員會開始調降聯邦資金利率。	依序採取三輪量化寬鬆政策（QE）。迄2008年底，左述利率降到0.25%。
後遺症	因利率甚低，投資性買盤大舉進入房市，拉動自住性買盤。	2003～2006年房市泡沫逐漸形成，聯準會逐漸調高利率。	1.房貸呆帳金額7兆美元 2.信貸呆帳金額5兆美元	有此一說：造成2010年的需求牽引型物價上漲。 本書認為這是農工原料上漲的成本推動型物價上漲。
貢獻	2002年起美國景氣復甦。			詳見Unit 13-9右圖「產出」欄。

知識補充站

美國聯邦基金目標利率（下線）與30年期平均貸率（上線）

2.90
0.25

房貸利率：美國房地美（Freddie Mac）房屋抵押貸30年期固定利率平均

Unit 13-8
美國聯準會量化寬鬆政策「近因」
——從信用緊縮到僵屍銀行

由右圖可見，美國房市泡沫破裂，2007年起，房貸呆帳金額逐漸膨漲，2008年7兆美元，占銀行放款的30%。骨牌連環倒的順序是「（體質輕弱的）地區銀行到全國銀行（尤其是花旗、美國等五大銀行）。」貸款收不回來，存款又減少，貸款（尤其是信用卡刷卡）業務無以為繼。

一、信用緊縮

銀行開始出現資金緊絀問題，以2008年年底英國情況為例，說明如下。

1. 借款申請嚴格：缺乏現金的銀行，對放款申請審查嚴之又嚴（例如：20年客戶借1萬英鎊徵信四周），只要有一點點小瑕疵就打回票，例如：信用卡遲繳一次就列黑名單。民眾想向銀行貸款，簡直比登天還難。銀行急著把先前借貸出去的款項收回，許多銀行凍結放款業務。

2. 利率低，看得到但吃不到：美國聯準會把聯邦資金利率（federal fund rate）降到零利率（0~0.25%），即變相鼓勵銀行向聯準銀行融通。

同樣的，2009年1月8日，英國央行（英格蘭銀行）把基本利率降到1.5%，這是成立315年來的最低記錄。

二、僵屍銀行

1980年代，香港流行拍「暫時停止呼吸」這類的僵屍片，在第四臺中的國片頻道還經常看得到。當銀行逾期放款收不回來，又缺乏新存款，光應付存款人提款就要忙得焦頭爛額。此時，放款業務近乎停擺，一如僵屍般「有形但無魂」。1990年代，日本房市、股市泡沫破裂，許多銀行吃一缸子呆帳，動彈不得，僵屍銀行（zombie bank）名稱由此而來。

二十年後，這個問題又出現在英美兩國。

小博士解說
信用緊縮小辭典

信用緊縮（credit crunch）中的「crunch」是碾碎硬物所發出的嘎扎嘎扎聲，也指錢財突然不敷使用；credit crunch是指企業向銀行借款有困難或是借貸成本墊高，市場資金水位明顯不足。

信用緊縮也常用「credit squeeze」一詞。「liquidity squeeze」指的是流動資金緊張；「squeeze」是用力擠出或榨乾水分，資金從金融市場抽離，金融體系的資金水位就像被榨乾般乾涸。

房市泡沫破裂對銀行衝擊

2007年1月	2007年6月	2008年9月	2008～2009年

房價重挫：即房市泡沫（housing bubble）破裂

→

二胎房貸的財務金融公司（例如新世紀金融公司）倒閉潮：即次級房貸風暴

→

證券公司自營部、承銷部虧損累累：2008年9月15日，雷曼兄弟證券倒閉。

→

銀行出現經營危機嚴重程度
↑
● 100%，成為僵屍銀行

● 50%，實施信用緊縮

美國二大房貸保證公司（房地美Freddie Mae、房利美Fannie Mae）出現財務危機

僵屍銀行（zombie bank）

zombie：	僵屍
bank：	銀行
zombie bank：	僵屍銀行是指每天有開門營運，但由於沒錢可做放款，所以如同行屍走肉一樣。

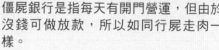

219

知識補充站

2008年「金融海嘯」是可以超越的

2014年2月21日，美國聯準會公布2008年9月16日聯準會開會記錄1800頁，理事主席柏南克不對雷曼兄弟證券紓困，考量因素有二：道德風險與不致於引發全面性的問題。

Unit 13-9
美國聯準會的量化寬鬆操作——兼論貨幣政策傳遞過程

圖解貨幣銀行學

在Unit 13-4、13-5中，在臺灣我們長久習慣看見央行透過公開市場收縮資金。在本單元中，美國聯準會採取買回公債的寬鬆性公開市場操作。針對央行放鬆銀根，俗稱「央行印鈔票」，在美國2009年迄2013年，聯準會共採取三次寬鬆性公開市場操作，金額約4兆美元。

一、前提

從1980年代起，聯準會漸以公開市場操作作為數量類貨幣政策工具，而法定準備率萎縮回原始功能（即Unit 9-7右表中1914年訂的功能，可視為呆帳準備與流動性準備）。既然法定準備率已降無可降，那麼要想透過擴大資金供給量就只有公開市場操作一途。

二、寬鬆性公開市場操作

聯準會仿效日本央行（東京銀行）在「零利率情況下的量化寬鬆」貨幣政策，由附表可見，共採取三波的買回公債等，把資金注入給銀行、證券公司。

量化寬鬆公開市場操作

Q（quantitative）：數量　　　　　　　　　E（easing）：寬鬆

期間	2018年11月~2010年3月	2010年11月~2011年6月	2012年9月~2014年10月
量化寬鬆	QE1	QE2	QE3
目的	疏緩銀行的信用緊縮	振興景氣，以免二次衰退	維持景氣復甦力道朝失業率6.5%目標邁進
金額（億美元）	17,500	6,000	16,300
買回標的物	● 公債	● 公債	● 抵押擔保債券（MBS） ● 公債
標普500指數	漲25%	漲11.72%	漲28%

三、貨幣政策效果

量化寬鬆政策的風險在於聯邦準備銀行的資產過度集中在公債，至於其效果詳見右下圖並說明如下。

1. 傳遞過程：由右上圖可見，以第一波量化寬鬆操作來說，金額是第二波的二倍，效果較大，經由銀行、股票市場（股價上漲帶來正的財富效果）的恢復，使一部分正常。

2. 效果：以經濟產出來說，2009年量化寬鬆政策對經濟成長率有0.6～3個百分點（不同機構的評分不一）貢獻，否則經濟成長率不只是－2%。也就是有貨幣寬鬆操作使衰退幅度減緩。

美國聯準會量化寬鬆操作的效果

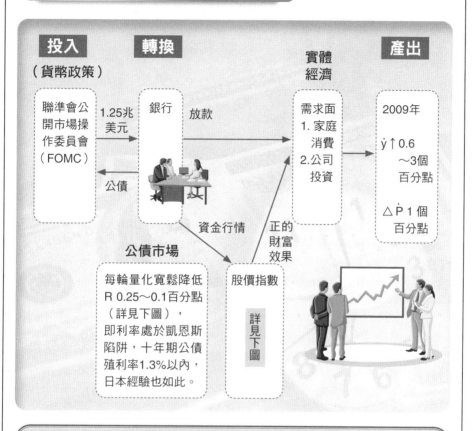

投入 （貨幣政策）　　轉換

聯準會公開市場操作委員會（FOMC）

1.25兆美元

銀行　放款

公債

資金行情

公債市場

每輪量化寬鬆降低 R 0.25～0.1百分點（詳見下圖），即利率處於凱恩斯陷阱，十年期公債殖利率1.3%以內，日本經驗也如此。

股價指數

詳見下圖

正的財富效果

實體經濟

需求面
1. 家庭消費
2. 公司投資

產出

2009年

$\dot{y}$↑0.6～3個百分點

△$\dot{P}$1個百分點

量化寬鬆政策對股債市影響

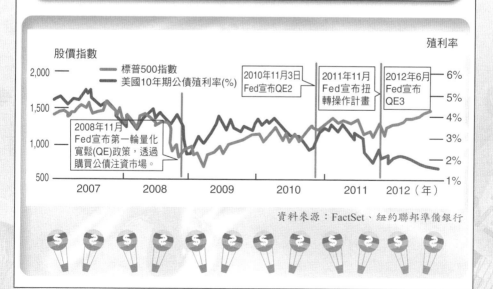

股價指數

標普500指數
美國10年期公債殖利率(%)

殖利率

2010年11月3日 Fed宣布QE2

2011年11月 Fed宣布扭轉操作計畫

2012年6月 Fed宣布 QE3

2008年11月 Fed宣布第一輪量化寬鬆(QE)政策，透過購買公債注資市場。

2,000
1,500
1,000
500

6%
5%
4%
3%
2%
1%

2007　2008　2009　2010　2011　2012（年）

資料來源：FactSet、紐約聯邦準備銀行

第 **14** 章

選擇性貨幣
政策工具

●●● 章節體系架構 ▼

Unit **14-1**
信用管制政策工具導論

選擇性貨幣政策工具比較抽象，本章採取以實務方式來具體說明，如此才容易抓住抽象的專有名詞。

一、功能（適用時機）

選擇性貨幣政策用生活中的例子來說，它是針對特定市場（例如：房地產、股票市場）或業務（例如：消費性貸款），以「冤有頭，債有主」的針對式方式，類似醫療中的「標靶治療」，只針對特定地區、對象下貸款限制，套句俗語說，如此才不會濫殺無辜。

二、選擇性貨幣政策的步驟

政策往往有代價（例如：公開市場操作時，發行央行定存單需支付利息，一年約700億元）、後遺症，因此央行的上上策是「不戰而屈人之兵」，由右表可見，央行循序漸進採取相關措施如下：

第一步驟：「動口」，即道德勸說，詳見Unit 14-3。

第二步驟：「動手」，即央行推出信用管制措施，詳見Unit 14-4、14-5。

第三步驟：「下重手」，採取直接管制，這比較少見。

三、信用管制類貨幣政策工具種類

由右表第一欄可見，有人把信用管制型貨幣政策分成三中類，每中類下有二、三個小類，誠如前段所說，我們認為這三中類是步驟，不是各自獨立的。

1. 間接管制：分成（事前、事後）道德勸說（moral persuasion）、金融專案檢查。

2. 選擇性信用管制（selected credit control）：依對象分為三小類，即房地產、消費者與股票投資人「信用管制」。

3. 直接管制：這分為三小類，利率上限（針對「價」）、信用分配（針對「量」）、銀行流動比率限制（針對「時」）。

 小博士解說

房價過高是貧富懸殊的主因之一

房屋占家庭淨資產40%，是最大項目，房價過高，最大受害者是「無殼蝸牛」，主要是兩種人，一是中低收入戶，一是年輕人。年輕人必須省吃儉用8年才能存夠頭期款，再花15年至20年付清房貸，成為年輕人沉重負擔，「土地正義」問題嚴重。

選擇性信用管制貨幣政策工具及適用步驟

政策步驟	說明

一、第一步：敬酒

貨幣政策：間接管制

1.道德勸說
邀請銀行「喝咖啡」，宣示央行政策態度，勸說銀行配合（例如：調高利率）。

2.政策公布後
加強金融檢查，透過查核文件與對違規處分，警視銀行配合政策。

國際禿鷹集團透過外商銀行下單衍生性商品，準備大賺臺幣升值的匯兌利得，此一集團除包含大型基金外，也有亞系主權基金加入。2010年12月29日，央行先發制人，準備來個正面對決；晚間，央行火速發出新聞稿表示「近期有少數外匯銀行大量拋匯……經查資金來源均是特定外資匯入款」，並且約談兩家外商銀行主管，了解異常操作的原因。

二、第二步：罰酒

信用管制

1.房地產信用管制
主要是針對房地產業，所以又稱選擇性信用管制，針對空地貸款等限縮貸款成數等條件。

2009年起高房價問題成為民怨之首，為加強銀行管理房地產授信風險，央行自2009年10月起採行漸進措施，包括道德說服、加強統計資料蒐集分析、專案金融檢查，以及明文制定一致性規範，管理土地抵押貸款及特定地區的購屋貸款。
彭淮南強調，政府房價恢復合理價位政策，對中南部房價影響比較輕微，漲幅較高的地區會比較明顯。

2.消費者信用管制（consumer credit control）
針對消費性貸款的成數的限制。

2005年起，由於發生卡債風暴，因此金管會銀行局規定個人信用卡額度上限是個人月薪的22倍，以月薪3萬元為例，即66萬元。

3.保證金比率：
投資人投資股票、期貨、選擇權等信用交易時，限縮保證金成數。

針對股市投資人貸款做股票（即融資交易），針對融資成數（即保證金比率，margin requirement）予以設限，主管機構是金管會證期局。

三、第三步：下重手

直接管制

1.利率上限
2.信用分配
3.（銀行）流動比率限制

直接管制是央行違背市場機制，干涉市場價格（利率）、數量（信用量）。例如民法規定貸款利率上限20%，超越此便是高利貸，是違法的。

Unit 14-2
房地產信用管制──總統、行政院的考量

　　行政院在經濟面的兩大目標：經濟成長與所得分配，其中房價可說是影響所得分配最主要因素，主因是中產階級為過高房價所苦（詳見下列兩個指標），中低收入戶為高房租所苦。

一、高房價的兩個指標

　　房價高低是相對的，相對於人民的購買力，有下列兩個指標：

　　1. 房價所得比：以2011年底為例，全臺「房價所得比」9.3倍，白話一點說，以所得來說，要不吃不喝9.3年才能買到一間房子，詳見右下圖。臺北市居民更累，房價所得比15.3倍，2013年底，11.8倍，些微改善。

　　2. 房貸負擔率：2011年底，全臺房貸負擔率33.8%，即賺100元，其中33.8元拿來繳房貸款的本息，「住」的支出也成為消費者物價指數中最重一項（比重占31%）。2013年，33.3%並未改善。

　　臺北市居民更累，房貸負擔率47.8%，2012年47.6%，沒有改善。

　　2010年3月，行政院實施「健全房屋市場方案」，2010年3月，中央銀行實施信用管制（詳見Unit 14-4），2011年6月，實施「奢侈稅」，買屋一年內脫手須針對售屋所得繳15%特種貨物稅，二年內脫手稅率10%。

二、住者有其屋是人民最基本要求之一

　　房子是人們遮風避雨之處，「有飯吃，有屋住，有病醫」是政府建構社會安全體系的三大項目。

　　房價高（連帶房租高），會使八成以上的購屋者成為「屋奴」，被房貸壓得喘不過氣來，沒有更多錢享樂生活（吃的好、出國旅行）。尤有甚者，屋價高，只有少數富人有錢做房地產投資，透過「炒房」（註：在自由派經濟學者心中，沒有「炒」這件事）賺到更多錢，此造成「貧者愈貧，富者愈富」的財富分配惡化。

小博士解說
合理房價

2013年12月4日，立法院財委會開會，央行副總裁備詢，他表示臺北市合理房價約800萬元，計算方式如下。

$$年薪 \times 5倍 = 合理房價$$
$$160萬元 \times 5倍 = 800萬元$$

註：房價所得的5倍是聯合國的建議標準。

房地產市場狀況

家庭購置住宅貸款、五大銀行利率

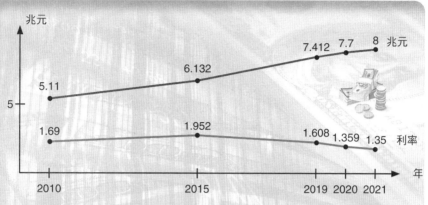

兆元

7.412　7.7　　8 兆元

6.132

5.11

5

1.69　　　　1.952　　　　　1.608　1.359　1.35 利率

2010　　　　　　2015　　　　　2019 2020 2021　年

資料來源：住宅貸款，第107頁，表18；五大銀行貸款利率，第145頁，表29；
2020、2021年由本書估計。不考慮前二年的低利率搶客情況。

2010年～2020年臺灣住宅與購屋負擔

	2010年Q4	2016年Q4	2019年Q4	2020年Q1
存量（萬戶）	—	—	—	894.8
房價所得比（倍）	7	9.32	8.58	8.62
房貸負擔率（%）	28	38.34	35.15	35.3

227

中央銀行房市管制與鬆綁措施

	階段	啟動管制（年／月）	內容
管制	第一波	2010年6月	臺北及新北10區投資客管制
	第二波	2010年12月	增新北市三峽、林口、淡水等三區管制，及建設公司土建融限制
	第三波	2012年6月	豪宅貸款成數限制
	第四波	2014年6月	新增新北市及桃園共8區及豪宅、法人購屋限制
鬆綁	第一波	2015年8月	解禁新北市八里、鶯歌 解禁桃園市、蘆竹、中壢、龜山
	第二波	2016年3月	除豪宅貸款成數上限六成以外，其餘均解禁

資料來源：中央銀行

Unit 14-3
從道德說服到玩真的

2010年8月24日，央行理監事會議，決議採取「針對性審慎措施」，本單元說明其前因與過程。

一、前因

2010年初，有些民眾寫信給央行總裁彭淮南，反映自己買入的中古屋，是賣方在1～2個月前才剛買進，然後在短短幾個月內，馬上加價賣出，吃了暗虧的新買方，對於投資客這種炒作行為深感不滿。

彭淮南明察暗訪，了解房市投機客收購逾200戶中古屋，輾轉透過人頭戶貸款、房仲加盟店出售的炒作模式。

二、第一波房地產信用管制

由右表可見，央行2010年3～4月時又想採取「道德說服」方式，來說服銀行「知所節制」。誰知，有些銀行把央行的話當耳邊風，於是央行只好「來真的」，6月24日理監事會議，推出第一波房地產信用管制，即央行要求銀行針對投資客，調降成數、調高利率及取消寬限期。後續的道德說服、金融專案檢查都有整套計畫，務求使命必達。

三、政策宣布後的金融檢查

金管會和央行、存款保險公司、農業部農金局等單位，有合作會議，就業務進行討論，以2010年6月的房貸信用管制為例，承作房貸現況，加以研議因應之道。金管會啟動的專案金融檢查，即以房貸等相關業務作為重點。

銀行放款用途是否用於購屋，應該在相關報表真實呈現，要是有違反相關規定，金管會依銀行法第 45-1 條、129條未落實內稽內控，對銀行祭出200~1,000萬元的處分。

房地產放款逾放比率

資料來源：金管會

2010年第一波房地產信用管制進程

時間	貨幣政策工具	說明

4月12日
1.要求本國銀行提交「房貸雙周報」。
2.希望第二棟房貸成數降至6～6.5成。

4月21日
有銀行緊縮空地放款，放款後一年內須開工，否則收回融資。

4月底

對十幾家銀行，進行全面性的專案金檢，主要瞄準銀行給予投資客的寬限期、貸放成數以及利率加碼這三大部分。央行判讀到：銀行授信集中在房貸，新增房貸也很偏重於大臺北都會區，且這些區域的房價所得比和房貸負擔率，都遠高於其他地區。

6月24日

理監事會決議「針對性審慎措施」，信用管制，號稱第二次實施選擇性用管制，第一次是在1989年3月央行要求金融機構，停止辦理無擔保購地放款、無正常使用目的的都市空地貸款，並限制購地貸款與營建融資的額度。其中導火線是1981年2月臺北市南京東路中華航空公司旁邊土地，被天價標走，之後2年房地產市場快速飆漲。

有部分銀行不配合，所以乾脆一次把話說清楚，明確訂出一致性的規範，公布房地產信用管制措施，但不包括對建設公司的土建貸款，因為彭淮南認為，從需求面著手，反推到供給面也會受到影響，他允諾會緊盯銀行土建融資業務，留意有無異常。
彭淮南指出，銀行新承作房貸，偏重在臺北市及新北市10個區，有過度集中之虞，不利銀行風險管理，而大臺北都會區房價漲幅明顯，民眾購屋負擔較重，房價所得比及房貸負擔率遠高於其他地區。

7月

銀行配合央行政策

		說明	銀行
1.	房屋周轉率	(1)申貸的物件在兩個月內移轉，視為投資客，可能不予貸放或降低貸款成數。 (2)過去一年貸款筆數過多者，成數降到五成。	• 華南 • 第一 • 彰化
2.	房屋成交價偏高	檢視成交價格，不得高於同區域成交價太多。	• 華南
3.	人頭戶	(1)注意借款人負債比，過高者視為人頭戶。 (2)檢視擔保品及還款來源，對房屋仲介公司案件提高警覺。	• 華南 • 合作金庫

銀行

7月2日
彭淮南寫信給所有銀行董事長，要求嚴審投機客用人頭戶借款炒房。

7月8日
要求民營銀行房貸不得以企業周轉金名義躲避查緝。

7月12日
1.彭淮南要求黃姓投資客「退出江湖」。
2.房貸龍頭——土地銀行率先決定全面封殺人頭戶，一旦查出投機客用人頭戶借款，無論債信條件多好，都不會承作。

資料來源：整理自經濟日報，2010年7月13日，A2版。

229

Unit 14-4
房地產信用管制

圖解貨幣銀行學

房地產信用管制（央行稱為「針對性審慎措施」）對壓抑房屋炒作較有效果，主因是房價金額高，大部分投資客皆是高槓桿操作，只有一成款，向銀行借九成款。因此，央行認為只要阻扼住金援，投機客就會因為少了銀彈支援，火力會大打折扣。

一、第一波房地產信用管制

第一波房地產信用管制衝著臺北市、新北市十個區的投資客來的。新北市的十個區分別是板橋、三重、中和、永和、新莊、新店、土城、蘆洲、樹林和汐止。

這是因為臺北市、新北市這兩個地方房價高、漲的凶（詳見Unit 14-2右圖之臺北市、新北市房價走勢），因此臺北市房價所得比15.3倍，遠高於全臺的9.3倍；新北市「熱區」（尤其是十個區，例如：新莊、中板橋的新板特區）也一樣。

二、第二波房地產信用管制

第一波措施執行五個月，仍滅不了火，於是2010年12月底，央行理監事會議，決議針對新北市的「林淡三新」（林口、淡水、三峽、新莊），加大緊縮信用力道。比較大的措施是衝著建設公司（即新屋的供給端）來的。

三、第三波，下重手

2011年上半年，媒體、在野黨大幅批評房價過高，馬英九總統4月站到第一線，推動「特別貨物稅條例」，6月1日實施，針對第二屋，買入一年內銷售，依售價課15%，買入一年以上、二年以內銷售，課徵10%稅率。

此舉才勉強把臺北都會區房價上漲趨勢壓住。

小博士解說

隱性第四波房地產信用管制

2013年10月，央行暗示公股銀行針對桃園市（2015年升格直轄市）的房貸進行房地產信用管制。由於央行未列為政策，因此俗稱「隱性」第四波房地產信用管制，其原因是第一、二波管制，部分投資客把茅頭由雙北市轉進鄰近的桃園市，許多地區（例如：八德、航空地區）房價狂飆。

央行的房地產信用管制

時間	2010年6月24日~11月	2010年12月31日	2011年6月21日
一、特定地區	臺北市和新北市十個區 板橋、三重、中和、永和、新莊、新店、土城、蘆洲、樹林和汐止。	新北市「林淡三新」（林口、淡水、三峽和新莊）	1.雙北8,000萬元以上 2.雙北以外5,000萬元以上 2013年全臺交易金額2,030億元
二、對象	自然人	自然人 法人	自然人 法人
三、物件	第二棟住宅	第二棟住宅	豪宅
四、貸款	（一）房屋貸款 1.成數	7成，嚴禁銀行利用修繕、周轉金等其他貸款名目，變相增加房貸貸款成數。	6成，部分銀行已暫停受理整批型房貸。	6成以下，餘同第一波
	2.貸款利率	6月8日起，公股銀行2%以上。		（希望2%以上）
	3.寬限期	不准	不准	不准
	(二)建商的土地建築融資 簡稱土建融	未限制	1.未附興建計畫者，銀行不得受理貸款。 2.貸款額度不得超過借款人取得成本，或銀行鑑價金額較低的6.5成，其中1成應待建設公司動工興建後才能撥款。 3.不得另以周轉金或其他名目，額外增加貸款金額。	未限制

知識補充站

央行建議「健全房市措施」

2013年12月，央行已體會不能單靠房地產信用管制，建議政府採取下列全面性措施。

1.需求面：加強金融機構房地產貸款風險管理、課徵奢侈稅。

2.供給面：新北市板橋區興建浮州合宜住宅擴大供給、延伸捷運線工程。

3.制度面：推動房地產實價登錄制度、管理預售屋交易。

Unit **14-5**
銀行的房地產貸款業務

了解了法令、政策（央行的房地產信用管制與財政部的租稅政策）後，再來看銀行的房地產貸款業務，就容易一目了然了。由右表可見，依地區分成兩類，即央行政策熱區與一般地區。

一、配合政策

公股銀行在房地產貸款市場的市占率高達五成，公股銀行是央行政策的最佳擁護者。有這些勤王軍，政策已先成功一半。其中土地銀行是房貸的專業銀行，不受「房貸占貸款金額三成」限制，放款金額5,700億元，比第二名合作金庫銀行多千億元。

二、風險考量

房價偏高，銀行基於風險管理考量，對房屋相關貸款審核愈趨謹慎，包括在央行鎖定的熱區外，詳見右表第三欄。

三、以價制量

第三個原因是房屋貸款上限（39.585兆元的三成，即11.88兆元）所剩額度有限，因此逐漸採取升息方式，一則以價制量，一則也針對某些地區、借款人差別取價，以反映銀行的風險成本。

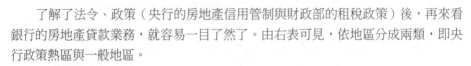

銀行針對房屋相關貸款的要求（2020年9月）

貸款種類	限制貸款情況	一般情況
（一）地區 （where）	臺北市、新北市十個區，詳見Unit 14-4右表。	1.土地銀行對房貸申請從嚴要求，例如座落地在山坡地等偏遠地區，申貸案可能不易過關。 2.合作金庫銀行的分區分級制度，是把各區的房貸成數劃分為6.5～8成四級之前除了財政部針對青年首購的優惠房貸專案，絕大多數案件最高只作到7成。
（二）物件 1.不貸		有些銀行針對「12坪以下小套房」不貸。
2.限制貸款成數	詳見Unit 14-4右表。	8成，例如：大型銀行對臺北市捷運附近，中小銀行以房價7成為主。

（左欄）一、房屋貸款

（接右表）

銀行針對房屋相關貸款的要求

（續左表）

貸款種類	限制貸款情況	一般情況
一、房屋貸款		
(三)針對買屋者　針對投資客 		2012年起，有些銀行把房貸申請案要送往總行審核的門檻降低，一般銀行分行經理權限700萬元。 土地銀行 對借款人的所得能力要求檢附更多文件，包括提示所得稅單、存款、租金收入等證明。
(四)利率	在各銀行資金成本至少0.44%、作業成本0.4%，加上放款覆備抵呆帳蓋率580%，房貸利率1.2%左右。	房貸第三名臺灣銀行受理房貸案件有三種估價方式，包括建築物本身的買價、附近地區的其他房屋每坪成交價，以及該申貸案本身的建物、土地分別估價，採取三者中最低者。即對擔保品價值從嚴把關。
(五)稅率		2011年6月，財政部實施「特別貨物稅」（俗稱奢侈稅）。
二、建築貸款	建築融資，分成下列兩項： 1.土地融資（簡稱土融） 2.建築融資（簡稱建融）	尤其是2012年12月政策鎖定的「林淡三新」這四地推案量大，而且短期急漲，被視為可能出現多殺多，甚至斷頭的高風險區段。 部分銀行祭出房屋「銷售率」為附帶條件，土融撥款後，銷售率要超過50%，銀行才會辦理後續建融撥款。避免建設公司以周轉金貸款，補足銀行不續撥的建築融資缺口，合作金庫銀行要求建商申請周轉金時，得先開設專款專用的信託帳戶。 以合作金庫銀行為例，以開立信託專戶、要求高比重的自備款，以及全面提高土建融利率來「以價制量」、降低對單一建設公司設定總貸款額度。	2013年實施國際會計準則（IFRS）後，營建業的營收為全部完工法來認列獲利，跟銷售情形息息相關。 土融利率2.9%，至於建融最高3.5%，比起2011年行情高出1個百分點。 

Unit 14-6
房地產信用管制結果

　　貨幣政策的成果，需要經過一段傳遞過程，約半年，只要政策工具的劑量夠，效果出現只是時間早晚、效果高低罷了。

　　2010年6月以來的三波房地產信用管制「效果不彰」，2013年12月，有些部長甚至認為房市泡沫破裂近在咫尺。有些人士在「房市泡沫十個指標」來分析，詳見下表。

一、投入：供給面

　　2015年容積率設限，2014年建築公司搶蓋，開工率大於銷售率。

二、轉換：需求面

　　把「需求面」放在「轉換」階段，可分為二種買方。

(一) 自住客

　　過高房價已反映在2020年起的房屋移轉棟數提高，首次購屋房貸利率1.2%，租房租金遠高於買屋的房貸利息。

(二) 投資客

　　這波投資客火力雄厚主因之一在於有可能是中國大陸的臺商回臺設廠、購屋。

三、產出面：空屋率是項指標

　　2020年臺灣人口開始衰退，日本2010年情況恐怕會在臺灣重演，2009年空屋率已達11.49%高點，接近聯合國12%的警戒線。

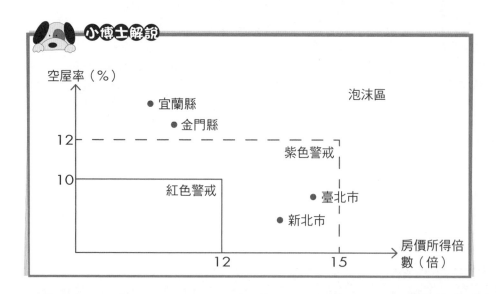

臺灣房市瀕臨房市泡沫邊緣

投入	轉換	產出

供給面   **需求面**

建築公司角度

一、開工率 ≤銷售率

即賣的速度比舊的速度快

一、自住（2020年第2季）

（一）房價所得比

$$= \frac{房價}{年所得} \leq 6倍$$

1. 臺北市14.39倍
2. 全臺8.66倍

（二）房貸負擔率

$$= \frac{每年房貸本息}{年所得}$$

$$= 34.64\%$$

1. 臺北市57.57%
2. 全臺34.64%

二、投資客

（一）租金報酬率

$$= \frac{一年房租}{房價} \geq 5\%$$

1. 臺北市1.56%，64年才回本
2. 但外來投資客跟香港等比價

（二）投資客占買盤比重

宜小於20%

一、價：三個指標

1. 房價漲幅≤經濟成長率
2. 房價三年漲幅≤30%
3. 房價漲帳≤房租漲幅

二、房貸GDP比以2021年為例

$$= \frac{房貸}{GDP} \leq 40\%$$

$$= \frac{8.1兆元}{20.04兆元}$$

$$= 40.04\%$$

三、量：空屋率

12%是泡沫化門檻2017年全國如下

$$= \frac{空屋}{全部住宅}$$

$$= \frac{86萬戶}{854.55萬戶}$$

$$= 10.12\%$$

「低度使用住宅」指

1. 建商戶
2. 用電基本戶

第 **15** 章

金融穩定

●●●●●●●●●●●●●●●●●●●●●●●● 章節體系架構 ▼

Unit 15-1
金融穩定的重要性

平常我們不會覺得空氣的重要性，直到沉入水中40秒，才會體會到「沒空氣，快死了」的感覺。在Unit 2-7中，我們簡單說明在經濟體系中，把銀行比喻成人體中的「血」，甚至空氣。

在本單元中，我們把金融不穩定（financial instability）局限在最常見的銀行不穩定（banking instability），這是結果，前因後果請見右圖。

一、原因

大部分銀行面臨財務困難（financial distress）甚至財務危機（financial crisis），主因大都來自資產市場（主要是房地產、股票市場）的泡沫破裂，借款人無力償還銀行貸款，銀行的呆帳一下子衝高。

屋漏偏逢連夜雨，存款人擔心因銀行倒閉，蜂湧擠到銀行領出存款，便造成銀行擠兌（bank run，意為連銀行都要落跑了）。

二、從個別到全面、從地方到全國

以房市泡沫中的房價從高點下滑來說，往往歷時三年五載才會觸底，這對銀行經營的衝擊分成兩階段，說明如下。

1. 第一階段：個別銀行的不穩

銀行不穩一開始都只是個別銀行，而且是地區銀行，看似個案。

2. 第二階段：傳染病效果

以流行性感冒來舉例，有一定的地區傳染途徑，例如：由臺北市往中南部蔓延。銀行擠兌也有地區性、銀行分群（例如都是針對信合社），此稱為傳染病效果（contagious effect）。

三、當銀行面臨系統性風險時

當大部分銀行都出現問題，此時銀行已出現「全面性風險」（comprehensive risk，譯為全面性比系統性更易懂）。此時依財務問題嚴重性分為「財務困難」、「財務危機」（留待Unit 15-2討論）；銀行為了因應擠兌，因此緊縮信用（credit crunch），套句俗語便是「雨中收傘」，不僅新借款從嚴審核，而且對舊貸款，一旦有違約，就會要求借款人清償餘額。

「銀行周轉不靈」對經濟成長很傷，家庭借不到錢消費、公司借不到錢去投資。中央銀行為了避免此慘狀出現，此時只好扮演「最後借款者」（the lender of last resort），撥款救銀行。

股市、房市崩盤對銀行業衝擊

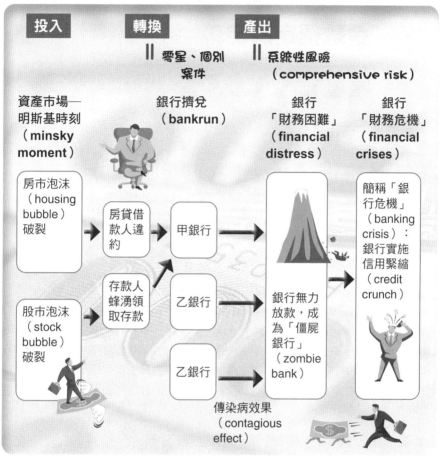

投入　　　轉換　　　產出

‖ 零星、個別　　‖ 系統性風險
案件　　　　　（comprehensive risk）

資產市場—　　　銀行擠兌　　　銀行　　　　銀行
明斯基時刻　　　（bankrun）　　「財務困難」　「財務危機」
（minsky　　　　　　　　　　（financial　　（financial
moment）　　　　　　　　　　distress）　　crises）

房市泡沫
（housing
bubble）
破裂

股市泡沫
（stock
bubble）
破裂

房貸借
款人違
約

存款人
蜂湧領
取存款

甲銀行

乙銀行

乙銀行

銀行無力
放款，成
為「僵屍
銀行」
（zombie
bank）

簡稱「銀
行危機」
（banking
crisis）：
銀行實施
信用緊縮
（credit
crunch）

傳染病效果
（contagious
effect）

239

知識補充站

歷史上10大崩盤事件

時間	國家	事件
1637年2月	荷蘭	鬱金香泡沫，價格1周內大跌9成。
1720年5月	法國	密西西比泡沫，法國股市連跌13個月達95%
1720年9月	英國	南海泡沫，專營英國、南美等地貿易的南海公司1個月暴跌近9成。
1869年9月24日	美國	黑色星期五，金價崩跌，歷史高價逾1世紀未被超越。
1907年10月	美國	銀行危機，道瓊1至9月下跌24.4%。
1929年10月	美國	股災，道瓊指數5日內跌掉30%。
1987年10月19日	美國	股災，道瓊指數單日暴跌22.6%。
1997年10月27日	全球	亞洲金融風暴，道瓊指數單日跌554點。
2008年9月29日	全球	金融海嘯，道瓊指數單日大跌778點或7%。
2010年5月6日	美國	閃崩，道瓊指數盤中數分鐘內暴跌1000點。

Unit 15-2
金融穩定的定義

1987年10月，美國發生黑色十月股票災，聯準會緊急伸出援手，自此，金融穩定逐漸變成顯學，本單元說明金融穩定的定義。

一、金融穩定的定義

人做身體健康檢查，當各項身體功能值都落在正常範圍，可以說人是健康的。同樣的，金融穩定（financial stability）也可以同樣比喻。

換個角度來說，金融穩定的另一邊是金融不穩定（financial instability），這是本單元的重點。學者們對金融不穩定的定義莫衷一是，本單元從實務角度切入，詳見右表，底下詳細說明。

二、第一列（X軸）：銀行財務問題嚴重性

我們依一般公司財務問題程度由淺到深分成兩級，說明如下。

1. 當銀行財務困難（financial distress）時：當銀行出現「周轉不靈」時，此時，銀行無力償付存款戶的領款；一旦消息傳開，存款戶蜂湧到銀行領款，俗稱「擠兌」。此時，央行往往會伸出援手，支援300億元現款到各分行。

2. 當銀行財務危機（financial crisis）時：當銀行出現財務危機時，銀行財務問題惡化到無法償付員工薪水等。銀行虧損累累，淨值為負的，連繼續經營下去都有問題。

三、第一欄（Y軸）：依銀行問題的地理範圍

右表中第一欄（隱涵Y軸）中依地理範圍分成三級，由小到大為一國、區域、全球。其中一國還可再細分為地方、全國兩中分類。

1. 單一事件：單一銀行出問題，對央行來說，算「小case」，緊急墊款300億元，三天內大抵可安定存款人人心。

2. 全面性風險：全面性風險情況在臺灣較少見，2008年9月全球金融海嘯，臺灣銀行問題不大（例如：買到雷曼兄弟證券公司發行連動債250億元）。行政院以「全額理賠」（存款保險公司只保150萬元）來安定人心，安然度過。

四、世界銀行的定義

世界銀行把銀行危機的地理範圍分成三個層級。

1. 全球間：像美國金融海嘯襲捲全球。

2. 區域間：像歐債風暴，主要集中在歐元區（18國），尤其是債務國（歐豬五國）與債權國（德國）。

3. 兩國間：大部分是鄰國，一個是債權國，一國是債務國。

銀行財務問題的程度

問題嚴重性 地理範圍	財務困難 （financial distress）	財務危機 （financial crisis）
一、全球		**帳上存款多的公司** **1.金融海嘯（financial tsunami）** →2008年9月15日美國雷曼兄弟證券（Lehman Brothers）倒閉，引發骨牌效應。 **2.美國大蕭條** →1929年10月迄1932年，銀行數千家倒閉。
二、洲內的區域 (一)政府 公債違約 (二)銀行	**1.歐債危機** →2009年起，歐豬五國其公債有違約風險，可能退出歐元區。 **2.亞洲金融風暴** →1997年7月2日，外資因擔心泰國、馬來西亞、印尼等無力償還外債，幣值重貶（以泰銖為例，1比26迄年底1比50）、股市重挫，後來由國際貨幣基金提供融資，度過難關。	
三、一國 (一)全面性 專有名詞為系統性風險，或銀行恐慌（banking panics） (二)單一事件 俗稱個案	銀行出現財務題，依涉及銀行家數分成兩中類： 1.2006年臺灣的卡債風暴，爆險金額約7,000億元，當年本國銀行虧損74億元。 2.例如：2010年，金管會以慶豐銀行淨值為負為由，派存款保險公司等接管，之後，再予以拍賣。	例如：2007年1月，王又曾掏空案，中華商銀有擠兌（三天內存款被領走320億元），後遭金融重建基金（RTC）接管，之後拍賣，由香港滙豐銀行得標。

Unit 15-3
金融穩定政策與金融監理制度——兼論銀行的主管機構

既然金融穩定跟實體面經濟穩定（主要是指景氣循環）一樣重要，政府會設立主管部會來負責金融政策。

一、金融政策

金融政策（financial policy）的定義並不明確，本書粗分為狹義、廣義兩種定義。狹義主要指金融穩定政策（financial stability policy），本書採取此定義，具體的說便是銀行穩定。因此本單元第二、三段說明金融穩定的負責部會，可以解讀為銀行業的主管機構。

廣義則包括金融穩定政策、貨幣政策（信用及匯率政策）與支付系統政策（包括存款保險政策）。

二、金融監督管理

由於金融業的主管部會甚多，因此1990年代，許多國家逐漸合併相關部會的二級單位，成立金融監督管理（financial sector supervision）部會，典範是1991年英國的金融監理總署（FSA）。

三、行政主管機關

由右圖可見，金融業的主管機構是行政院金管會，說明如下。

1. 參考：參考英國的金融監理總署（FSA）。

2. 2004年7月成立：為了因應金融機構同業合併、異業整合後的管控需要，政府在2004年7月1日成立「行政院金融監督管理委員會」，落實金融監理機關一元化的政策。

3. 組織設計：由於法令對金融業經營採取分業，因此金管會的業務組織設計，把金融業分成三部分，設立三個局，並搭配檢查局。聚焦的說，銀行業的行政主管機構是金管會銀行局。至於金管會檢查局則偏重金融業的違反法令檢查，因此檢查局局長大都由地檢署主任檢查官調任；一些金檢官員也都由檢察官調任。

四、業務主管機關

在2004年7月，金管會成立之後，中央銀行成為銀行業的業務主管單位，但依法令，央行對銀行相關業務仍有監督、檢查之權。

央行金融檢查處功能大減，聚焦於針對貨幣政策的專案檢查與研究，例如：2010、2011年，央行對臺北市、新北市實施選擇性信用管制，金檢處負責到各銀行檢查銀行遵循程度。

銀行的主管機關

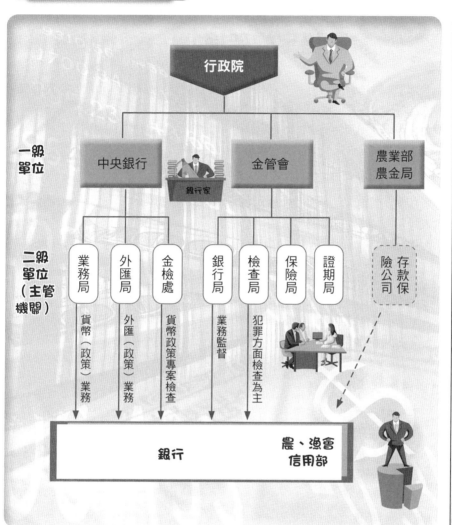

知識補充站

銀行法第32條的規定

銀行不得對其持有實收資本總額3%以上的公司業，或本行負責人、職員或主要股東，或對與本行負責人或辦理授信的職員有利害關係者，為無擔保授信。但消費者貸款及對政府貸款不在此限。

前項消費者貸款額度由金管會定之。

「主要股東」是指持有銀行已發行股份總數百分之一以上者；主要股為自然人時，本人之配偶與其未成年子女之持股應計入本人持股。

Unit 15-4
金融穩定的架構

為了「維持金融穩定」（或銀行不出現全面財務困難），歷經金融海嘯後，各國政府的金融穩定架構（詳見右表），由事後處理（銀行大到不能倒），轉向事前預防（即銀行大到無法救，too-big-to-save）。由於銀行大到連國家都缺錢救，因此政府想方設法讓大銀行健全經營。

一、事前預防：建立金融安全網

在建立金融安全網（government financial safety net）方面，共有兩個部會負責，另加上存款保險公司。

(一) 央行的存款準備制

存款準備金兼有流動性管理（超額準備）、貸款準備（指法定準備）性質。

(二) 金管會的金融監理

金管會對銀行穩定依重要程度訂定三項措施。

1. 銀行分業經營，詳見Unit 16-5。

2. 針對銀行授信的規範。

3. 巴塞爾協定之遵循，詳見Unit 16-1～16-6。

二、事中解決

當銀行財務問題出現時，此時政府三部會全員總動員，三管齊下救銀行。

1. 中央銀行：央行提供特別融通資金給問題銀行，如同替問題銀行繳保釋金（bail），因此稱為疏困（bail-out），2008年金融海嘯時，這字成為美國最紅關鍵字。

2. 金管會：金管會能做的包括「立即糾正措施」（prompt corrective action），例如：要求問題銀行立即現金增資以恢復資本適足率水準。

3. 財政部：財政部可能組成「金融重建基金」（RTC），處理問題銀行。

三、事後處理

當銀行出現財務危機時，此時進入「風險理財」，可分為三個對象。

1. 銀行倒閉時：針對存款戶。當銀行倒閉時，存款保險公司針對存款戶一戶賠付300萬元。

2. 針對壞銀行：這部分包括整個銀行與呆帳兩大類。針對整個銀行方面，當政府設有「金融重建基金」時，以承接問題銀行；當沒有「金融重建基金」時，由金管會指定好銀行接管，之後再標售。針對壞銀行（bad bank）的不良資產（Non-Performing Loan, NPL），由金融資產服務公司扮演法院以外的第三者，專門接受銀行或資產管理公司（Asset Management Co, AMC）委託，處理、重組與拍賣「呆帳」（主要指房地產抵押品部分）。

金融穩定機制

第一層	一、事前（預防）	二、事中（解決）	三、事後（處理）
一、主題	金融監理（financial supervision）	最後融通者（the lender of last resort）	風險管理（risk financing）
二、主管機關	央行、金管會	中央銀行特別融通	
三、機制	(一)央行的存款準備制 1.法定準備（即法定準備）→存款法定準備率5.75～19.75% 2.自由準備（或超額準備） (二) 建構金融安全網（financial safety net） 1. 分業經營：即銀行跟證券業（尤指承銷自營）。 2.證券投資限制：淨值二成內。 (三)針對放款管理 1.放存款比率＜0.9 針對放款沒有明文規定 2.授信不過度集中 (1)產業上限 ①房地產 • 房貸占貸款三成以內，即22兆元×30%＝6.3兆元＜5.6兆 • 建築貸款1.5兆元 ②其他行業 (2)單一集團、公司限制 (3)關係人放款限制 (四)巴塞爾協定之遵循 1.損益表方面 • 呆帳準備 2.資產負債表 • 流動性準備 • 槓桿率 • 資金適足率	(一)臺灣 (二)美國 1.聯準會的疏困（bail-out），稱為「問題資產救助計畫」（Troubled Asset Rescued Plan, TARP），共7,000億美元。 2.投資入股 ➡例如財政部對花旗集團、美國銀行投資入股。 3.接管 ➡例如：法國的國有化政策。	(一)針對存款戶 由存款保險公司負責，一銀行一戶賠付300萬元。 (二)針對壞銀行（bad bank） **1. 針對整個銀行** (1)當有「金融重建基金」時2001年7月～2011年，政府設立金融重建基金以承接問題銀行 (2)當沒有「金融重建基金時」時，由金管會指定好銀行（例如：臺銀）接管，之後再標售。 **2.針對呆帳（Non-Performing Loan, NPL）** 由資產管理公司（Asset Man-Agement Co, AMC）以三成價格買下。

Unit 15-5
銀行分業經營──美國的經驗

臺灣金融業管理大都向美國取經,因此在說明臺灣情況前,宜先說明美國。

一、美國經驗

美國是個資本主義國家,強調尊重市場機制,政府干預市場,大都是亡羊補牢的「不經一事,不長一智」。

1. 1933~1999年10月,分業經營:由右表可見,1929年10月迄1932年美國大蕭條,銀行身兼商業銀行與綜合券商(尤其是投資銀行業務),身受雙重打擊。銀行不堪虧損,倒閉三分之一以上。信用緊縮的結果,更使經濟雪上加霜。

國會、總統只好通過1933年銀行法案,拆開商業銀行與綜合券商,建立防火牆(fire wall),俗稱「格拉斯─史帝格勒牆」(Glass-Steagall wall)。

2. 1999年11月,合業經營:金融業百貨公司化經營是大勢所趨,業者想方設法突圍,美國國會在業者遊說之下,只好於1999年11月通過「1999年金融服務(業)現代法案」,允許成立金融控股公司(financial holding companies),旗下子公司分別從事銀行、證券與保險業務。

二、臺灣經驗

由於有美國前車之鑑,因此臺灣一開始時,對金融業採取分業經營,分兩階段自由化,詳見下表。

1. 同業併購與轉投資:2000年11、12月,立法院依序通過銀行法修正案,12月的金融機合併法,讓金融同業可以吃下同業,以讓虧損公司有退場機制,也可減少政府維持金融穩定的壓力。

2. 綜合經營:美國金融業綜合經營後,整整兩年,臺灣也實施金融控股公司法,詳見Unit 16-6。

臺灣銀行的自由化進程

年	1999年2月	2000.11~12月		2001.11.1
一、背景	歷經十年的銀行間強烈競爭,有些銀行走偏鋒,以致2000年時,呆帳率5.34%,資產報酬率0.47%、權益報酬率6.051%,但最慘是2002年,稅前盈餘-1,046億元,淨值報酬率-6.93%。		同左	2002年1月,臺灣加入世貿組織,2007年對外開放金融業。
二、法源	─	1.修改銀行法放寬轉投資規定。2.2000年12月,立法院通過金融機構合併法。		金融控股公司法
三、內容	強制銀行加入存款保險。	在資本額40%範圍內允許銀行以轉投資其他金融業。		金融業可以採取控股公司方式,聯屬經營所有金融業。2002年,16家金控公司陸續成立。

美國對銀行跨業經營的法令

1914年	1933年	1999年11月

一、法源

聯邦準備法（Federal Reserve Act）

格拉斯─史帝格勒法案（Glass-Steagall Act）或稱1933年銀行法案（Banking Act of 1933）

葛蘭姆─李奇─布萊雷法案（Gramm-Leach-Bliley Act of 1999)或稱「1999年金融服務現代化法案」（The Financial Service Modernization Act of 1999）

二、背景

1907年美國發生第五次大的銀行恐慌，政府痛下決定，國會通過「聯邦準備法」（Federal Reserve Act），設立聯準會和12家區域型聯邦準備銀行。

1929～1932年美國經濟大蕭條，銀行倒閉三分之一以上。

金融業想方設法案破格拉斯─史帝格勒法的圍籬。

三、內容

賦予聯邦準備銀行向銀行收取存款準備金權利。

1.在1933年以前，銀行同時可做銀行、證券承銷；在此法案之後，二者分業經營（以公司型態作為防火牆，fire wall），其上可設金融控股公司（Bank Holding Company, BHC）。
2.設立聯邦存款保險公司（Federal Deposit Insurance Company, FDIC）且國家級銀行須投保。

透過控股公司方式，可以從事銀行、證券與保險業務。

Unit **15-6**
金融業分業經營專論——防火巷與防火牆

圖解貨幣銀行學

在金融業分業經營依2001年金控公司設立前後可以分為兩階段，本單元詳細說明，在此之前，先說明右圖上半部的兩個名詞。

一、防火巷vs.防火牆

專業始終來自生活，貨銀許多名詞借用生活用詞，就近取譬的以求易懂。

1. 防火巷（fire alley）：兩棟公寓間會留防火巷，以阻隔大火蔓延。

2. 防火牆（fire wall）：一間建物（例如：百貨公司、停車場）內會有活動防火牆，一旦火災警示，防火閘門自動啟動，以阻隔火勢蔓延。

二、2000年金控公司設立之前：防火巷：

由右圖可見，金融防火巷的設計是採取兩套防火巷設計，說明如下。

1. 名義上防火巷：兩家公司。

首先是銀行、證券公司各自成立公司，讓外人從外觀上便可一眼看出這是兩家公司，主要是防止證券公司自營部、承銷部包銷以致重大虧損，侵害到銀行存款人權益。

2. 實質上防火巷：持股比率限制。

分項營業執照外，也卡死銀行轉投資（註：轉投資占權益40%以內）證券公司的比重，以免透過過大持股比率危害到銀行，而且轉投資金額在計算巴塞爾協定的資本適足率時，要從資本中扣除。

248

三、2001年金控公司設立之後：防火牆

2001年，政府開放金控公司設立，象徵著綜合銀行制（universal banking）時代的來臨，金控集團可提供客戶借款、股票承銷、保險三合一的一站購足服務，對金控公司來說，此稱為範疇經濟（economics of scope）。

對金控公司來說，旗下銀行、證券公司只是一個事業部，為了控制經營風險，金控公司會訂定內部規定，以規範旗下銀行、證券公司對同一集團客戶的授信、投資（包括股票包銷），以免「把所有雞蛋擺在同一籃子」。

此內規甚至法令，稱為金融「防火牆」（fire wall）。

依「金融控股公司法」第4條，金融控股公司的「子公司」是指對該金融業具「控制性持股」，這包括下列二種情況之一。

1. 形式控制：持股25%以上，「股」指普通股，即具有表決權。

2. 實質控制：指派董事會一半以上董事。

金融防火巷vs.金融防火牆

一、防火巷vs.防火牆

(一)防火巷

甲房屋（建築）

防火巷（fire alley）

乙房屋

(二)內在：防火牆

防火牆（fire wall）

二、金融業

(一)防火巷

台北富邦銀行

富邦證券
• 承銷部
• 自營部

銀行家

(二)防火牆

1. 2000年金控公司以前
　　——部門間獨立

台北富邦銀行	放款	台積電
• 授信部		
• 財務部	✕投資	

2. 2001年金控公司以來
　　——各子公司視為金
　　控公司之事業部

富邦金控 （旗下）
• 台北富邦銀行
• 富邦證券

Unit 15-7
金融控股公司法與16家金控公司

客戶對金融商品的採購往往希望「一站購足」（one-stop shopping），就跟去百貨公司一樣，套用在銀行便稱綜合銀行或銀行百貨（公司）化經營。

金融業深知此道理，想方設法突破金融業分業經理的法令限制，既然大勢所趨，由右表第四欄可見，美國在1999年採取金融控股公司方式來網開一面，臺灣於2001年跟進。

一、金融控股公司法

金控公司的立法與實施如下所述。

1. 立法通過： 2001年6月，立法院通過本法。

2. 開始執行： 2001年11月，本法開始執行。

3. 落日條款： 2020年此法告終，即本法是具有「落日條款」。

二、金控公司的分類

金融控股公司（簡稱金控）是轉投資的公司，不對外營業，但由於股票上市，投資人對其熟悉。而且旗下子公司對外營業時，金控成為家族品牌，旗下子公司反倒變成子品牌，因此，有必要詳細說明金控公司的性質，詳見右表，底下詳細說明之。

(一) 第一層（大類）：依產業分類

金控公司依其主要收入來源，可分為三類：壽險類（3家）、銀行類（10家）、證券等類（3家，元大金、日盛金與國票金，國票金以票券業務為主），詳見表中第一欄。

(二) 第二層次：依股權分類

金控公司依所有權歸屬，可以二分法分為公股、民營如下。

1. 公股： 公股金控有五家，即臺灣、合庫、華南、兆豐、第一，除了臺灣以外，其他公股金控的公股只是最大股東，但股權不過四成。

2. 民營： 民營金依股權集中度還可二分為股權集中（15%以上）與股權分散（15%以下）兩類。股權集中是指壽險類金控，因其旗下壽險公司成立已久，創辦人家族持股比率高。股權分散則是指其餘民營金控公司的大股東家族持股都在15%以下，可說已經相對分散；根據2013年的年報顯示，玉山金前十大股東個別持股都未超過4%，是所有金控中股權最為分散的一家，也是管理者主導程度最高的一家。

(三) 第三層次：依資產規模分類

依資產規模（例如3兆元算大型，1～3兆元中型，1兆元以下小型）分成大中小型三類。大型的壽險類二家、公股金控三家，中型有中信金等七家。小型則有玉山、永豐與證券類金控等四家。

金融控股公司的分類

依產業分	依股權結構	合併報表資產規模	子公司

一、壽險類(3)

（2013年12月）
（單位：兆元）

依產業分	依股權結構	合併報表資產規模	子公司
1.國泰	• 蔡萬霖家族持股35%	6,074	• 國泰人壽 • 國泰世華銀行 • 國泰投信
2.富邦	• 蔡萬才家族持股27% • 公股14%	4,587	• 富邦人壽 • 富邦產險 • 富邦證券 • 富邦投信 • 台北富邦銀行
3.新光（占93%）	• 吳東進家族持股17% • 日本第一生命保險占11%	2,540	• 新光人壽 • 新光銀行

二、銀行（六成以上）

依產業分	依股權結構	合併報表資產規模	子公司
1.臺灣	• 公股100%	4.633	• 臺灣銀行
2.合庫		3.074	• 合庫銀行
3.華南	• 公股31%	2.166	• 華南銀行
4.兆豐	• 公股12%	3.114	• 兆豐銀行
5.第一	• 公股23%	2.268	• 第一銀行
6.中信	• 外資12.31% • 辜仲諒家族	2.426	• 中信銀行
7.台新	• 新橋占22%	2.871	• 台新銀行
8.玉山	• 外資13.34%	1.380	• 玉山銀行
9.開發金	• 辜仲諒家族	0.652	• 中華開發工銀
10.永豐	• 永豐餘集團	1.466	• 永豐銀行

三、證券(3)

依產業分	依股權結構	合併報表資產規模	子公司
1.日盛	日本新生銀行與港商capital target合計占56.6%	0.246	• 日盛證券 • 日盛銀行
2.元大		0.866	• 元大證券 • 元大銀行
3.國票		0.219	• 國際票券 • 國票證券

Unit 15-8
影子銀行

在金融整理時，最怕掛一漏萬，也就是有「化外之民」、「漏網之魚」。從2011年起，隨著中國大陸的影子銀行，地方貸問題嚴重，躍上檯面；甚至2013年9月5日，二十國集團（G20）在俄羅斯舉行高峰會，9月4日歐盟提案，予以規範。

一、緣起

2007年美國太平洋投資管理公司（PIMCO）執行董事麥卡利（Paul McCulley）提出「影子銀行」（shadow bank或shadow banking）一詞。

小的「影子銀行」用以形容那些名稱上沒有銀行之名，即不能同時承作「存款、放款」業務，但卻有銀行之實的公司。

由右圖可見，美中兩國對影子銀行的對象略有不同，且缺乏統一定義，說明如下。

1. 美國：美國2007年6月的次級房貸公司倒閉（稱為次級房貸風暴），延伸到2008年銀行、證券公司虧損，9月15日雷曼兄弟證券公司因得不到政府紓困基金而倒閉，掀起全球金融海嘯。絕大部分是影子銀行惹的禍，由右圖可見美國的影子銀行範圍。

2. 中國大陸：中國大陸的影子銀行中金額最大的竟然是「銀行的影子」，其他項目金額不大，詳見右圖。

銀行的影子有二，一是銀行下設的融資租賃公司，這不算在銀行授信資產上；一是「理財商品」。理財商品比較像臺灣的銀行「指定用途信託」，美其名把錢拿去買投信公司（或稱基金公司）的基金，報酬率比存款利率高；但本質上是銀行存款。2013年6月14日，銀行監理委員會啟用「全國銀行業理財登記訊息系統」，要求把2011年以來的理財商品全上網登記，進而進行管理。

二、全球

1. 金額大：以2013年為例，粗估金額82兆美元，比全球股票總市值67兆美元還高；美國占37%、歐元區31%、中國大陸3%。

2. 不受監理：大部分工業國家基於金融穩定的考量，會設立專責部會負責金融業監理，尤其某銀行業。但是影子銀行不是銀行卻有銀行授信之實，各國往往疏於管理。

3. 資訊不透明：由於缺乏甚至沒有金融監理機構予以監督管理，所以影子銀行業者資訊往往不透明，以美國為例，衍生性商品基金（hedge fund，俗稱對沖基金）往往是私下募集，財政部、聯準會皆不管，這些公司往往一個月才發布一次基金淨值。

中美兩國的影子銀行的範圍

資產負債表層面

一、資產面

- 銀行的理財商品（或稱銀行跟投信公司合作的「銀信合作」，3兆元。

- 特殊目的工具（Apecial Purpose Vehicle, SPV）
- 綜合券商承銷部（美國稱為投資銀行）發行債權抵押證券（MBS）
- 綜合券商自營部舉債投資
- 衍生性商品基金（俗稱對沖基金）舉債投資
- 貨幣市場基金
- 私募基金

二、負債面

- 銀行下設的融資租賃公司，1兆元以上。
- 地下金融

  > 指浙江省溫州市等地的地下錢莊

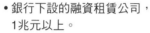

- 小額貸款公司7,100家，0.71兆元
- 融資擔保公司

- 次級房貸公司

中國大陸
（幣別：人民幣）

美國

國家

知識補充站

歐盟執委會對「影子銀行」的定義

2012年3月，歐盟執行委員會（European Commission）的綠皮書中，把「影子銀行」定義為「在銀行體系以外，涉及以下任何一項活動的公司：例如收受跟存款性質類似的資金、進行期限且／或流動性轉換、進行信用風險移轉，及使用直接或間接財務槓桿等；且／或涉及包括證券化、證券化貸款及附買回交易等活動的公司，這些活動是作為銀行以外公司的重要資金來源。

第 16 章

金融穩定專論
——巴塞爾協定遵循

章節體系架構 ▼

Unit 16-1
巴塞爾協定

　　本章以一章篇幅詳細且易懂方式說明巴塞爾協定（Basel Capital Concord Accord與Concord通用），在本單元中，先以說故事方式說明國際清算銀行（詳見右圖小檔案）與巴塞爾協定的時代背景。

一、巴塞爾協定緣起

　　1970～1980年代，美國直接融資大幅興起，再加上銀行經營愈趨自由，美國銀行業利潤愈來愈薄，邊際銀行（類似臺灣信合社的儲蓄貸款機構）紛紛倒閉。

　　在全球負責中央銀行間清算的國際清算銀行（Bank of International Settlement, BIS），董事會決議於行址瑞士巴塞爾市（Basel）開會，從1988年7月起，實施巴塞爾協定第一版（Basel I，唸成Basel One），2013年實施巴塞爾協定第三版（Basel III）。

　　第一版巴塞爾協定只有30頁，第二版巴塞爾協定長達347頁，於2010年定案的第三版巴塞爾協定本文有616頁！

二、三大支柱

　　巴塞爾協定跟電腦軟體一樣，平均八年推出新版，主要架構在2007年元旦實施的巴塞爾協定第二版中訂定，以「鼎」為例，先有三隻腿，稱為三大支柱（three pillars））。

256

　　1. 風險控制：包括信用風險（credit risk）、市場風險（market risk）、作業風險（operational risk），其中四項財務指標的限制，詳見Unit 8-5。

　　2. 金融監理機構（supervisory review process）：詳見Unit 15-3。

　　3. 市場紀律（market discipline）：市場紀律範圍很廣，包括同業公會扮演「自我管理組織」（Self-Regulated Organization, SRO）功能。

三、臺灣遵守協定

　　臺灣不是國際清算銀行的會員，但為了跟國際接軌，因此遵守其協定。2009年6月1日，金管會訂定「銀行資本適足性及資本等級管理辦法」修正案，以要求銀行必須申報其資金適足性，金管會可以審核其資金等級，訂出資金適足性管理的四個等級（詳見Unit 16-2右圖之兆豐銀行的巴塞爾協定遵從情況），作為監理衡量銀行與退出市場機制的標準。

巴塞爾協定第二版的三支支柱

三大支柱

第一支柱：最低資金需求（minimum capital requirements）

一、信用風險（credit risk）
　(一)標準法
　(二)內部評等基準法
　　1.內部評等基礎法
　　2.內部評等進階法
　(三)資產證券化架構

二、作業風險（operational risk）
　(1)基本指標法
　(2)標準法
　(3)進階衡量法（AMA）

三、市場風險（market risk）
　(1)市場評分法
　(2)模型評分法
　(3)獨立價格確認

第二支柱：監理審查（supervisory review）

一、監理審查的重要性
二、監理審查的四大基本原則
　(1)銀行應針對其風險內容，訂定整體資金適足性評估程序及維持適當資金的策略。
　(2)監理機關應審查及評估銀行資金適足性衡量策略及遵循法定資金比率的能力。當評估結果不滿意時，應採取適當監理措施。
　(3)監理機關應使銀行商於最低法定資金比率營運，並維持高於最低水準的資金。
　(4)監理機關應及早干預，以避免銀行資金低於支撐風險所需之最低水準，並於銀行資金無法維持或恢復時，採取導正措施。
三、監理審查程序的特定議題（含銀行財報的利率風險、信用險及作業風險等議題等2項）
四、監理審查流程的其他觀點（含監理透明度及可靠性、強化跨國溝通與合作第2項）
五、證券化之監理審查流程（含風險移轉的重要性、市場創新、隱含支持條款、殘餘風險、贖回條款及提前攤還第5項）

第三支柱：市場紀律（market discipline）

一、總體考量（包含揭露要求、指導原則、完成適當資訊揭露規定的方法、跟會計揭露的互動關係、重要性、頻率、專有資訊與機密資訊等7項）

二、公開揭露要求
　(一)一般性揭露原則
　(二)適用的範圍
　　1.定性揭露
　　2.定量揭露
　(三)資金
　　1.定性揭露
　　2.定量揭露
　(四)風險暴險與評估
　　1.定性揭露的一般要求
　　2.信用風險的定性及定量揭露
　　3.市場風險的定性及定量揭露
　　4.作業風險的定性及定量揭露
　　5.權益風險的定性及定量揭露
　　6.銀行財報中的利率風險的定性及定量揭露

資料來源：金管會銀行局網站（http://www.banking.gov.tw）下載「銀行自有資本之計算與自有資本標準之國際通則：修正版架構」予以修正。

Unit **16-2**
巴塞爾協定的第一支柱──最低資金

圖解貨幣銀行學

　　巴塞爾協定第一支柱主軸是「最低資金」，以適當足夠（adequate）資金來因應三個風險：信用、市場與作業風險。

　　「最低資金」共有八項指標，我們依財務報表性質，分成損益表類（兩項）、資產負債表類（六項）兩大類，先鳥瞰右上圖，底下詳細說明。

一、損益表（兩小類指標）

　　站在健全銀行經營的角度，總希望能做到下列兩件事。

　　1. 損失有上限：逾期放款有一半會成為呆帳，呆帳對銀行來說是種損失，要做好損失控制就是「逾放比」控制在1.5%以內，詳見Unit16-3。

　　2. 虧損虧得起：損失是程度問題，經營銀行就要有本錢付呆帳，其中之一是提列呆帳準備，詳見Unit 16-3。

二、資產負債表（六小類指標）

　　巴塞爾協定「最低資本」的第二類指標是資產負債表類，共有六項，依資產負債表左、右邊順序介紹，分成兩中類：資產面、業主權益面。

(一) 資產面（二小類指標）

　　有關銀行資產該如何管理，有下列兩項規定，由於這是銀行自主管理時就會做到，因此已在前面章節中討論。

　　1.流動準備比率（下限7%）。

　　2.放存款比率（上限93%）。

(二) 業主權益面（四小類指標）

　　以項目數比重來說，「最低自有資金」八項指標中有四項是在資產負債表的「權益面」，占一半，由此可見其重要程度。

　　由右上圖第三欄可見，這四項指標可分為主、子指標如下。

　　1. 母指標：資金適足率是母指標，是權益面指標的源頭、根本。

　　2. 子指標：其它三個子指標，即緩衝資金、第一類資金適足率、普通股適足率。

三、實際例子

　　本處以2013年銀行獲利第一名的兆豐銀行的數字，來說明上述所提到的各項比率，詳見右下圖之兆豐銀行的巴塞爾協定遵從情況。限於資料，兆豐銀行資料日期不同。

　　1. 資產負債表：以2013年9月30日的資產負債表計算各項巴塞爾協定規定的比率等。

　　2. 獲利數字：以金管會銀行局公布的2013年稅前盈餘，去計算各項報酬率。

巴塞爾協定「最低資金」規定

與本書Unit 16-5相關

損益表

指標	公式
1.逾放比 →同業平均 1.54%，愈低 愈好，詳見 Unit 4-7。	逾期放款／ 放款
2.備抵呆帳覆 蓋率 →同業平均為 67%，愈高愈 好，詳見Unit 16-3。	呆帳損失準 備／逾期放 款

資產負債表

資產

指標	公式
1.流動準備比 率≥7%，詳 見Unit 9-7。	流動資產／ 應提流動準 備之各項負 債
2.放存款比率 ＝83%，詳 見Unit 4-5。	放款／存款

負債

權益

> 詳見Unit16-3
> 右表

1.資金適足率
2.緩衝資金
3.第一類資金適足率
4.普通股適足率

兆豐銀行的巴塞爾協定遵從情況　2013年9月30日

資產負債表

- 逾期催收款36.65億元
- 廣義逾放比0.23%

1.放款覆蓋率1.167%

$$=\frac{188億元}{1.01兆元}$$

2.備抵呆帳覆蓋率512.94%

$$=\frac{188億元}{36.65億元}$$

流動資產

流動準備比率 21.34%

放存款比率　90.76%

權益

1.資金適足率　　10.75%
2.第一類資金比率 8.78%
3.核心一級資金比率
　　　　　　　　8.64%

獲利 能力	資產報酬率 （2013年12月 31日）　0.86%

- 稅前盈餘219億元
- 每股稅前盈餘3.09元
- 權益報酬率12%

Unit 16-3
放款覆蓋率

由於呆帳覆蓋率已於Unit 16-2中說明，本單元說明損益表面的第二個指標：放款覆蓋率。既然有放款、呆帳覆蓋率，基於「兩個就可以做表，三個就可以分類」的治學理念，做出右表，底下說明之。

一、兩個覆蓋率

由右表第一欄公式，這兩個覆蓋率系出同門，說明如下。

1. 覆蓋率（coverage ratio）：這兩個指標的相同處是「覆蓋率」，這個詞很生活化，你拿件雨衣蓋機車以免機車淋雨，最好全面（覆蓋率100%）蓋住。

2. 只有分母不同：把公式放一起，對照著看，一下子就可以發現，這兩個公式「分子」（呆帳準備）相合，只有分母略有差異。

二、規定

由右表第二欄可看出，放款覆蓋率是新規定，臺灣2012年才實施，2011年9月初時金管會銀行局召集本國銀行董事長開會時宣布的，對2012年起未達規定者，申請新業務將受影響。

放款覆蓋率門檻分兩階段，2012年1%，2016年2%，這標準在全球算是中低水準。

三、2013年狀況

有具體數字帶進去計算，就更容易了解公式與現況，在右表第三欄，我們以2013年年底數字，得到放款、呆帳覆蓋率，40家本國銀行中，兩項指標都只有一、二家未達標準，問題不大。

小博士解說

巴塞爾協定（Basel Concord）

1975年12月，十國央行總裁組成的銀行管理及監督委員會（The Committee on Banking Regulations and Supervisory Practive）於瑞士巴塞爾市，簽署有關銀行的海外分行合作監理協定，稱為巴塞爾協定，其要點如下。

1.監理銀行海外分行，是地主國與母國的共同責任。

2.流動性監理，主要為地主國的責任。

3.償債能力監理，主要為母國責任。

4.兩國央行合作，包括資料移轉。

5.地主國允許母國央行進行檢查或代理檢查。

銀行承受損失能力的三項衡量指標

指標	要求			2013年狀況
	巴塞爾	臺灣	大陸	
一、放款覆蓋率 （loan coverage ratio）		1.2012年≥1%， 2013年列入法 令。 2.2016年≥2%	2011年 起≥2.5%	已知 • 呆帳準備 2,542億元 呆帳準備有許多譯名： • 備抵呆帳 • 呆帳損失準備
$=\dfrac{呆帳準備}{放款}$	國際上 ≥2%，甚至 2.5%。	1. 1% $=\dfrac{2,546億元}{23.66兆元}$		• 放款23.66兆元 • 逾期放款 (1)廣義：899億元 (2)狹義：486億元
二、呆帳覆蓋率 （bad loan coverage ratio）		≥100%		
				逾期放款比率
$=\dfrac{呆帳準備}{逾期放款}$		1.廣義 282.7% $=\dfrac{2,542億元}{899億元}$		0.38% $=\dfrac{899億元}{23.66兆元}$
		2.狹義 523% $=\dfrac{2,542億元}{486億元}$		0.205% $=\dfrac{486億元}{23.66兆元}$

（1兆＝10,000億）

國際清算銀行小檔案

關於國際清算銀行（Bank of International Settlement, BIS）的簡介如下。

成立：1930年5月，是全球最早的國際金融組織。

地址：瑞士巴塞爾市（Basel）

成員：五十多個國家的中央銀行組成

功能：中央銀行支付體系等（即可視為各國中央銀行的清算銀行），每年至少開六次會。從1988年7月起，依序推動巴塞爾協定（Basel I、II、III）。

Unit **16-4**
巴塞爾協定與金管會的要求

第三版的巴塞爾協定從2013年開始實施，針對資金適足率新增兩項指標：緩衝資金、普通股適足率，本單元一次說明四個指標，先鳥瞰右表，再詳細說明。臺灣金管會針對其中兩指標的階段門檻略為提高，稱為「銀行財務健全」標準。

一、四項資金適足率比率

把四個適足率公式放在一起（表中第二欄），會發現四者大同小異。

1. 分母相同：四個公式的分母皆相同，即「風險性資產」，詳見Unit 16-6。

2. 分子略有不同：四個公式的分子略有不同，名稱相近，只是依銀行自有資金可用期間長度來區分，詳見Unit 16-5。

二、罰則

法令首重落實，一旦違規，大都有罰則，以資金適足率為例，金管會依銀行法第44條第2款，訂出罰則，詳見下圖。

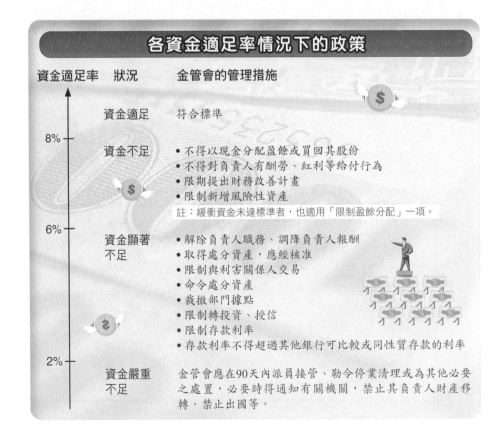

各資金適足率情況下的政策

資金適足率	狀況	金管會的管理措施
	資金適足	符合標準
8%	資金不足	• 不得以現金分配盈餘或買回其股份 • 不得對負責人有酬勞、紅利等給付行為 • 限期提出財務改善計畫 • 限制新增風險性資產 註：緩衝資金未達標準者，也適用「限制盈餘分配」一項。
6%	資金顯著不足	• 解除負責人職務、調降負責人報酬 • 取得處分資產，應經核准 • 限制與利害關係人交易 • 命令處分資產 • 裁撤部門據點 • 限制轉投資、授信 • 限制存款利率 • 存款利率不得超過其他銀行可比較或同性質存款的利率
2%	資金嚴重不足	金管會應在90天內派員接管、勒令停業清理或為其他必要之處置，必要時得通知有關機關，禁止其負責人財產移轉、禁止出國等。

銀行資金適足率四個相關指標

指標	公式	巴塞爾協定最低標準				
		2013年	2016年	2017年	2018年	2019年
一、資金適足率（capital adequacy ratio）	銀行法第44條第2項 $= \dfrac{資金}{風險性資產}$	18%				10.5%，即加上緩衝資金，臺灣標準為12.5%。
二、緩衝資金（capital conservation buffer）	銀行必須在法定最低資金適足率之上，再增提2.5個百分點的緩衝資金。銀行法第50條規定，銀行在完納所有稅捐後分派盈餘時，應先提30%為法定盈餘公積。		0.625%	1.25%	1.875%	2.5%
三、第一類資金適足率（tier 1 capital adequacy ratio） $\geq 4\%$	$= \dfrac{第一類資金}{風險性資產}$	4.5%	6% （2015年）			8.5% 臺灣標準為10.5%
四、普通股適足率（common stock adequacy ratio）	$= \dfrac{普通股}{風險性資產}$	3.5%	4% （2014年）	4.5% （2015年）		7%

知識補充站

銀行急需風險管理人才

2013年，由於巴塞爾協定第三版實施與金管會的要求，金融機構需要建構內部評審機制，便於監督自家的投資規範和新產品設計；投資風險等需由金融機構自行負責，包括法律遵循的審核關卡，未來會作為金管會金檢的對象，業者因此大幅徵才備齊相關人才。

Unit **16-5**
資金適足率I ──分子：自有資金的分類

依據國際清算銀行規定，銀行資金必須達風險性資產的8%。金管會因應第三版巴塞爾協定，逐步要求跟銀行提高第一類資金，繼銀行登陸設子行第一類資金須達8%後，2011年5月再要求保險、證券等金融業跨業合作的銀行，第一類資金須達8%，資金適足率則須達10%以上。這些規定中的交集便是把「資金分級」，而從資產負債表最容易看懂三類資金的性質。

「資金」分成第一、二、三類資金，由資產負債表上的科目來看，這是指資金可使用期間的長短，普通股可說是「無到期日的次次順位資金」。本單元以普通股為標準物，由濃到淡說明三類資金。

一、第一類資金：95%像普通股

由右圖可見，第一類資本（tier 1 capital）包括五項，又稱基礎資金，95%是普通股，只有「無到期日非累積次順位債」（絕大部分銀行沒有發行）。

二、第二類資金：70%像普通股

第二類資金（tier 2 capital）只有50%像普通股，包括下列兩項。
1.轉換特別股中的「永續累積特別股」。
2.（金融）債券中三項：其中「轉換金融債券」，當股價高於轉換價格時，投資人會轉成普通股。

三、第三類自有資金：30%像普通股

第三類資金（tier 3 capital）包括「短期信用債券」、「非永續特別股」，期間較短，其中特別股包括轉換特別股，當股價高於轉換價格時，投資人會轉成普通股。因此總的來說，第三類資金有三成像普通股。

264

資金適足率

這字一般譯為資本適足率，但capital有多個意義，必須看上下文才知道是那一個意思，在巴塞爾協定中capital指的是「資金」，八九不離十的說，指的是資產負債表中右邊扣除「存款負債」的部分。大有甚者，財務管理書中的「自有」資金指的是業主權益，即由股東出資。因此本書把巴塞爾協定的capital譯成「資金」，不譯成「自有資本」。

銀行自有資金分類

資產負債表（B/S）

資金去路	資金來源	自有資金的分類

資產
- 有價證券未實現利益
- 備抵呆帳
- 未實現長期股權投資資本增益之45%

一、負債
(一)存款

(二)債券
　(3)短期次順位債券 ←
　(2)長期次順位債券
　　無到期日累積次順位債可轉換債券
　(1)無到期日非累積次順位債

二、業主權益
(一)轉換特別股
　(3)非永續特別股
　(2)永續累積特別股
　(1)永續非累積特別股

(二)普通股（包括預收股本）

(三)資本公積
- 固定資產重估增值
- 特別盈餘公積
- 法定（盈餘）公積

(四)保留盈餘

◎資產負債表外（off-balance sheet）

(1)、(2)、(3)代表是第一、二、三類資金

第三類資金（tier 3 capital）

第二類自有資金
（tier 2 capital，輔助資金，supplementary capital）

第二類與第三類資金屬於廣義資金，多數屬於債務工具。

第一類資金（tier 1 capital）又稱核心資金（core capital），應該超過自有資金的一半以上。

上述「資金來源」中隱含Y軸，即負債程序，存款是100%負債，此外，(1)、(2)、(3)排列順序由下往上，也是配合「負債程序」的高低。至於(1)、(2)、(3)的順序則是巴塞爾協定的定義。

Unit **16-6**
資金適足率Ⅱ ——分母：風險性資產

巴塞爾協定三支支柱（可視為第一層、大分類），其中第一支柱，還可再細分第二、三層。

一、第二層（中分類）

由右表可見，巴塞爾協定認為會造成銀行損失的資產有三項，其損失重要程度如下。

1. 風險種類：從資產負債表上「資產面」來看，三大資產有下列風險，即現金有作業風險（operational risk）、股票有市場風險（market risk）、放款有信用風險（credit risk）。

2. 風險程度：這三項資產所面臨的損失機率各不相同，因此必須分別計算，市場風險、作業風險太專業，本書不討論。

二、第三層（小分類）

銀行資產中有72%是放款，針對各類貸款，其信用風險不同，因此宜賦予不同風險權重。

1. 貸款種類：由右表第二欄可見，依借款人身分（政府、家庭、公司）把貸款分類。

2. 風險權重：其中中央政府貸款（包括中央銀行發行貨幣）視為零風險；反之，公司貸款視為最高風險。這只是舉例說明，實際規定更細，但道理是一樣的。背後假設中央政府是不會的，而公司壽命是有限的。

3. 放款類風險性資產：右表第二欄中上表中(1)×(2)得到(3)，即放款類風險性資產金額，也就是說，放款金額是依風險程度予以調整（risk-base）。以一家放款金額1兆元的大型銀行為例，其放款類風險性資產5,700億元。

三、資金適足率的具體例子

在右表第一欄下半部，我們把相關數字帶入〈16.1〉式計算，即：

> 資金適足率 ＝（合格資金－轉投資）／
> （信用風險資產＋市場風險應提資金×12.5＋作業風險應提資金12.5）

其中分母中三項數字如下。

信用風險資產5,700億元來自右表第二欄中的計算、市場風險應提資金的基礎100億元（股票資產）、作業風險應提資金的基礎50億元（現金）。

> 分子：「合格資金－轉投資」為757.5億元。

該銀行資金適足率10%，大於規定標準8%。

銀行風險性資產的範圍

第二層（中分類）：資產種類與風險　　第三層（小分類）

一、現金 ➡️ **作業風險**
（operational risk）

假設50億元 ｜ 因內部控制等因素，造成員工偷竊等所造成的損失風險。

(1) 風險權重	(2) 貸款種類	(3) =(1)×(2)
100%	公司貸款	
50%	房屋貸款	
20%	對國際社會的銀行等	
10%	地方政府貸款	
0%	中央政府貸款	

二、股票等 ➡️ **市場風險**
（market risk）

假設100億元 ｜ 主要指股票類資產因股票價格下跌所帶來的風險。

包括央行發行貨幣

數字
例子

三、放款 ➡️ **信用風險**
（credit risk）

1兆元 ｜ 主要指放款中呆帳的風險。

〈16.1〉式
──資金適足率

$$= \frac{合格資金-轉投資}{\underset{資產}{信用}風險 + \underset{\times 12.5}{市場風險}應提資金 + \underset{12.5}{作業風險}應提資金}$$

(1)	(2) 金額：億元	(3) =(1)×(2)
100%	3,000	3,000
50%	5,000	2,500
20%	1,000	200
10%	0	0
0%	1,000	0
小計		5,700

$$= \frac{757.5}{5700+(100\times12.5)+(50\times12.5)}$$

$$= 10\% \geq 8\%$$

Unit **16-7**
資金適足率的用途

資金適足率（Capital Adequacy Ratio, CAR）是信用風險管理的核心，本單元說明其功能。

一、資金適足率

資金適足率此一規範的進程如下，先由國際清算銀行提出。

(一) 同意：1988年5月，美國聯準會同意。

(二) 實施：1988年7月，宣布實施。

(三) 標準：1992年底，銀行必須達到標準。

臺灣修定銀行法第44條第2項，把資金適足率納入法律規範，詳見「知識補充站」。

二、殊途同歸

1/10跟10有什麼關係？1/10是10的倒數。

同樣的，由右表上的兩個數字可看出8%、12.5倍的關係，8%是12.5倍的倒數。

金管會銀行局對票券金融公司的業務有許多限制，常見的是以其淨值（即業主權益）倍數來作限制，由右表第三欄可見，以淨值100億元為例，其票券保證金額上限為1,250億元，才符合12.5倍的限制。這是銀行業資金適足率觀念的應用，只是票券業的自有資金僅限於業主權益（勉強可用第一類資金來形容，詳見Unit 16-5）。

由此可見，天下沒那麼多學問，許多都只是換個說法罷了。

三、資金適足率的用途

資金適足率10%的意義不大，一旦銀行的借款全部槓龜，10%、20%，甚至80%的資金都無法因應存款人的擠兌。因為銀行的經營不在於股東出了多少股本，而在於存款人的信任。

然而資金適足率最大的作用在於風險管理，即「有那麼的腸胃才能吃麻辣火鍋」。例如資金適足率恰巧8%的銀行，如果想新接100億元的公司借款，就必須在「自有資金」（分子）加把勁，否則資金適足率一定會小於8%。金管會藉此讓銀行「自求多福」。

銀行資金適足率已從2010年底的11.97%提升到2013年底的12.08%，放款覆蓋率也提升至1.09%，顯示風險承擔能力增加。

四、回復基本

由右表可見銀行35.5兆元資產，淨值以占6.6%，本質上銀行還是「以他人錢」（Other People Money, OPM）來作生意的行業。

資金適足率跟保證倍數系出同門

金融業	銀行	票券公司
名稱	**資金適足率**	**票券保證倍數**
公式	$\dfrac{資金}{風險性資產} \geq 8\%$	$\dfrac{票券保證金額（multiplier）}{業主權益} \leq 12.5x倍$
數字例子 ➡	$\dfrac{757.5億元}{7575億元} = 10\%$ ➡	$\dfrac{1250億元}{100億元} \leq 12.5x$

此數字來自Unit 16-3 右表

知識補充站

銀行法對資金適足率的規定

銀行法第44條針對資金適足率的規定如下（註：本書稍作修改以便閱讀。）

「銀行資金與風險性資產的比率，不得低於8%；必要時，金管會得參照國際標準提高比率。銀行經金管會規定應編製合併報表時，其合併後的資金與風險性資產比率，亦同。

資金與風險性資產的範圍及計算方法，由金管會定之。金管會於必要時，得對銀行的風險性資產予以限制。

凡實際比率低於規定標準的銀行，金管會得限制其分配盈餘並為其他必要處置或限制；其辦法，由金管會定之。」

Unit 16-8
銀行的壓力測試

在金融海嘯之後，各國金管會等對銀行進行壓力測試，以預先了解在最糟糕的經濟情況下，有多少銀行無法通過測試？問題何在？需要如何處理？

一、「壓力測試」名詞的緣起

壓力測試來自於1950～1980年代美蘇冷戰時期，美國國防部常假設一定的、最嚴重的戰爭狀況出現，以測試美軍的因應能力，找出缺點改進。

亞洲金融（1997年7月）危機之後，許多全球銀行也都採用壓力測試，估算萬一國際金融市場惡化時，其弱點所在，以加強改善。

二、美國的銀行壓力測試

2009年初，美國聯準會針對十九家大型銀行（每家資產1,000億美元以上，合計占銀行存款67%），進行壓力測試，關鍵問題是：假設2010年失業率10.3%，那麼2010、2011年，銀行各類貸款的呆帳率會如何，以評估這些銀行的資金是否足夠吸收虧損。被評為資金不足的銀行將需在六個月內籌足所需資金。

以2012年3月13日公布的壓力測試如下。

(一) 情節：失業率13%、股價下跌50%、房價下跌21%。

(二) 結果：十九家大型銀行在九季內將虧損5,340億美元，其中花旗、大都會人壽（MetLife）、太陽信託銀行（Sun Trust）和Ally Financial等四家沒過關。聯準會官員表示，這四家銀行未來必須重提資金計畫。

270

小博士解說
美國銀行業壓力測試法源與主管機關

時：2014年2月18日
人：美國聯邦準備理事系統理事會（Board of Governors of Federal Reserve Systems）
事：通過「華爾街改革與消費者保護法」（一般簡稱多德—弗蘭克法案，DFA），第165條，設立「金融穩定監督委員會」（Financial Stability Oversight Council），負責美國、外資銀行的監理，其中之一是壓力測試。

臺灣金管會對銀行壓力測試

金管會銀行局

2010年7月完成「銀行辦理壓力測試作業規劃」。

2010年7月訂定「銀行信用風險壓力測試作業指引」，本國銀行須依據前述的壓力測試作業規劃，每年辦理信用風險、市場風險及流動性風險的壓力測試工作，測試結果作為新巴塞爾資本協定第二支柱所應申報的文件。

對銀行

時間	測試重點
2010年10月	針對總產值負成長、失業率上升、房價下跌做測試
2014年5月	針對房地產授信做壓力測試
2015年1月	針對中國大陸曝險做壓力測試
2016年7月	全面性壓力測試
2018年11月	首次採用二年期壓力測試情境
2021年	新冠肺炎疫情後，針對全球負利率、低利環境做測試

2020年6月臺灣的銀行業壓力測試

環境	中分類
總體環境	一、信用風險 　　1.經濟成長率：美、中、臺、歐元區 　　2.失業率 　　3.房價下跌 二、市場（價格）風險 　　1.商品市場 　　2.金融市場：股票、債券、外匯
個體環境	銀行營收 1.利息類：放存款利率差 2.利息以外：手續費

標準	紓困前		紓困後	
	輕微	嚴重情境	輕微	嚴重情境
1.普通股權益比率(>7%)	10.81%	9.9%	10.67%	9.81%
2.第一類資本比率(>8.5%)	11.58%	10.68%	11.4%	10.59%
3.資本適足率(>10.5%)	13.27%	12.36%	13.13%	12.27%
4.槓桿比率(>3%)	6.44%	5.9%	6.36%	5.87%

五南圖解財經商管系列

書號：1G92
定價：380元

書號：1G89
定價：350元

書號：1MCT
定價：350元

書號：1G91
定價：320元

書號：1F0F
定價：280元

書號：1FRK
定價：360元

書號：1FRH
定價：360元

書號：1FW5
定價：300元

書號：1FS3
定價：350元

書號：1FTH
定價：380元

書號：1FW7
定價：380元

書號：1FSC
定價：350元

書號：1FW6
定價：380元

書號：1FRM
定價：320元

書號：1FRP
定價：350元

書號：1FRN
定價：380元

書號：1FRQ
定價：380元

書號：1FS5
定價：270元

書號：1FTG
定價：380元

書號：1MD2
定價：350元

書號：1FS9
定價：320元

書號：1FRG
定價：350元

書號：1FRZ
定價：320元

書號：1FSB
定價：360元

書號：1FRY
定價：350元

書號：1FW1
定價：380元

書號：1FSA
定價：350元

書號：1FTR
定價：350元

書號：1N61
定價：350元

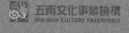

國家圖書館出版品預行編目資料

圖解貨幣銀行學/伍忠賢著. -- 二版. -- 臺
北市：五南圖書出版股份有限公司, 2021.1
　　面；　公分
ISBN 978-986-522-344-1(平裝)

1.貨幣銀行學

561　　　　　　　　　109017346

1MCX

圖解貨幣銀行學

作　　　者－伍忠賢

發 行 人－楊榮川

總 經 理－楊士清

總 編 輯－楊秀麗

主　　　編－侯家嵐

責任編輯－鄭乃甄

文字校對－黃志誠

封面設計－姚孝慈

出 版 者－五南圖書出版股份有限公司

地　　　址：106台北市大安區和平東路二段339號4樓

電　　　話：(02)2705-5066　傳　　　真：(02)2706-6100

網　　　址：https://www.wunan.com.tw

電子郵件：wunan@wunan.com.tw

劃撥帳號：01068953

戶　　　名：五南圖書出版股份有限公司

法律顧問　林勝安律師事務所　林勝安律師

出版日期：2014年4月初版一刷
　　　　　2016年9月初版二刷
　　　　　2021年1月二版一刷

定　　　價　新臺幣350元

經典永恆・名著常在

五十週年的獻禮——經典名著文庫

五南，五十年了，半個世紀，人生旅程的一大半，走過來了。

思索著，邁向百年的未來歷程，能為知識界、文化學術界作些什麼？

在速食文化的生態下，有什麼值得讓人雋永品味的？

歷代經典・當今名著，經過時間的洗禮，千錘百鍊，流傳至今，光芒耀人；

不僅使我們能領悟前人的智慧，同時也增深加廣我們思考的深度與視野。

我們決心投入巨資，有計畫的系統梳選，成立「經典名著文庫」，

希望收入古今中外思想性的、充滿睿智與獨見的經典、名著。

這是一項理想性的、永續性的巨大出版工程。

不在意讀者的眾寡，只考慮它的學術價值，力求完整展現先哲思想的軌跡；

為知識界開啟一片智慧之窗，營造一座百花綻放的世界文明公園，

任君遨遊、取菁吸蜜、嘉惠學子！